汪堂家文集

著述卷

本书由上海文化出版基金会图书出版专项基金资助出版

From Descartes To Husserl And Other Phenomenological Essays

现象学的展开

——《自我的觉悟》及其他

汪堂家 著

复旦大学出版社

《汪堂家文集》编纂组（按姓名拼音为序）

郝春鹏　　黄　韬　　李之喆
孙　宁　　石永泽　　吴　猛
王卓娅　　叶　子　　张奇峰
曾誉铭

《现象学的展开——〈自我的觉悟〉及其他》编校组

吴　猛　叶　子

《汪堂家文集》编者前言

汪堂家先生是我国当代著名哲学学者,在近现代欧陆哲学、美国实用主义哲学、生命-医学伦理学等领域卓有建树。同时,先生还是一位卓越的学术翻译家,移译了包括德里达的《论文字学》、利科的《活的隐喻》在内的大量学术作品。此外,先生还是一位优秀的哲学教育家,通过在大学的授课和言传身教影响了众多青年学子的思想和人生道路。

1962年5月21日,先生出生于安徽省太湖县。先生早年毕业于安徽大学,后就读于复旦大学并获得哲学博士学位,生前担任复旦大学哲学学院教授、西方哲学史教研室主任,并兼任复旦大学杜威研究中心副主任和《杜威全集》中文版编辑委员会常务副主编。先生因病于2014年4月23日去世,享年52岁。

先生一生笔耕不辍,虽天不假年,却在身后为世人留下总计约400万字的著述和译作,这些作品记录着一位当代中国学者苦心孤诣的思考历程。为缅怀先生对当代学术与思想所作的贡献,全面呈现先生一生的工作和成就,我们谨编纂《汪堂家文集》,作为对先生的纪念。

从内容上说,《汪堂家文集》(以下简称《文集》)包括两部分,一部分是先生的著述,另一部分是先生的译作。无论是著述部分还是译作部分,都既包括先生生前发表过的作品,也包括先生的遗著中相对完整者。

先生生前发表的著述包括著作和文章。著作中有独著和合著,文章也有一部分已汇成文集出版。先生的独著有《死与思》(完成于20世纪80年代的遗著)、《自我的觉悟——论笛卡尔与胡塞尔的自我学说》(1995年)和《汪堂家讲德里达》(2008年),合著有《心灵的秩序》(1997年)、《人生哲学》(2005年)、《17世纪形而上学》(2006年);先生的文集有两部:论文集《哲学的追问——哲学概念清淤录之一》(2012年)和散文集《思路心语——生活世界的哲思》(2011年)。我们将尽可能完整地收录先生的这些著述和文章,不过一些作品的呈现方式会有所变化,读者会见到一些在先生生前未曾出现过的书名,原因在于:其一,有不少著述需要从不同地方(合著或期刊)汇集到一起;其二,先生的著述中有不少是未曾发表过的遗稿;其三,先生临终前有过比较明确的系统整理自己著述的想法,并设计好了相应的书名。我们根据先生的遗愿确定了相应作品的书名。具体说来:《文集》将全文发表《死与思》;我们还将《自我的觉悟——论笛卡尔与胡塞尔的自我学说》与先生的多篇"应用现象学"研究论文合为一册,名为《现象学的展开——〈自我的觉悟〉及其他》;同时,《文集》将先生关于伦理学的著述汇作《生命的关怀——汪堂家伦理学文集》;另外,《文集》将先生的学术随笔和其他散文、时评等收入《心造的世界——汪堂家散论集》。除此之外,《文集》将没有收入上述各书的文章以及比较完整的遗稿一起收入《哲学思问录》一书。

先生留下的翻译作品共约180万字。除了他最有影响力的译作《论文字学》(1999年)和《活的隐喻》(2004年)之外,先生还翻译了《乱世奇文——辜鸿铭化外文录》(2002年)、《无赖》(合译,2010年)、《承认的过程》(合译,2011年)、《杜威全集》中期15卷(合译,2012年)等。《文集》将以最大努力呈现先生的这些工作。除此之外,我们将先生的译文遗作汇为《汪堂家遗译集》,其中特别收入先生早年译的福柯《知识考古学》(残篇)。

《文集》的主要编纂工作是汪堂家先生的学生们勠力同心完成的。这部《文集》寄托了我们的期盼:愿先生的生命在他留下的文字中延续。尽管我们在整理先生的文稿过程中尽了最大努力,然囿于识见,相信仍会有不少错讹之处.敬祈诸位师友斧正。

《文集》的出版,若非得到众多师长、同仁和朋友的鼎力襄助,是不可能实现的。在此我们要特别感谢上海三联书店总编辑黄韬先生,正是他的倾力帮助,使本《文集》得以顺利出版。同时我们还要感谢孙向晨先生、袁新先生、邵强进先生、林晖先生、孙晶女士、陈军先生、金光耀先生、汪行福先生、张双利女士、丁耘先生、赵荔红女士、杨书澜女士、杨宗元女士和师母廖英女士的热情支持。本文集的出版,得到了复旦大学哲学学院和复旦大学亚洲研究中心的支持,特此鸣谢。最后,特别要说明的是,由于所涉作品版权等原因,本《文集》的出版采取了多家出版社联合出版的形式,在此我们谨向参与《文集》出版的各家出版社致谢!感谢上海三联书店牵头组织了本《文集》的出版,并感谢复旦大学出版社、上海译文出版社、中国人民大学出版社、上海人民出版社和北京大学出版社在《文集》的整个出版过程中给予的大力支持和帮助。还有其他帮助过我们的朋友和机构,恕不一一,谨致谢忱。

《汪堂家文集》编纂组
2018年4月

目 录

著 作

自我的觉悟——论笛卡尔与胡塞尔的自我学说

前 言　激活你心中的传统　　　　　　　　　　　　5

第一章　确实性的追求与主体性问题的缘起　　　　9
　第一节　确实性的理想与近代哲学的命运　　　　9
　第二节　确实性的追求与近代哲学的数学化尝试　18
　第三节　笛卡尔的确实性概念与主体性问题的提出　26
　第四节　从确实性到明证性：胡塞尔的解释　　　36

第二章　回归自我之路：从笛卡尔的怀疑到现象学的还原　49
　第一节　笛卡尔怀疑法的实质　　　　　　　　　49
　第二节　笛卡尔的怀疑法对现象学的意义　　　　58
　第三节　现象学的悬置与还原　　　　　　　　　65

第三章　从实体性自我概念的产生到先验自我的确立　77
　第一节　实体性自我概念的形成　　　　　　　　77

第二节　实体性自我的解体　91
  第三节　自我功能化倾向的产生　99
  第四节　先验自我的确立　106

第四章　从主体性到主体间性　119
  第一节　从"我思故我在"到"我生即我思"　119
  第二节　我思与我思对象：主体的意向性结构　131
  第三节　主体间性与他人问题　147

第五章　主体主义传统的消解与中西哲学的合流　157
  第一节　主体主义传统的理论困难和历史后果　157
  第二节　主体主义传统的消解与中西哲学的合流　168

参考文献　177

《自我的觉悟》作者后记　182

论　文

从先验现象学到知觉现象学　185
意志现象学的转折　194
"问"的现象学阐释　209
媒体、秘密与现代性　228
从审美经验的现象学看城市建筑的亲和性　245
"危机"概念的现象学分析　264
史实、档案与解释　278

编后记　298

著　作

自我的觉悟

——论笛卡尔与胡塞尔的自我学说

前言： 激活你心中的传统

德尔菲神庙有句箴言："认识你自己。"奥古斯丁把这句话重新表述为："毋须外索，而要内求。真理居于人的内心。"（*Noli foras ire, in te redi, in interior homine habitat veritas*）。自文艺复兴之后，西方人重续了古希腊罗马哲学要求人们反观自照的伟大传统。这一传统经过自笛卡尔肇始的近代哲学的改造获得了崭新的意义。不管站在哪种角度去评判近代西方哲学的得失，我们终归不能回避这样一个历史事实：

近代哲学与近代科学是同源的，它转向以主体主义为特征的认识论符合近代科学的深刻要求。虽然现代哲学在许多方面表现出反主体、反中心论的倾向，因而在相当大的程度上构成了对近代哲学的反动，但是，近现代哲学之间根本不存在不可弥合的"认识论的断裂"，这不仅是因为现代哲学从近代哲学中接受了许许多多的重大问题，而且接受了某些重要概念和未曾发挥的萌芽性思想。过分夸大它们的裂痕，既不利于我们把握哲学史的真实面貌和思想发展的内在逻辑，也不利于我们把握现代哲学的深刻渊源。不了解这一点，我们就不可能使自己的哲学研究充满强烈的历史感，不可能把自己的思想扎根于深厚的传统土壤中，不可能摆脱狭隘的哲学史观的束缚，从而不可能使当前的哲学史研究更加富有现代意义，也不可能创造出真正属于自己和自己时代的思想。相反，我们的观点只能流入浮泛无根和主观任性的状态。

思想传统只有在不断的更新中才能成为真正意义上的传统。增强我们思想的现代意识首先得让传统活起来,让它活在我们的心中。就像我们对西方哲学的探讨最终只有落实到我们本民族的文化传统并让它生根于这种传统才有根基、有价值和有意义一样,对西方传统哲学的探讨必须落实到现代哲学的基点上来。只有透彻地理解别人,才能深入地理解我们自己;只有化身于传统之中,才能真正地超越这种传统。如果听命于自己思想的随意性而无视传统本身的客观发展,我们将永远游离于有根的思想之外。

坚持主体主义构成了近代西方哲学的基本特征。我们当然有理由像海德格尔和罗素等人那样把主体和主体性概念看成西方近代形而上学的历史产物,但是我们无法回避并且也不应回避近代哲学提出的主体性问题,因为主体性问题归根到底是人的问题,把人规定为主体也就意味着把世界规定为对象,这一点与近代西方社会要求发展科学、征服自然的时代潮流相适应。近代哲学把人规定为主体,反映了人们要把自己从自然的依附关系中解放出来,并作为独立的个体控制自然、利用自然的强烈愿望。不管近代哲学家对主体的看法多么狭隘,不管他们用主体性概念来界定人如何片面,不管他们在多大程度上制造了主体与客体、人与自然的分裂与对立,我们毕竟得承认,人认识自身是认识外部世界的客观需要,而认识外部世界最终还是为了人自身。只有从主体性问题入手,我们才能真正理解近代哲学的基本走向;也只有从主体性问题入手,我们才能理解现代哲学为什么要站在新的立场上,去解决近代哲学遗留的问题。

追求确实性是近代哲学转向主体性的根本动机。这不仅是因为以理性为核心内容的主体性被近代人看成了知识得以产生的根本条件,而且是因为主体性被看成了知识确实性的最终根源。因此,在近代哲学中,追求确实性与开拓主体性的过程是一致的。

"主体性"决不是一个空洞的概念,而是一个蕴涵着丰富内容的谜中之谜。从笛卡尔开始,西方哲学家们就力图揭开主体性的谜底,穷究主体性的结构与内涵。无论把主体理解为小我还是大我,有一点是没有疑问的:主体被理解为不同于物质的纯精神的东西。既然人贵在有知，那么哲学以精神本身为对象绝对没有什么错误。精神是自然进化的最高成就，它的精奥玄妙胜过任何一种鬼斧神工般的自然造化。它显示了自然的奥妙，却在相当长的时期里遗忘了自己，这不能不说是悲哀。心非万物，但能照万物；心非圣灵，但能造圣灵。世间有此奇迹，人怎能无动于衷？

奇迹本身就是魅力。当近代哲学家惊叹于这种魅力、醉心于这种魅力时，他们首先想解答的是这样一些问题：人的知识的获得如何成为可能？知识的确实如何成为可能？真理的探求如何成为可能？然而，他们独独没有探问，人生的意义的实现如何成为可能？

笛卡尔开辟了近代主体论哲学的先河，他所提出的主体性原则通过休谟和康德的工作而在胡塞尔那里找到了自己的归宿。可以这样说，笛卡尔和胡塞尔一头一尾划分了主体主义的传统。胡塞尔本人曾直言不讳地指出："法国伟大的思想家勒内·笛卡尔通过他的《沉思录》给先验现象学以新的推动；它们的研究对已发展起来的现象学向新的先验哲学的转变发生了直接影响。因此，人们几乎可以称先验现象学是一种新笛卡尔主义。"[①] 由于胡塞尔继承了笛卡尔的彻底精神，全面贯彻了笛卡尔提出的主体性原则，我们可以从哲学的基本倾向着眼，把他看成最后一位近代哲学家。然而，胡塞尔又是一位极有现代味的哲学家。他不仅能够继往而且能够开来。一方面，他为蔚为热潮的现象学运动奠定了基础；另一方面，他在语言分析方面所作的贡献，足以与任何一位分析哲学家的成就相媲美。

基于这种认识，笔者试图从笛卡尔和胡塞尔这两个最有代表性的人物入手，探讨西方哲学转向主体性的内在根源，分析西方主体主义的一般问题和方法，展现从笛卡尔开始，经过休谟和康德再到胡塞尔的自我概念的递嬗演变，揭示西方主体主义哲学的潜在矛盾和理论困难，阐明我自己对待主体性问题的基本态度和当代思想家的紧迫任务。

---

① Edmund Husserl, *Cartesian Meditations: An Introduction to Phenomenology*, trans. by Dorion Cairns, The Hague: Martinus Nijhoff, 1960, p. 1.

第一章 确实性的追求与主体性问题的缘起

自文艺复兴之后,西方世界掀起了一场追求确实性的运动,这一运动不仅有力地推动了科学的进步,而且改变了西方人的思维模式,同时也危及传统哲学在人们心目中的地位。如果说追求确实性是近代科学的本质,那么,近代哲学向自身提出科学化的要求也就意味着将科学的确实性理想引入自身,哲学数学化则是近代哲学家追求确实性的突出表现。尽管这样做不可避免地要导致失败,但它在客观上促进了科学主义精神的形成。

然而,近代哲学也正是在探求确实性的努力中创造了主客体二元分裂的思维模式,这种思维模式反映了在近代历史条件下人与自然的分裂乃至对立。以笛卡尔为代表的近代哲学家为了寻求确实性的根据而把目光从自然转向人心。于是,哲学思考的重点从传统的本体论转向了以探讨主体性问题为中心的认识论。毫不夸张地说,对确实性的追求是形成近代西方主体主义传统的最初动因。

第一节 确实性的理想与近代哲学的命运

随着近代科学,如数学、天文学、医学、力学等学科不断从统一的哲学母体中分离出来,人们不再像希腊人那样固守对世界的统一性的模糊认识,而是对世界进行分门别类的精确研究。由哥白尼、伽利略和牛顿等人发起的科学革命则从根本上改变了人们的思维模式,其基本标志是，人们普遍相信自然受统一的永恒法则的支配，这些法则可以用精确的数学语言进行表达。当近代人从层出不穷的科学成就中获得鼓舞时，他们首先想到的并不是科学给他们带来的直接利益，而是科学以无可争议的方式解决了他们长期争论不休的模糊问题，从而使他们获得了确实的无可置疑的知识，正是这种确实的知识打消了他们对探索宇宙的疑虑，也正是这种确实的知识使他们渐渐意识到哲学与科学的本质区别。现在，人们可以心安理得地从事全面的研究工作，并且相信自己的研究总有一日会产生令人信服的确定结果。近代科学的发展表明，这一信念的确立是整个近代科学工作的基本前提。

科学的独立发展与确实性观念的产生是不可分割的。如果说近代科学史即是追求确实性的历史，那么，我们在解答科学是什么的问题时理应把确实性作为衡量一种知识是否具有科学性的重要标准。实际上，近代哲学之所以要转向以探究主体性为中心的认识论，正是因为它力图由此揭示科学的确实性的最终根源。我们无法考证是谁第一次使用"科学"一词，但从词源学上看，"科学"原本具有认识的意思。今天英文中使用的 science 源于拉丁文，其词根是 Scire，意指认识或知识。而德文的 Wissenchaft（科学）则完整保留了"认识"（Wissen）这层含义。就"科学"是指知识或认识而言，它的外延比哲学更为宽泛，因此，现代人用它来统称一切知识部门也就不足为奇了。但是，人们心目中的科学远不是指泛泛的知识，而是指以确实性为特征的知识，具体地说，是指以数学为样板并具有普遍必然性的知识。

在这一点上，康德的观点最具有代表性。康德始终都不愿停留在经验的范围内去寻找科学知识的确实性的根据，也没有就认识论来讨论认识论问题，而是认定科学知识的基础只能在科学之外。因此，他不仅提出了纯粹数学如何可能的问题，而且提出了一般自然科学如何可能的问题。当他向我们表明数学自然科学的可能性并不是不言自明而是需要加以批判和审查时，他实际上已经把确实性问题作为认识论问题加以优先考虑，并潜在地规定了科学与确实性的内在关系。在

《自然科学的形而上学基础》中,康德甚至这样写道:

> 只有那些其确实性是无可置疑的科学才能成为本来意义上的科学;仅仅具有经验的确实性的知识只能在非本义上被称为学问。……不过,如果在科学中,例如在化学中,这些基础或原则最终不过是经验的,并且理性用来解释现存事实的那些法则仅仅是经验法则,那么,它们就不具备自身必然性的意识(没有无可置疑的确实性),因而,在严格意义上讲,这个整体也就没有资格被称为科学。①

在此,康德明确把无可置疑的确实性作为规定科学与非科学的标准,其意义不下于他后来所发动的"哥白尼式的革命",因为不论是在康德所处的时代还是在今天,人们都在自觉或不自觉地运用这条标准对科学进行划界,尽管相对论、量子力学和模糊数学的产生已使人们改变了对确实性的看法,特别是使人们不再将确实性等同于精确性,但这并不能从根本上有损于确实性标准本身的尊严。

那么,科学的确实性究竟意味着什么呢?当哲学也要求把自己变成科学,从而将获得确实性作为自己的理想时,会产生什么样的后果呢?

"确实性"在英文中被称为 certainty 或 certitude,也有些人称之为 validity。在近代人眼里,一种知识要获得确实性就必须满足三个基本要求:一是精确性;二是自明性;三是普遍必然性。因此,在近代哲学实现从本体论向认识论的转折之后,它首先要对科学知识的确实性问题进行反思,具体地说,要分清什么是科学、什么是非科学就必须探讨知识的精确性、自明性和普遍必然性问题,特别是要探讨它们如何可能的问题。这是因为科学本身并非完全自足的知识体系,科学的规范并不是科学本身所提供的,所有科学的一般方法和原则也不是科学自生的。其次,科学从不思考自身的确实性范围,也不追问它的有效性

---

① 康德:《自然科学的形而上学基础》,邓晓芒译,北京:三联书店,1988年,"前言"。

程度,更不讨论它自身为什么能切中(triffen)外在的对象。由于近代实验科学的独立,人们还不得不尽可能地解决经验科学与非经验科学的衔接问题,否则,非经验原则在经验领域的应用就成了不合法的事情。

近代科学可以分为事实科学和本质科学,前者以自然领域的个别事实为对象,它的最终根据在于经验,确切些说,在于以感知活动为内容的经验直观,后者则是以非经验的东西为对象的科学,如逻辑学和数学,它们既不以经验的材料为内容,也不以经验的方法为方法,它们的思想构造摆脱了对既有事实的完全占有。就几何学而言,它的任务几乎与收集事实材料无关,它所考虑的空间关系必然是非经验的。比如,我在黑板上画的几何图形恰恰是由几何公理决定的,这些公理并非偶然的事实,而是独立于对这类图形的经验,经验归纳并不能得出三角形的三角之和等于180°,它们的关系是必然的并且其必然性是由三角形的本质决定的。如果我们进一步追问下去就会提出这样的问题:几何学知识的这种必然性究竟是怎样取得的?几何学的可能性需要靠什么来保证?包括几何学在内的一切非经验科学如何与经验科学相关联?经验科学与非经验科学的相安无事是否表明它们原本就有一个统一的基础?

这些问题显然是科学本身无法回答的。这就需要一门既独立于各门具体科学又能给科学以统一的学科,这门学科就是我们通常所说的哲学,确切些说,是作为近代哲学重心的认识论。这种认识论不仅以科学知识本身作为自己思考的对象,而且将科学的确实性理想引入了哲学,从而使哲学本身发生了微妙的变化。

首先,随着科学的确实性问题的提出,哲学必须对确实性的三大要素,即精确性、自明性和普遍必然性分别进行探讨,这是近代哲学所面临的新的任务。关于认识的精确性和自明性,人们可以从日常事务和数学计算中得到直接的了解。比如,人们可以在测量、计数以及使用工具的活动中明白精确性和自明性意味着什么,一个人从来不会怀疑他自身的存在以及他所生活的世界之存在的自明性。因此,将精确性和自明性作为科学的品格对近代哲学来说已经不成为问题。剩下的问题是,哲学应怎样解释知识的普遍必然性或有效性问题。在近代人眼里,知识只有具备精确性和自明性才能成为科学知识,但一种知识要成为科学还必须具有普遍必然性或有效性,而知识的普遍必然性或有效性问题是与真理问题密不可分的,因为只有真理性的认识才有普遍必然性可言。

但真理意味着什么呢？意味着主观与客观相符合,这几乎是近代所有哲学家的共同观点。一旦我们从主观和客观两个方面来考虑问题,对主体性本身的探讨也就变得迫切起来。这不仅因为客观是相对于主观而言的,离开了主观,客观的东西也无所谓客观,而且因为"客观"的意义最终还要通过主观来规定。主观和客观的分野既标志着对象性思维模式的形成,也意味着为真理问题的解决找到了入口。在近代哲学中,真理被理解成一种关系,确实性恰恰体现在这种关系之中。如果对象的显现是精确的、自明的,如果主观的观念普遍必然地契合对象,我们就可以说这种观念具有真理性、确实性。

因此,按照近代符合论的真理观,对确实性的探求不可避免地以主客体的二分为基础,二元论则是主客体二分的极端表现。"客体"或"对象"(Gegenstand, object)一词的原义再清楚不过地反映了近代哲学走向肯定主客体二元分裂的思维模式的可能性。Gegenstand 和 object 均有"对置"和"反对"的意思。因而,设置了对象也就意味着设置了它的对方,即主体,但主体之所以成为主体,不仅是因为它是与对象同在的被设置者,而且是因为它既是对象的设置者,又是自身与对象的关系的设置者。伽利略、笛卡尔和洛克的工作充分体现了近代思想家从确实性的追求中导出主客体分离的过程以及这一过程所蕴涵的二元论倾向。

众所周知,伽利略为了求得数学化的确实可靠的知识而将自然看成一个自我封闭的世界,这个世界是纯粹物体的总体性,它受统一的因果律的支配。因此,伽利略实际上已在暗中把一切精神性的东西逐出自然界。在他区分第一性质和第二性质之后,心与物的分离更加明显地表现出来。伽利略认为,被称为第一性质的事物的运动、状态和数量关系是事物本身固有的客观实在,而被称为第二性质的颜色、声音、气味等则不是事物本身固有的,而是人的主观产物,这样一来,伽利略就将主观的东西和客观的东西严格地区分开来。但他并没有进一步追问这样的问题:数学化的确实性知识是如何可能的?既然第一性质和第二性质分属不同的领域,那么,我们如何保证对它们的认识的普遍有效性?主观的东西怎样才能与客观的东西相一致呢?

与伽利略相比,笛卡尔的思考似乎更深一层。他认为,我们不能只是简单地承认数学自然科学知识的确实性,我们还必须进一步为这种知识的确实性寻找根据,否则对科学的辩护将失去效力。在他看来,知识的最终确实性只能来自心灵本身。而且,这个心灵不可能与外物有任何共同之处,否则它就会受到物的不确实性的干扰而成为可疑的东西。由此可见,笛卡尔的二元论是他根据主客体二分的思维模式追求确实性的逻辑结果。尽管他本人提出了从形而上学的第一原理逻辑地推演出其他具体科学的理想,但他的科学实践远远没有实现这一理想。在形而上学中,笛卡尔把经验和想象贬得一文不值,而在物理学中他却大肆强调想象的作用;在形而上学中,他拒绝任何具有或然性的东西,在物理学中他却一反初衷地运用或然性较大的假设。从本质上说,笛卡尔的形而上学与物理学之间的确实性缺乏内在的连续性。因此,他并没有完成为科学知识的确实性提供最终基础的任务。

洛克则从另一个角度来解决确实性的各个层次的连续性问题,但他最终还是陷入了将主客体二元对立的窠臼。他按确实性程度把知识分为四个等级①。最高级的知识是直观知识,它是最清楚最可靠的知识。第二级的知识是证明的知识,这种知识虽然也是确实可靠的,但一开始并不像直观知识一样一目了然,而必须经过推理过程才能显示它的正确性。第三级的知识是对于特殊存在的物的感性知识,这种

---

① 洛克:《人类理智论》,见北京大学哲学系外国哲学史教研室编译:《十六—十八世纪西欧各国哲学》,北京:商务印书馆,1975年,第270页。

知识虽然超出了单纯的或然性的范围,但并没有前两种知识的确实性。第四级的知识是或然的知识,这种知识是模糊的、可疑的,因而算不上真正的知识。洛克认为,这四级知识只能停留在观念的范围内,并且最终超不出经验的范围,但经验毕竟是摇摆不定的,知识以这种摇摆不定的东西为根据怎么可能获得最终的确实性呢?而且,由于洛克重复了伽利略对第一性质和第二性质的区分并声称不可能发现这两种性质之间的联系,他也就很难把这两种性质的知识连接起来。这样,认识论上的主客体二元分裂势必不可避免。

从上述分析中我们不难看出,在近代历史条件下,二元论的出现恰恰是人们在追求确实性时将主客体截然二分的逻辑结果。这种二元论是人与自然的分裂在哲学上的反映,如果说近代思想家的首要任务是进行理智的启蒙,其目标是唤醒人的独立精神,那么,他们就会自然而然地突出人对自然的统治地位,强调人对自然的控制和利用,这在客观上促进了传统的物我不分的模糊思维向物我相分的清晰思维过渡,并由此推动了知识的分工过程。近代心理学和近代物理学就是在确认"心理"和"物理"的重大差别的前提下产生和发展起来的,其他学科的独立发展或多或少与心物二分的思维格局相关联。由此看来,心物二元分裂的思维模式起过推动知识分工的积极作用,但同时也将主客体对立的倾向,将人与自然的分裂肯定下来。

由于数学的示范性作用,人们首先将知识的确实性标准与哲学自身相对照,这一方面促进哲学向自身提出了科学性的要求,另一方面改变了哲学与科学的相互关系。以前人们一直把哲学视为科学的皇冠,现在哲学家们纷纷宣称自己的理论就是科学。即便是极力宣扬思辨精神,强调哲学与科学分野的绝对唯心主义者黑格尔也不能不将自己的哲学挂上科学的招牌。尽管他宣称哲学是一切科学和真理的中心,但他不无遗憾地发现,哲学的实质已经败坏了、消失了,哲学的神圣光明已经熄灭了、沦落了。对他来说,拯救哲学的唯一出路是使哲学适应科学的深刻要求,把科学所追求的确实性作为哲学的理想。正因如此,黑格尔把自己的哲学称为思辨科学,并主张将经验科学的普遍原则、规律和分类加以承认和利用以充实哲学自身的内容。

然而,哲学所固有的模糊性和不确实性与科学的自明性、确实性之间的强烈反差使人们对科学的迷信和对哲学的漠视与日俱增,也使哲学不得不按科学的确实性标准来要求自己和规范自己。二十世纪的西方哲学家,不论是恪守人文主义传统的欧洲大陆哲学家还是注重经验和分析的英美哲学家,之所以同时指斥传统哲学是应予抛弃的形而上学,其根本原因是,他们都一致地看到传统哲学的基本概念、理论前提和一般原则均缺乏科学的确实性。哲学之所以长期跟在科学后面亦步亦趋并被迫成为科学的附庸,也正是因为哲学本身没有科学所要求的那种确实性,因此,它千方百计把确实性作为自己追求的目标。维也纳学派所制定的意义标准就是以确实性为根据的,因为他们的证实原则实际上要求哲学命题应能为经验所证实和像逻辑与数学命题一样明确,否则,就被宣布为无意义的伪命题。这种以科学的确实性去要求哲学的倾向使许多分析哲学家把哲学狭隘地理解为"关于科学的哲学"(Philosophy of Science),并声称只有这样的哲学才配称为"科学的哲学"(Scientific Philosophy),因为只有这种哲学才能采取科学的原则和方法,有的分析哲学家则干脆主张哲学是检讨和澄清科学概念和命题的活动,为此,他们把哲学活动限于对科学语言进行逻辑分析。

由于对哲学对象和范围的这种限制,哲学工作变得琐碎、褊狭起来。我们固然不能否认分析哲学在澄清哲学概念和发展哲学分析技巧方面的突出贡献,但我们有理由对这种哲学的前途表示怀疑和担忧,因为它无视哲学概念与科学概念、哲学命题与科学命题之间的不可通约性和不可比性,无视哲学的确实性与科学的确实性之间的层次区别,而一味地将具体科学(如逻辑学和语言学)的基本原则和方法照搬到哲学中来,并且将哲学研究的领域固定在纯粹语言的层面上。结果,哲学中出现了致命的形式主义倾向和新的繁琐主义倾向,哲学家们比以往任何时候都更加迫切地感到,哲学有必要不断为自己寻找存在的理由并切实维护自身的独立地位。

不幸的是,很少有人愿意正视现代哲学对近代哲学的反动正是基于近代哲学缺乏确实性这样一个历史事实。如果说分析哲学的历史就是追求确实性的历史,那么,它所遇到的危机实际上也是确实性的危机。问题的症结并不在于哲学是否具备确实性,而在于它应追求什么样的确实性。现代哲学家的确看到了传统哲学曾深受无确实性的毒害,以致他们把追求概念和命题的明晰性作为哲学的本质。劳尔(Lauer)曾直截了当地说:"现象学的目的是拯救绝对的确实性,若没有这种确实性,哲学就不会成为科学,因而,我们必须从哲学考察中清除一切导致非确实性的东西。"①

可是,哲学经过近代几个世纪的发展并没有满足科学的确实性要求,相反,它仍然处于不断的纷争中,至今没有哪个哲学问题像科学问题那样得到了确实的解决,也没有哪个哲学概念像科学概念那样具有无可置疑的明确性。现在,哲学家们只是感到自己不再可能心安理得、亦步亦趋地充当自然科学的附庸。他们看到,西方哲学作为统一的学科已经消失,哲学在以前各个时代所表现出的目的、问题和方法上的相对统一性已经消失。随着现时代的开始,当宗教信仰越来越被外化为毫无生气的约定时,哲学家们却被自律的哲学和科学的伟大信念所鼓舞,整个人类文化似乎为自然科学的洞见所照耀,并因此被改造为新的自律的文化。但这种信念不久也失去了效力。我们所有的哲学文献越出了一切限制并且几乎丧失了一贯性。展现在我们面前的并不是统一的活生生的哲学,而是纷然杂呈的理论和林林总总的派别。尽管这些不同的理论和派别也表现出某种共同的信念,即对一种具有科学性的哲学的无可置疑的信念,但现实的研究和合作并没有开展起来。我们看到,几乎有多少哲学家就有多少种哲学,哲学会议接二连三,但这些会议成了展览意见而不是探求真理的场所。哲学家们汇聚在一起,但哲学本身并没有汇合起来。哲学缺乏一种精神空间的

---

① 参见劳尔为胡塞尔的《现象学与哲学的危机》英文版(Edmund Husserl, *Phenomenology and the Crisis of Philosophy*, trans. by Quentin Lauer, New York: Harper & Row, 1965)所写的导言。

统一性，缺乏自然科学所具有的那种确实性。

哲学派别和哲学学说的层出不穷与其说表明了哲学的繁荣，还不如说表明哲学尚未获得无可置疑的坚实基础，表明哲学远不具有普遍的有效性，一句话，表明哲学并没有像人们所期望的那样成为一门科学。造成这一现象的原因自然是多方面的，但根本的原因在于，人们一直坚持一个源于十七世纪哲学传统的灾难性的成见，这就是，哲学应把精密科学作为方法上的楷模，首先把数学和自然科学作为方法上的楷模。与这种方法上的等同相联系的是，人们认为哲学与其他科学也有内容上的等同，即哲学不仅与其他科学相关联，而且必须建立在其他科学的基础上。

因此，自十七世纪开始的追求确实性的运动在哲学上表现为用数学和逻辑的必然性来构造自己的体系，并使这种体系成为一种层层递进的演绎结构，在这种结构中，一切概念和命题必须是自明的和无可置疑的。由笛卡尔、斯宾诺莎及早年的康德所进行的哲学数学化的尝试以及罗素和维特根斯坦所提出的哲学逻辑化的主张正是将科学的确实性理想引入哲学的必然结果。

第二节　确实性的追求与近代哲学的数学化尝试

在十六世纪，包括欧几里德几何学在内的古希腊数学以及处于萌芽状态的古希腊科学获得了全面的复兴。与这种复兴相映照，发生了一个对传统的宇宙观最富有挑战意味的事件：哥白尼和开普勒从数学出发推翻了古代的天文学和力学基本理论以及过去的宗教信条。这一事件的意义远远超出了天文学和力学的范围，因为人们从中认识到一个对日后西方文明的发展产生了深远影响的事实：人类可以借助数学达到对自然现象的精确认识，从而彻底摆脱认识的模糊性和摇摆不定性给人带来的烦恼。

就在这样的时代条件下，伽利略进一步把一切自然现象归结为物质和运动这两种可以用数学进行描述的东西。在他看来，自然是数学的集合。一切以自然为对象的科学只有被数学化才能成为科学。所谓数学化首先是指用数学的语言来描述支配自然运动的规律，其次是指像数学那样从自明的公理出发，通过推理和证明而求得新的真理，并据此把各科学分支建成一个演绎结构。伽利略的这种看法代表了当时人们的一种普遍信念，许多人理所当然地把数学称为伽利略的科学。人们从伽利略的成就中已经看到了把数学运用于可感知的经验世界的广泛的可能性，从而为实现先天理论与经验之间的转换奠定了基础。然而，近代人对这种可能性的信心显然是基于数学知识的无可置疑的确实性，数学之所以一直被视为真理的化身，最根本的原因就在这里。作为近代科学的奠基者，伽利略的最大贡献就是以科学实践显示了数学的普遍有效性。人们普遍认为，一门知识要成为科学就是要像数学那样具备绝对的精确性，科学性就等于精确性；数学知识是真理的源泉，数学的真理无可置疑。鉴于数学的这种绝对不可动摇的地位，用数学方法去建立普遍科学的理想也就合乎逻辑地产生了。

笛卡尔就是在这一理想的指导下去开展他的工作的。和伽利略一样，笛卡尔把数学作为确实性的最高尺度，并认为数学是一切科学的本质。因此，数学不仅规定了一切科学活动的基本目标，而且成了科学方法的主导模式。笛卡尔声称既不承认也不希望物理学中有任何原理不同于几何学和抽象数学中的原理，因为后者能解释一切自然现象并且能对其中的一切现象给出证明。世界是固体化的空间或者说是几何的化身，它的基本性质是形状、广延和时空中的运动，由于形状也不过是广延，因而笛卡尔断言"给我广延和运动，我将给你造出一个宇宙来"。

与伽利略相比，笛卡尔走得更远，无论是在一般方法上还是在具体研究上，笛卡尔精心设计的普遍科学的理想都力图表现简单而有序的世界是按完满而不变的数学规律进行活动这样一个特征。与这种特征相对应，整个数学乃至整个理论科学就被视为一种从统一的先天原理出发通过公理性概念和命题推演出来的前后一贯的理论。笛卡尔之所以要刻意追求这种第一原理并把它作为形而上学的根本任务，正是因为他相信这里蕴涵着科学发展的全部可能性。而且，这也是以数学为模式的理性主义世界观的必然要求。应当说，为普遍科学寻找第一原理的做法是前无古人的，它的出现标志着人的思维开始步入程式化的轨道，意味着科学将从第一原理出发，通过证明和推论这一数学模式无限地向前迈进。在此，我们切不可低估寻找第一原理这一做法本身的意义，这不仅是影响了整整几代人的笛卡尔的科学乐观主义精神的表征，而且在相当大的程度上制约了哲学的未来发展。

斯宾诺莎是继笛卡尔之后进行哲学数学化尝试的又一著名代表。他虽不像笛卡尔那样是个数学家，但他坚信数学方法是一种先天的普遍有效的方法，这一方法将使我们的认识从主观任意性和模糊性中摆脱出来而达到明晰性和客观必然性。由于世界本身是一个因果关系的网络，是一个按几何的方式构造出来的无限整体，因而我们关于这个世界的客观知识及其方法就可以通过对象的性质和关系而事先得到规定。

对斯宾诺莎来说，哲学思考的程序之所以要采取几何学的方式，不仅是因为世界本身具有几何学的结构，而且是因为人们深深地受到目的论的毒害，以致难以达到对事物的真知识。斯宾诺莎并不因此否认除了数学之外还有获得真知的其他途径，但他一直认为数学方法是避免哲学家的意见分歧、防止怀疑主义的最好方法，因为数学的严密性足以使人们不得不走出对事物单凭想象而不愿加以理智了解的习惯，从而让事物按本性的同一的必然性井井有条地呈现出来。既然自然事物可以采用几何学的方法来研究，而人的精神，包括人的理智和情感等因素在内，都出于自然的同一的必然性和力量，那么我们就可以把人的思想、情感和欲望等因素当作几何学的线、面、体一样来处理，即凭理性的能力先提出由直观获得的定义和公理，然后给予证明，进而绎理导出。《伦理学》一书就是按这种几何学的格式形成的。然而《伦理学》中的所谓"严格"证明并不严格，尽管它的许多命题和附释不乏真知灼见，但它的定义和公理缺乏绝对的确实性而有着很大的或然性，它的证明步骤多半是些似是而非的外在安排，这就使我们不能不提出问题：在哲学上运用几何学方法的失败是否证明将哲学引上数学化的道路根本就不符合哲学思考的本性？十七、十八世纪的哲学家很少考虑这个问题，他们仍然迷惑于几何学的自明性以及它的无可争论的确实性，并且希望有一天能重圆斯宾诺莎的哲学数学化的旧梦。

哲学数学化的理想激励着早年的康德。就以数学方式来处理哲学问题而言，康德把自己看成了笛卡尔和斯宾诺莎的当然继承者。在《自然科学的形而上学基础》中，康德认识到数学概念和原理不仅有独立于经验的明晰性和无可置疑性，而且可以保证任何纯粹自然学说的严格的必然性。但康德并没有像斯宾诺莎那样把数学方法推向极端，因为他毕竟承认一般的纯粹自然哲学没有数学也是可能的。由于受休谟的经验主义心理学的影响，康德发现数学的理性真理与形而上学的客观性之间仍有不小的距离，两种知识的确实性也不无差别，有时甚至互相矛盾。例如，数学主张空间无限可分，而形而上学则认为即使物质在数学的意义上无限可分，我们也不能必然推出物质在物理学中无限可分的结论。对数学自然科学与形而上学之间的这种不吻合之处的认识，使康德在后来进行"理性批判"时对数学化的普遍有效性产生了一定的疑虑，即使他在写三大"批判"时仍坚信数学方法的无懈可击性，他也没有盲目地把这种方法引进批判的领域。我们当然佩服康德在处理数学自然科学与形而上学的关系问题时所表现出的深刻的洞察力，但我们也不无遗憾地看到了康德哲学仍然带有严重的形式主义倾向，黑格尔发现这种倾向与哲学数学化倾向有着内在的关联并加以毫不留情的批评。直到胡塞尔从另一个角度将黑格尔思考过的问题重新思考一遍，黑格尔对哲学数学化进行批评的意义才重新显现出来并为我们所认识。

罗素和维特根斯坦所提出的"逻辑是哲学的本质"的口号以及在这一口号的感召下形成的分析哲学运动亦不过是上述倾向的延伸，所不同的是，近代一部分人试图用几何学方法作为哲学研究的根本方法，而现代逻辑主义者们则是以逻辑方法来作为哲学研究的根本方法。但这种不同仅仅是表面上的不同,它们的出发点是完全一致的。按照罗素和怀海特在《数学原则》中表述的观点,逻辑是数学的基础,一切数学问题最终都可以化为逻辑问题,因此,哲学的数学化可以归结为哲学的逻辑化。在此,我们无意否认逻辑主义在将数学逻辑化过程中所取得的巨大成就,也无意否认分析哲学在对哲学语言进行逻辑分析方面所做的一些有价值的工作。但数学逻辑化的失败也间接地宣告了哲学数学化和哲学逻辑化的失败。逻辑是哲学的一种辅助工具,但不是哲学研究的根本方法,哲学语言的逻辑问题无疑是哲学研究的一个方面,但不是最根本的方面,因而对哲学本身没有绝对意义。

将数学和其他自然科学方法引入哲学不仅会导致难以克服的悖谬,而且会导致相当严重的后果,这种后果表现为,思想变得越来越单调划一,人与世界的关系成了纯粹的测量和计算关系,人也随之丧失了最宝贵的东西——存在的理性。胡塞尔把这种存在理性的丧失称为人性的危机。而现代世界之所以会陷入这种危机,在很大程度上是因为人们试图用自然的思维态度来取代哲学的思维态度,用对待自然物的方式来对待人本身。他们既不懂得哲学思维是根本不同于自然思维的更高层次的思维,又不懂得数学自然科学只是关于个别的存在物的科学,而不像哲学那样是关于最终存在的科学,也不懂得用数学方法来处理哲学问题表面上是对数学的尊重,实质上是把数学看作简单的机械作业,更不懂得哲学虽然与数学自然科学有着深刻的联系,但它对于数学自然科学而言是一种全新的思维态度和方法。胡塞尔认为,哲学把数学自然科学作为方法上的楷模是不足取的,因为它们属于两种完全不同的思维。因此,试图用本属于自然思维的数学方法来拯救哲学实在是一种僭妄。

哲学是关于存在及其思想的科学。防止我们的思考流于空洞的外在形式本是哲学工作的基本要求。可是,自毕达哥拉斯开始,人们就试图用数学来表述哲学问题,近代一些哲学家满脑子是毕达哥拉斯精神,他们想用数学来整理思想或用数学来表现思想,甚至要把哲学的思辨纳入数学推演的轨道,但他们在继承毕达哥拉斯追求确实性的精神的同时，舍弃了毕达哥拉斯的一个十分宝贵的思想，即关于数的形式与思想内容并不一致因而思想必须有自己特有的表现形式的思想。毕达哥拉斯对于一与一元(Monas)、二与二元(Dyas)的区分就是这一思想的具体表现。在他那里，一是数，一元则是思想的真实内容；二是算术的东西，二元则是关于不确定者的思想。这种区分预示着把一切关系归结为数量关系的不合理性，同时也预示着哲学数学化将导致失败的必然性。

从上述讨论中，我们可以看到，无论是哲学的数学化还是哲学的逻辑化倾向，都对哲学提出了科学化的要求，这是一种值得肯定的要求，但这种要求被狭隘地理解为哲学的科学性在于哲学必须以数学或逻辑为标准。它们试图用形式的说话方式来代替实质的说话方式，或者说，用单义性的数学逻辑语言来代替多义性的哲学的思想语言，结果将使哲学的思考变成与实验室的化验或计算机操作无异的机械程式。从哲学数学化倾向或哲学逻辑化倾向中我们还可以看到一个深藏着但日渐显露出来的思想动机，即追求确实性的动机。在这两种倾向中，哲学的确实性被等同于数学或逻辑的精确性。人们指望哲学能通过数学化或逻辑化而获得绝对的自明性与必然性，从而克服对存在世界的主观解释的相对性，以使能理解数学或逻辑方法的人都可以把握并且确信哲学的真理。但他们忘记了方法是由内容决定的，作为最终的存在科学，哲学不是以个别的事物为对象，也不是像自然科学那样以某个领域的"规律"为对象，而是以自然和人生存在的总体性为对象，因此，把包括数学和逻辑在内的任何自然科学方法移植进哲学的领域都是注定不能成功的。分析哲学之所以气数已尽以致不得不另找出路，其原因就在这里。而且，按照胡塞尔的解释，哲学作为普遍的科学必须以普遍的理性为根据，而不能以数学自然科学的理性为依据，因为哲学不是以探索静止不动的自然规律为目标，而是要探问整个人生的意义，而人生的意义是远不能作为自然物来处理的，它有着任何形式化方法所不能表现的特殊内容。不仅如此，包括数学、逻辑在内的一切自然科学的方法既不关心它们自己的总体性问题，又不过问它们对人生的价值，也不追寻它们的起源和基础，更不保证所有科学的内在统一。既然数学、逻辑以及其他自然科学的方法都根源于生活世界，那么它们本身就不是并且不可能是自足的，而这种非自足性决定了数学和逻辑方法不可能有效地处理它们自身。哥德尔的不完全性定理早已证实了这一点。就哲学要为科学提供统一而言，它不能以具体科学的方法作为自己的方法，因为具体科学的统一性已经超越各门具体科学本身而处在新的更高的层次上。

从语言的角度看，如果说数学和逻辑的语言是一义的（因为它们是一义的，才会有人人认可的无可置疑的确定性），那么，哲学语言就不可避免地带有多义性的特征。因为哲学思维本质上是一种同时涉及多重关系的思维。但哲学语言的多义性绝不意味着它应该是含混不清的，而是说它的意义必须根据语境来确定。相反，数学和逻辑的语言就可以不受语境的影响而始终保持其一义性，在这里不存在针对具体语境的意义选择问题，因而也不存在语言的误解问题。这对交往、对保证知识的确定性固然有着其他语言无与伦比的益处，但它是以牺牲语言的丰富容量为代价的。一义性的语言将造就"一义性"的人，形式化的语言将培养形式化的人格。如果人类只能在这种一义性的形式化语言中生活，人的人性将为物的物性所代替，一切艺术、哲学、文学都将没有存在的必要，这样，人将变成进行机械运算的机器，世界将变成被铁的逻辑必然性所统治的冷冰冰的世界，而人生的价值和意义终将为这个世界所淹没。所以，听任用数学逻辑语言来代替其他语言，听任以这种语言为基础的数学、逻辑方法代替其他一切方法，不仅会导致哲学的毁灭而且会导致人性的扭曲，乃至整个人生意义的失落。

实际上，普遍地适用于自然界的数学方法远远不像近代人所想象的那样完美无缺和无所不能，任何方法都有自己特定的适用范围，都是有条件的。况且，现代数学也越来越证明，数学基础确定与否取决于我们站在哪个层次上考虑问题。二十世纪初，数学界出现的逻辑主义、直觉主义和形式主义对于数学基础的争论不仅指明了数学的基础在数学之外,指明了数学方法的范围与限度以及其他方法的必要性,而且指明了数学这种一向被视为最高确实性的知识,从整体上看也绝非没有疑问,因而,以数学知识为模式的其他科学也应该抱着谨慎的态度去推广自己的方法以及由这种方法确立的基本原则。

尽管数学的最终形式和最终意义永远是它自身无法保证的,但这并不妨碍它在特定范围内的客观有效性和无可置疑的精确性。但是,这一切并不能改变数学方法的形式化特征,也不能改变数学只考虑事物的数量关系这种非本质的事实。与强调精确化的数学相比,哲学似乎显得很松散很不确定,世界上几乎有多少种哲学就有多少种哲学方法。这种方法的多样性自然与哲学内容的丰富性相联系,但它也加深了哲学的分裂。不管人们对哲学的规定多么不同,哲学素来被认为是概念性的认识,并且这种认识不仅涉及存在的形式,而且涉及存在的内容,所以,哲学所研究的是活生生的现实,这种现实显然无法还原为单纯的数量关系,因为它本身是质和量的统一。早在古希腊时,柏拉图就曾注意到数与存在的区别。尽管他所提出的关于个别事物是对理念的分有的观点推动过古代几何学的初步运用,但后人从这里最容易领悟到的恰恰是数学的理念与哲学的理念的差别以及它们之间的不可通约性。既然数量规定不同于理念,那么数学方法怎么足以用来表述以理念为对象的哲学呢?哲学是生气蓬勃的思想,一旦它听命于数学的外在形式的左右,这种只能在各种关系中去加以理解的思想就会变成僵死不动的规定。思想是让存在自己打开自己,是让真理的规定性自己显示自己。但"思想愈是富于规定性,也就愈富于关系,那么,用数这样的形式来表达它,也就愈是一方面含糊混乱,另一方面则任意独断而意义空洞"①。

基于上述种种原因,不难看到,哲学数学化尝试的失败是不可避免的。它的失败不但证明了用数学自然科学的确实性去要求哲学这种做法的虚妄以及以后的实证主义所犯的方向性错误,而且使我们不得不从根本上改变近代哲学的思维态度,特别是不得不重新思考哲学

---

① 黑格尔:《逻辑学》上卷,杨一之译,北京:商务印书馆,1974年,第228页。

的可能性与数学自然科学的可能性之间的关系。今天,哲学数学化倾向以及作为它的延伸的哲学逻辑化倾向被无情地宣告失败了,我们能从中吸取什么教训呢?从这里我们难道没有看到近现代哲学为了自己的生存而顽强地争取确实性的努力吗?如果要使哲学的探索充满生机与活力,我们难道不应该站到更广阔的背景下重新树立普遍科学的理想并为实现这一理想而对知识的确实性正本清源?

第三节 笛卡尔的确实性概念与主体性问题的提出

自近代科学产生之后,人们必须面对的一个问题是:科学究竟是什么?换句话说,是什么使科学成了科学?对这个问题,不同的人可以从不同的立场作出不同的回答。但是,从笛卡尔开始,几乎所有的科学家和哲学家都一致地认为,科学的一个根本特征是它的确实性。

笛卡尔第一个全面地阐述了确实性概念,并把它定为科学和哲学应当追求的基本目标。在巴黎的一次会议上,一个名叫Chandoux的人作了反对亚里士多德哲学的讲演。笛卡尔也作了讲演进行答复。在这篇讲演中,笛卡尔认为科学只能建立在确实性的基础上。科学之所以是科学就在于它具有确实性。笛卡尔甚至宣布,对科学的真理性的追求实质上是对确实性的追求,或者说,寻求确实性是获得真理的唯一入口。

然而,确实性意味着什么呢?它在科学和哲学中起着什么作用呢?我们如何才能达到确实性的认识呢?在回答这些问题时,笛卡尔发现自己还必须面对一个令人难以克服的矛盾。

一方面,科学是从哲学中派生出来的,哲学要为科学提供基本前提和指导原则,用笛卡尔本人的话说,"建立哲学原理是世界上最主要的事情",因为"一切科学的原理都应当是从哲学中取得的"(《方法谈》第一部)。实际上,笛卡尔的确是从哲学(他称之为形而上学)的探讨开始他的全部研究工作的,他相信,物理学和其他科学的基本原理可以从确实的形而上学原理中逻辑地引申出来。他为《哲学原理》法文版所写的序言十分明确地表达了这一思想:"整个哲学像一棵树,它的根是形而上学,它的干是物理学,它的枝条是其他所有的科学,这些科学又归结为三门主要的科学,即医学、力学和道德学。"虽然笛卡尔后来没有真正从形而上学原理中推演出各门科学的基本原理,但他一生都没有放弃他为科学的结构所做的上述设想,这一设想为后人对哲学与其他科学的相互关系的看法(即认为科学本身并不是自足的,它的基础只能由哲学来提供)奠定了基调。

但是另一方面,哲学在科学的确实性面前越来越相形见绌。首先,科学的真理一旦确立总是显得确确实实,并且人们最终都无可置疑地加以接受,尽管接受真理的过程会随着人们对真理的认识程度而有长有短;与此相反,哲学的知识却总是或然的,"它经过千百年来最杰出的才智之士的研讨,其中还找不出一件事不在争论之中,因而没有一件事不是可疑的"(《方法谈》第一部),所以,笛卡尔说他根本就没有足够的信心希望自己在哲学上比别人有更好的际遇。其次,科学的语言总是显得清楚明白,随着数学成为科学的普遍工具,科学正显示出人们无可否认的精确性;相反,哲学却一直处于模糊状态中,其语词的用法已经混乱不堪,以致人们很难进行卓有成效的交流和对话,于是,在浩如烟海的哲学文献中除了触目所见的永无定论的纷争之外,几乎很难出现真正富有价值的思想,更难找到救精神于饥渴的理论真谛。

按理说,具有明晰而确定的思想是对哲学工作者的最起码要求。既然科学源于哲学,既然哲学要为科学提供前提和依据,那么,哲学也就应当像科学一样具有真正的确实性,否则,我们怎能解释科学的确实性的根源呢?我们怎能相信从不具备确实性的哲学中可以引申出具备确实性的科学呢?我们怎能相信从哲学的不稳固的基础上可以建立坚实的科学大厦呢?要么,哲学根本不可能为科学提供基础,要么哲学本身必须具备确实性。我们只能在这两者之间进行选择。

作为近代科学的造型人和第一个形而上学家,笛卡尔从不怀疑形而上学是否真能为科学提供基础,而只是认为传统哲学没有体现形而上学的固有品格,没有找到本应找到的确实的形而上学前提,明确些说,哲学没有按确实性来要求自己,从而导致哲学成了不稳定的或然知识。因此笛卡尔认为,他那个时代的紧迫任务是寻求一切科学赖以依据的具有确实性的哲学原理并且发现哲学与科学的联结点。在笛卡尔那里,没有哲学就不可能列举和安排人们的所有思想,甚至不能把它们分成清楚而简单的思想,而这种思想在他看来是获得真正的科学知识的最大秘密,但是,研究哲学并不是思想的最高目的。人们应当为了研究科学而去研究哲学,而不应当为了研究哲学才去研究科学。出于对哲学和科学的这种理解,笛卡尔强调一个人一生中应当研究一次哲学并且只能研究一次哲学,因为不研究哲学人们就无从获得上帝和灵魂的知识,也无从获得科学的基本原则和人生的普遍指导,不过让哲学的沉思占据人的一生非常有害,因为这会妨碍理智从事想象和感觉。

当然,为科学提供依据是哲学的重要任务,但决不是唯一的任务。哲学不仅具有科学的价值,而且有社会伦理的价值,甚至还具有个人修身养性的价值,因为真正的哲学教导人在大灾大难和万分痛苦的情况下保持满意的心境——如果他知道怎样使用理性的话。渐渐地,笛卡尔抛弃了把哲学凌驾于一切学科之上或把哲学作为唯一的真知识的传统,而是把哲学与其他学科相并列,使之成为众多学科中的一门学科。在他看来,哲学除了作为其他科学的基础之外再也没有什么特权地位。与教给我们万物的真理的哲学相比,雄辩自有无可比拟的力量与美妙;诗歌则有迷人的优雅与温馨;数学中有许多既可以满足好奇心,又可以促进所有的艺术,包括减轻人的劳动的最精微的发现与发明;那些处理道德问题的作品则包含着教诲以及对增进美德非常有用的循循教导;神学给人指出通向天堂的道路,;法学原理和所有其他科学则使精心研究它们的人名利双收。最后,考察一切东西,甚至考察那些充满异端邪说和荒诞不经的东西都有益处,因为这样做可以使我们了解它们的价值,防止受骗上当。

显而易见,笛卡尔的这些看法是对哲学之外无真理的陈腐观念的公然反叛,是对各门科学的独立地位的明确肯定。如果说笛卡尔的哲学观是近代科学的独立宣言,那么,我们就应当承认这是人类文明史的一个了不起的进步。但是,笛卡尔在承认科学的独立地位后仍然要回答一个长期令人困惑的问题:在众多的学科中为什么唯独哲学可以作为科学的基础?科学的确实性究竟靠什么来保证?

为了回答这个问题,我们有必要了解笛卡尔对科学的确实性的规定以及对确实性层次的区分。

笛卡尔认为,确实性是科学性的根本要求,一切科学知识是以确实性而不是以绝对真理为特征的。如果一种知识没有高度的确实性,那么,它就根本不配称为科学。因此,确实性是区分科学与非科学的一个重要标志。笛卡尔对确实性概念并没有下过十分严格的定义,在前期和后期著作中,他对确实性的看法也不尽相同。但是,他的如下观点始终没有改变。

第一,确实性意味着明晰性。如果一种知识是混乱和模糊的,它就不可能表达真理。尽管在日常事务中我们不得不生活在模糊性中,我们甚至不得不对模糊不清的事物下判断,但就真理的追求而言,我们没有丝毫理由把我们尚不清楚的东西纳入科学真理的范畴。我们也不能指望一个乱得像一团浆糊的头脑会产生普遍有效性的知识。科学活动之所以能进行,首先在于人们对他们所研究的对象的真实性具有不可动摇的信念,但"人们不可能对模糊不清的东西有什么信念,即便是一点点的模糊不清也不行,因为不管是什么样的模糊不清都是使我们对这些东西怀疑的原因"[①]。再者,"存在于我们思想里的不可能性不过是来自思想的模糊不清,在清楚分明的思想里不可能有任何不可能性"[②]。因此,笛卡尔为自己确立的第一条原则是:

> 决不把任何没有明确地认识其为真的东西当作真的加以接受,而只把那些十分清楚明白地呈现在心智之前,使自己根本无

---

① 笛卡尔:《第一哲学沉思集》,庞景仁译,北京:商务印书馆,1986年,第148页。
② 同上书,第154页。

法怀疑的东西放进判断之中。①

笛卡尔如此看重明晰性,以致把模糊性与可疑性联系在一起,甚至把它与错误联系在一起。在谈到"我思故我在"这一命题的确实性时,他断定"凡是我们十分明白、十分清楚地设想到的东西,都是真的",并把它上升为一般规则。这条规则的明晰性又由什么来保证呢?笛卡尔认为它来源于自然的光明,因为自然的光明照亮了我们心中的一切观念并能显示出错误的真相。所以,每一个尊崇科学精神的人都要使用自然的光明来区分真伪,对应予确认的东西作出清楚明白的判断。"因为自然的光明使我见到是真的东西,我是决不能怀疑的。"(《第一哲学沉思集》第三)在后期著作《方法谈》中,笛卡尔则直接把观念的清楚明白作为衡量观念的真假的标准。

第二,确实性意味着无可置疑性。在科学的领域中,一切或然的东西和可疑的东西与真理性的认识是不相容的。心灵要切实地把握它的对象,就必须排除哪怕稍微会引起疑问的、或然的东西。当我们把真实性与明晰性结合起来时,就会发现只有无可置疑的知识才是确实的知识,探求无可置疑的东西是理论科学的最高旨趣,也是使科学知识成为必然有效的知识的根本保证。因此,笛卡尔在《指导心灵的规则》中宣布:

> 我们只应该关注那样一些对象,对这些对象我们可以获得确实的无可置疑的知识。一切科学都是确实的自明的知识。怀疑许多东西的人并不比从未思考过这些东西的人更有学识。因此,按照这条规则,我们拒斥一切纯粹或然性的知识,并且断定我们只应相信那些已被完全认识到的和我们不可能加以怀疑的

---

① *The Philosophical Works of Descartes*, eds. and trans. by E. S. Haldane and G. R. T. Ross, Cambridge: Cambridge University Press, 1969, p. 92.

东西。①

由于笛卡尔把无可置疑性作为科学的确实性的首要条件,而科学的确实性所涉及的是思想与对象的关系而不是对象自身的属性,所以,在论及知识的无可置疑性时笛卡尔往往是指对象的必然秩序在心灵中的明白无误的呈现。对笛卡尔来说,科学确实性的理想是把整个知识系统而不仅是某个命题的可靠性和必然性放在头等重要的地位,但要使一种知识成为必然的知识就不能使它仅仅满足某个人的要求,而必须使它具有普遍的适用性和有效性。这就要求此种知识不应是模棱两可的东西,而当是不可更改的真实的东西,就像数学和几何学的公理和定理一样。世界上之所以没有人可以怀疑数学几何学证明的确实性,正是因为这种证明的环环相扣的严谨性和自明性。

第三,确实性要有直观与演绎,或者说,只有直观与演绎才能保证确实性的实现。在《指导心灵的规则》Ⅶ中,笛卡尔断言,除了明白的直观和必然的演绎之外,再也没有向人开放的达到真理的确实知识的道路。这里所说的直观是指什么呢?让我们看看笛卡尔本人的论述:

> 通过直观我所理解的并不是感觉的摇摆不定的证据,也不是从想象的易犯错误的结构中产生的令人误入歧途的判断,而是明晰而专注的心灵如此轻而易举和清楚明白地给予我们,以致我们完全不会对我们所理解的东西加以怀疑的观念。或者,同样,直观是清晰而专注的心灵的无可置疑的观念并且仅仅产生于理性的光明。②

直观是一切真理性认识的最终根源。如果说科学知识是一个体系,那么这个体系的第一原理就是由直观提供的。所谓直观,从狭义

---

① *Oeuvres de Descartes*, Tome 10, Publiées par C. Adam & P. Tannery, Paris: J. Vrin, 1964, p. 368.
② 同上。

上说,就是纯粹用心灵的眼睛去看,笛卡尔常称之为"理智的看""精神直观"或"纯粹直观"(intuitus purus),这种看或直观能直接而完整地把握对象,它所涉及的是简单性质,这种性质只是通过纯理智的"先天之光"才能被洞明。与推理相比,直观仅限于理解一般概念、个别命题,或"一眼看出"两个命题间的必然联系以及简单的事实。所谓概念直观是指对具有简单性质的共同概念(common notion)的直接理解;所谓命题直观是指直接看出命题的确实性以及命题与命题间的必然联系,如我可以直接看出"我思维""我存在""2+2=4"这些命题的真理性,我还可以看出"我思维"与"我存在"之间的直接的逻辑联系;所谓存在直观是指对最高实体的实在性的直观,比如对上帝存在的直观,对世界存在的直观,这种直观是我们的思维和行为的前提。我们时时刻刻在面对世界、思考世界,但我们从不否认它的存在。

由于直观是先于肯定和否定的理解的一个阶段,它不可能是具有真值的判断,也不可能是提供逻辑结论的推理形式,而是发现公理的唯一方式。因此,凡是用公理确证的东西我们都可以直接用直观来确证。直观的突出作用就是把先天的真理呈现给我们,使我们具有据以推论的前提和依据。笛卡尔主张以直观来代替或补充逻辑学家的凝固的形式正是出于这样的原因。然而我们更应当看到凝固的逻辑形式使人们机械地运用推理规则,它减弱了人们的创造性,限制了人们的眼界。况且,推理本身必须运用的规则需要求助于真理来加以确认。所以,笛卡尔说:"属于直观的这种明晰性和确实性不仅为阐明命题所需要而且为任何一种推理所需要。"①

可是,我们仍有理由提出这样的问题:除了直观以外我们为什么要把演绎作为补充的认识方式?演绎能提供什么样的确实性?

从笛卡尔的"知识之树"中,我们看到了科学的统一性,这种统一性通过形而上学和其他学科的演绎关系表现出来,在大多数情况下,笛卡尔都把演绎作为最可靠的推理,认为只有靠演绎才能把公理和第

---

① *The Philosophical Works of Descartes*, Vol. 1, eds. and trans. by E. S. Haldane and G. R. T. Ross, Cambridge: Cambridge University Press, 1969, p. 7.

一原理的确实性引申出来或发挥出来。如果说直观为我们提供了确实性的基地,那么演绎则保证这种确实性的传递和推移。由于这种传递和推移,概念与概念之间、命题与命题之间的必然联系得到了保障。不仅如此,确实的知识在很大程度上是由演绎产生的,用他本人的话说:"第一原理仅仅是由直观所提供的。与此相反,遥远的结论则仅为演绎所提供。"[1]按照笛卡尔对演绎的广义理解,演绎不只是三段论,它甚至可以得出前提中并不包含的新结论。与直观相比,通过演绎我们可以理解从确实地认识的其他事实出发而进行的一切必然推论。虽说直观比演绎更为确实,但演绎并不需要直观所具有的那种直接呈现出来的明晰性而能把确实的真理抒发出来。

现在,我们要追问的是,确实性的传递和推移为什么可能?

为了回答这个问题,我们必须了解笛卡尔对确实性层次的区分。正如笛卡尔的理想体系是一个金字塔,顶端是形而上学第一原理,其次是宇宙学的一般原理一样,他所说的确实性也是一个等级体系。从形而上学到数学和物理学,再到道德学,确实性程度依次减弱。在每门学科中,研究者必须求助于各种相关证据,然后以这些证据为基础作出一些判断。证据强的地方确实性就高,证据弱的地方确实性就低。唯其如此,哲学与其他学科并没有绝对分明的界限,它们间的差别仅在于确实性程度的不同。按照吉威尔思(Alan Gewirth)的区分[2],笛卡尔理论中有三种确实性,即形而上学的确实性、心理学的确实性和道德的确实性。形而上学的确实性是关于世界总体的确实性,关于上帝和灵魂的确实性。这种确实性是完全由直观提供的,它为认识确立了无可置疑的基础。心理学的确实性是指清楚明白的知觉所提供的确实性,但是这种确实性仍然可能受到形而上学的怀疑。道德的确实性则是人在认识个别对象或具体行动时所获得的确实性。这种确实性与其说是确实性还不如说是或然性,在很多情况下,笛卡尔

---

[1] *The Philosophical Works of Descartes*, Vol. 1, eds. and trans. by E. S. Haldane and G. R. T. Ross, Cambridge: Cambridge University Press, 1969, p. 8.
[2] Alan Gewirth, "The Cartesian Circle Reconsidered", in *The Journal of Philosophy*, 1970, Vol. 67, No. 19, p. 670.

认为这种确实性恰恰是错误的根源。

哲学之所以能成为科学的基础,正是因为哲学具有最高的确实性,各门科学则通过演绎而分有了这种确实性。尽管笛卡尔并不否认哲学与其他学科的区别,比如物理学与形而上学的区别,但是他更强调知识的统一。由于知识的连续性,形而上学的确实性可以扩展到关于物理对象的每一观点上。物理学和其他学科对形而上学的依赖也可以从这一角度得到理解,在笛卡尔眼里,不仅形而上学的原理,比如"我思故我在"的原理,乃是物理学和其他科学的规范,而且,由于作为科学对象的具体事物是神创造的,由于我们用来认识具体事物的概念或观念是神赋予的,出于一切知识的确实性取决于神的存在的确实性[1],因而从我们对神本身的知识中可以演绎出对万事万物的说明,并由此"获得通过原因来认识结果的最完美的科学"[2]。

遗憾的是,笛卡尔本人的科学实践与他的这一科学理想相去甚远,以致他究竟在多大程度上实现了由形而上学的第一原理向其他科学知识的推演是非常令人怀疑的。表面上,笛卡尔给人这样一种印象:一切确实性的知识都是先天地产生的。其实,笛卡尔通过大量的科学实践表明确实性的知识具有后天的因素,有些确实性的知识甚至完全是后天的。由于在实际的研究工作中对假设、实验和经验的必不可少的运用,笛卡尔不得不修改早期的确实性理论。现在,他声称,并非一切知识都必须具备形而上学的确实性。对于具有道德确实性的知识,接受它比拒绝它更为合理。但笛卡尔始终没有解决经验与理性的冲突,他在理论中对理性的先天原则的强调与在实践中对经验本身的重视形成鲜明的对照,以致胡塞尔说笛卡尔哲学是理性主义和经验主义这两条发展路线的起点。在早期,他相信自己找到了达到确实知识的道路,此时他坚持严格的确实性标准;在后期他面临着理论与实践的矛盾,经验对其研究的作用显得格外重要,此时他放宽了确实性

---

[1] *Oeuvres de Descartes*, Tome 7, Publiées par C. Adam & P. Tannery, Paris: J. Vrin, 1964, p. 69.

[2] *Oeuvres de Descartes*, Tome 8(1), Publiées par C. Adam & P. Tannery, Paris: J. Vrin, 1964, p. 141.

的标准,认为除了直观与演绎之外,我们还可以在经验中达到知识的确实性。

笛卡尔的上述见解无疑蕴含了近代经验主义与理性主义这两种表面上对立实质上统一的哲学倾向在探索知识的确实性方面所做的努力,同时也预示着即将出现的关于科学的真理性问题的理论冲突,规定了近代哲学的一个根本任务,即研究哲学应为研究科学服务,而不是研究科学为研究哲学服务。当近代哲学把探寻科学的形而上学基础作为自己的重要内容时,它也就在很大程度上贯彻了笛卡尔的意图,即为科学寻找具有无可置疑的确实性基础。

但是,知识的确实性的探讨最终必须落实到主体性的探讨上来。近代人渐渐感到,知识是人类的基本需要,甚至是人的存在方式。正如笛卡尔的科学乐观主义精神早就预示的那样,人的世界必将是科学的世界、知识的世界。但知识本身作为人类生活的基本事件如何发生却始终是一个谜中之谜。不揭开这个谜中之谜,对知识的确实可靠性的探究根本就无从谈起。

在这个问题上,经验主义和理性主义各执一端,并且都把握了片面的真理。它们都一致地把注意力集中于自我及其活动过程本身。自我不仅被作为认识的出发点,而且被作为认识的对象。尽管每个人对自我的解释不尽相同,但有一点是共同的,即认为自我有别于并且高于外在的事物,自我的本性就在于意识。当近代人不再像中世纪的人们那样从宗教信条中,从对上帝的信仰中获得知识的确实性的保证时,他们就只能从自身中去寻找确实性的理由。从此,人必须自己证明自己的能力,自己确定自己的认识是否正确,自己决定以什么方式来设置认识的对象,并通过这种活动来体现自己的本质。因而,事情正如海德格尔曾经指出的那样,对近代人来说:"只有通过自我解放的人向他自己保证,可认识的事物的确实性才有可能。"[1]

认定人可以保证知识的确实性之后,确实性问题是否就算解决了

---

[1] Martin Heidegger, *The Question Concerning Technology and Other Essays*, trans. by William Lovitt, New York and London: Garland Publishing, 1977, p.148.

呢？远远没有。自亚里士多德开始，人被规定为有理性的生物，他包含心与物两个方面，物的方面即肉体像外在世界一样是流动的变更的，它给人的印象是模糊的、不确定的，因而它本身不能保证知识的可靠性。那么，我们心灵中的知识的确实性来自何处呢？按照"非心即物"的思维方式，这种确实性显然只能来自心灵本身。笛卡尔把心灵称为"我"，这个"我"就是近代哲学所说的主体。这样，自笛卡尔始，知识的确实性问题就被归纳为主体性问题。主体主义的兴起正是近代哲学追求确实性的必然结果。当笛卡尔宣称直观与演绎是获得确实性的两条途径时，他也就自然而然地触及了主体的认识过程本身。对这一过程的揭示使以主客体二分为基础的近代哲学的认识论转折得以实现。

但主体决不是一个空洞的概念，抽象地讨论它就像抽象地讨论主客体的相互作用一样毫无意义。不管我们对主体概念本身采取何种立场，也不管把主体规定为小我还是大我，我们都不得不承认，揭示心灵的本性，揭示认识过程的一般规律，对实现人的自我认识和全面发展均有不容忽视的重要性。当笛卡尔为了求得知识的确实性而把目光回收到自我时，他已经为我们开创了一个主体主义的新时代。

第四节　从确实性到明证性：胡塞尔的解释

像笛卡尔一样，胡塞尔一直致力于寻找知识的绝对基础，并称自己是"开端的哲学家"。但要找到这个绝对的基础，他就必须确定这个基础所要满足的基本条件。为此，他一再求助于笛卡尔所提出的确实性概念，并从中悟出了笛卡尔本人所没有发现的意义。耐人寻味的是，胡塞尔不仅经常批评笛卡尔对自己的发现熟视无睹，至少是对这种发现的重要性估计不足，而且认为在笛卡尔那里发现与抛弃是一回事。我们从胡塞尔的早期著作《逻辑研究》以及《形式的与先验的逻辑》中可以清楚地看到，他试图以明证性概念来改造笛卡尔的确实性概念，或将明证性与确实性统一起来，从而将笛卡尔对确实性的追求转变成现象学对明证性的追求。

但是,这并不等于说,找到了明证性概念就可以一劳永逸地解决现象学的所有问题。恰恰相反,这仅仅是现象学长征的第一步。胡塞尔首先必须解决的问题是,在用明证性概念改造笛卡尔的确实性概念之后,如何把现象学的全部尝试理解为以探求明证性为目的普遍科学活动?明证性的获得究竟在多大程度上满足了哲学的科学要求?在什么样的条件下,我们的哲学才算达到了明证性的标准?对这些问题的解答显然取决于胡塞尔对笛卡尔的确实性概念的改造。现在就让我们从这一基础工作谈起。

胡塞尔的现象学是关于本质的科学,这门科学的一个根本宗旨是要探求建立在直观基础上的普遍有效的确实性是如何产生的。本质直观(ideierend)的抽象则为这一工作开辟了广阔的道路。根据现象学的思路,这条道路可以分两步走,第一步是内求,第二步是外推。所谓内求,就是回到起源和基础,因为它是从不确实性中求确实性,从模糊性中求明晰,从变化中求永久,这个确实性、明晰性和永久性就是纯思。所谓外推,是指在自身纯粹的内在性中推演出客观的外在性的绝对确实性方式,上帝的存在通过它们,通过客观的自然、通过有限实体的二元化,通过形而上学和实证科学的客观领域及这些学科本身而推演出来。一切推演必须根据纯粹自我的内在的或"天赋"的指导原则来进行。

在寻求认识本质的直观明晰性时,胡塞尔发现,笛卡尔的"我思"并且唯有这种"我思"才可以成为本质学说的出发点,因为它最好不过地体现了绝对自明的确实性的要求。无论我们如何怀疑一切东西的实在性,我们都无法把纯思本身驱逐出确实性的领域。包括确实性在内的一切离开了纯思就不可能有意义,甚至不可能有存在的理由。纯思是我们的最原始的直接性,是我们第一个与之照面的无可置疑的东西,是离包括个别性和一般性在内的一切摇摆不定的东西最远,而与我们自身最为切近的基础和使认识得以发生的根源。因此,我们从纯思这里找到了现象学的救星,找到了明晰性和无可置疑性的范例与尺度。

胡塞尔承认现象学迈出的这一步与笛卡尔对清楚明白的感知的考察相联系。的确,对明晰性和无可置疑性,笛卡尔曾做过详尽的研究,并把它们作为确实性概念的两大要素。如本章第三节所述,笛卡尔的真实性概念与确实性问题有着非此不可的关联,而"真"又常被等同于清楚明白的感知。当然这里所说的"感知"不能理解为感觉主义者所说的感知,甚至不能理解为洛克意义上的内省,而应当理解为纯粹的心观(mental seeing)或具有绝对自明性的直观。这种绝对自明性在胡塞尔那里被称为绝对的自身被给予性(Selbstgegebenheit)。对胡塞尔来说,现象学工作的关键就是"把握绝对被给予性的意义,把握排除了任何有意义的怀疑的被给予的绝对明晰性的意义,一言以蔽之,把握绝对直观的、自明的明证性的意义。在某种程度上笛卡尔怀疑的历史意义就在于发现了这种明证性"①。

很显然,胡塞尔在这里是把绝对的自身被给予性与绝对的明证性几乎放在同样的意义上来加以使用的,因此,我们可以说,绝对的自身被给予性是绝对明证性的第一要义,或者说,绝对的明证性首先在于绝对的自身被给予性。

但找到绝对的自身被给予性意味着什么呢?首先,这意味着找到了绝对的根据和绝对的确实性。只有取得了这种确实性,其他的一切才有规范、有尺度、有依托。这个依托不是别的,正是真心和本心。在此,只有心与心对话,思与思交流,任何外在的干预因素都因真心的朗现而显得飘忽不定,因而是应予排除的可疑者。这样一来,对绝对的自身被给予性的探索过程实质上是一种"明心"和"洗心"的过程。其结果是使我们的认识从犹豫不决中,从虚假性中,从导致不确定性的东西中"超拔"出来,从而使它建立在不可动摇的基础上。

"明证性"的原文是 Evidenz,在日常用法中,它往往可与 Klarheit 混用,有清楚明晰之意。但胡塞尔对这个词的用法比较独特,它在哲学上与笛卡尔的思路基本一致。在笛卡尔那里,它是指认识的自明

---

① 胡塞尔:《现象学的观念》,倪梁康译,上海:上海译文出版社,1986年,第14页。

性,这种自明性源于"清楚明白的感知"(clara et distineta perceptic),但是这里的感知并不等于我们的感觉和知觉,而是指心灵的直观,所以认识的自明性严格说来是与直观相联系的。胡塞尔从这里获得了极为有益的启示,他抹去了笛卡尔思想中的感觉主义和心理主义色彩而吸收了笛卡尔对自明性和直观的基本看法,并且用 Evidenz 这个概念涵盖了笛卡尔刻意追求的确实性的领域。在《笛卡尔式的沉思》中,明证性概念实际上成了包括确实性而又比确实性更加宽泛的概念。尽管他的明证性概念本身并不一定具有明证性,因为他一贯认为"自明性大多根本不能被明确地表述"①,但我们仍能从中体悟出他对绝对明晰性和确实性的追求。

不仅如此,胡塞尔常把明证性看成一种活动,他称之为一致性的综合(Deekungssynthesis)。这种综合是完全与自身相一致的意识的活动。在这种活动中,对象直接而完整地呈现出来。为了便于理解,我们可以用"直观"来称呼它。实际上在很多情况下他干脆用明证性来表示确实的直观本身。

在《观念Ⅰ》中,胡塞尔阐述了明证性概念的双重意义。在第一种意义上,它是意向活动的特征,比如判断活动的明晰性;在第二种意义上,它是指意向对象的明确性设置(posite),比如,明确的逻辑判断。很显然,这两种意义的侧重点各不相同,前者着眼于行为的特性,后者着眼于行为本身。从语言的角度讲,胡塞尔既把"明证"用作动词又把它用作名词。在翻译时,我们本应根据场合把它分别译作"明证"和"明证性"。我们通常所说的明证性和理智的洞观是一种设置性的、充分显现的意识,在派生的意义上,它们表示同样的东西,即无可置疑的理智的"看"。一开始,胡塞尔用"明证性"这个概念就是为了包容"断定性的看"(assertic seeing)和"无可置疑的理智的看"(apodictic intellectual seeing)②。前者产生断定性的明证性,后者产生无可置疑

---

① 胡塞尔:《现象学的观念》,倪梁康译,上海:上海译文出版社,1986年,第55页。
② Edmund Husserl, *Ideas Pertaining to a Pure Phenomenology and to a Phenomenological Philosophy*, First Book, *General Introduction to a Pure Phenomenology*, trans. by Fred Kersten, The Hague: Martinus Nijhoff, 1982, p. 330.

的明证性。

"看"对胡塞尔确有十分重要的意义,因为一切明证性都来源于"看"。与海德格尔强调"听"不同,胡塞尔把"看"置于其他认知活动之上。对海德格尔来说,"听"更具有本源性,因为听更关切存在的意义。既然人必须追慕的神性和灵性是看不见摸不到的,那么人接近它们的唯一通路就是听。听什么呢? 在这个无高尚者可听的时代里,我们只能听天地的无声呼唤,听心灵的悠悠述说。所以,海德格尔说:"我们必须下决心去听,听使我们超越了所有传统习见的樊篱,进入更为开阔的领域。"①胡塞尔则说,人生在符号化的社会中,他首先通过"看"而与世界相照面。从现象学的意义上讲,"看"本身具有综合的能力,它蕴涵着全部认识的秘密,因而最具有本源性的特征。在人所念及的领域里,只有那些"看"到了原因,保留了看、直观和明证性的意义的人才能避免怀疑主义的悖谬,怀疑主义者必将成为"看"的实践的牺牲品。对那些没有看或不愿看的人,我们只能把他们打发到"对牛弹琴"的场所去。

但"看"意味着什么呢? 笛卡尔早就说认识就是用理性的自然之光照亮世界。胡塞尔比其他人更为重视笛卡尔的这一思想。在他的心目中,这已经给我们提供了进入现象界的索引(index)。现象学的最高智慧就是用理智直观的眼睛盯住"事情本身",因为只有这样,本质才得以显明,得以展露,得以作为绝对的被给予性而出现。可"看"并不等于仅仅使用肉眼来观察和"打量"。"看"必须用心,因此,"看"的最高形式是"心观"。当你对天地万物进行"目测"时,你不仅要使用心灵的尺子,而且还得放射你的心光把它们加以照亮。所以,调先天之秘必须观化于时,明白世界必须让心灵烛照在先。"看"需要光明同时也给光明带来意义。对盲人而言,哪里都是黑暗,光线亦无所谓光线。现象学的"看"是理智的"看",如果把它理解为感性的看,那将把我们引上感觉主义的迷途。因为感性的"看"没有绝对价值而只有相对意义,如果改变了你眼球的结构,你看到的东西可能会变形,你看到

---

① Martin Heidegger, *Was Heißt Denken*? Tübingen: Niemeyer, 1954, p. 97.

的颜色也会相应发生改变。现象学的心观能使对象的显现确定不移，它要求你有眼在心，甚至要"多长几个心眼"。在这里心明最关紧要，只有心明人才能开心开慧，从而直面本质。但心明的前提是使自己无所牵累，要做到这一点人当悬置万物，虚心净意，讲到底是要使自己心如满月，莹然寂照。这样，并且只有这样，本质才会直接呈现出来，人心方能豁然而开朗，心照而能宣。

在此，我也许对现象学的"看"作了过多的发挥，但这有助于我们对"看"的本性的理解，也有助于我们把握"本质直观"的真义，领会现象学悬置的奥妙。

"看"是明证性的根源，经验或认识的明证性正是通过"看"才得以显示自己。胡塞尔甚至说："明证性被称为看，被称为对自身给予的事态的把握。"[①]当然，这里所谓的"看"实际上是指现象学意义上的直观。对于直观，胡塞尔与笛卡尔的看法既有相同之处，又有不同之处。

不同之处主要表现在：笛卡尔的直观是理智的一次性直观，胡塞尔的直观则是多层次的分步直观；笛卡尔希望通过直观一劳永逸地解决知识的确实性的来源问题，胡塞尔则认为知识每前进一步都得考察其合理与否，都要得到新的互观的明证；笛卡尔强调直观与知识之间的衍生性关系或分析性关系，胡塞尔则重视直观与知识之间的综合构造关系；对胡塞尔来说，认识历程的每一步既是分析的又是综合的，因此，从本质直观中推不出来事实真理，对笛卡尔来说，只要我们通过直观确认了真理的最高前提，一切其他的真理性知识就可以逻辑地推演出来。

但是，不管是笛卡尔还是胡塞尔都一致认为，直观是知识确实性的源泉，在他们看来，没有直观的知识是缺乏根据的不能得到最终保证的知识，因而还不能成为真正的科学知识。科学离不开论证和推理，但论证或推理必须具备无可置疑的前提，这个前提必须是直接给予的确实性的知识，胡塞尔把它称为直接知识，直接知识是凭直观而

---

① Edmund Husserl, *Logical Investigations*, Vol. 2, trans. by J. N. Findlay, London: Routledge and Kegan Paul, 1982, p. 195.

不是凭论证与演绎取得的,直观为论证和演绎提供了最终根据,"直观本身则不能论证或演绎"。所以,胡塞尔说,直观知识是最有明证性的前提性知识。在《现象学的观念》中他干脆断言:"明证性实际上就是这个直观的、直接和相应地自身把握的意识。"①

在直观问题上,胡塞尔综合了笛卡尔、洛克、康德和谢林的观点。笛卡尔把直观作为理性的特殊能力,康德则否认人的知性直观的可能性,而认为"直观永远是感性的"②。谢林则把被康德剥夺了的直观能力还给了知性,但他把直观视为多少带有些神秘性质的艺术直观。胡塞尔所说的"直观"当然不同于直观主义的"直观",因为他的"直观"并不是对灵感启示的被动等待,而是能动的综合,也就是说,不是单纯的 schauen,而是 erschauen。像洛克一样,胡塞尔认为,理性在证明的知识中每前进一步都必须有直观的明证性。既然明证性有层次之分,那么,提供这种明证性的直观也相应地分为不同的层次。根据明证性的层次,直观相应地分为感性直观、范畴直观和本质直观。

感性直观可以分为充分的感性直观和不充分的感性直观。前者仅仅是指自我对我思的感知,因为这种感知能使"思"作为一个整体毫无遗漏地直接呈现出来,从而能提供充分的明证性。因此叫作充分的感性直观。不充分的感性直观通常是指自我对外部事物的感性知觉。在这种感性知觉中,对象不可能把它的所有内容显现出来,而只能显现它的一些相对完整的片断,所以,它不可能提供充分的明证性。建立在这种直观基础上的经验主义的认识论和自然主义的思维方式不可能具有无可置疑性。

范畴直观是以感性直观为基础,并能显示对象的内在关系的直观。如果说感性直观的综合是前判断的综合,它所获得的明证性是一种非判断性的明证性,那么范畴直观中的综合活动就是一种断定性的综合,它所获得的明证性是一种断定性的明证性。比如,在"这朵花是红的"这个判断中,"是"不是由感性直观提供的。我们可以看见花,看

---

① 胡塞尔:《现象学的观念》,倪梁康译,上海:上海译文出版社,1986年,第51页。
② 康德:《纯粹理性批判》,蓝公武译,北京:商务印书馆,1982年,第73页。

见红色,但我们永远也看不见"是",因为"是"不是像"花"和"红色"那样的感性事物,而是范畴。这里的"是"显示了"花"与"红"之间的内在联系。它虽非感性的东西,但也不是主观的意识活动,而是一种原始的客观性,正是这种客观性使"花"与"红色"成为一个自我显现的相对独立的统一体。因此,它比感性直观包含更多的意义。使范畴直观成为可能的联系词,如"是""或者""并且""然后"等,都是超感性的意向对象,它们绝不是随意的主观虚构,也不是空洞的逻辑形式,而是使感性直观内容或素材(hyle)得以综合的客观方式。范畴直观之所以高于感性直观,正是因为它综合了感性直观材料,并获得了感性直观所没有的新的意义,所以它所提供的明证性比感性直观的明证性更加全面。

本质直观是提供明证性的最高方式,胡塞尔又把它叫作先验直观,它的对象是本质(eidos)或本质关系,在通常情况下是指对象的"类性"或一般性。比如,当你不把自己的意念放在红花、红墨水、红纸等个别对象上,而是放在"红"本身上,你就直观到了红的本质。不过,在大部分情况下,我们必须在想象中对个别对象进行比较和综合,对它们的形式和种类进行区分与联结。另外,本质直观既可以从既有的名词概念出发,也可以从想象的图形出发,努力寻求它们的本质关系并最终使它们与感性个体相吻合。在这一过程中,我们可以通过想象进行自由变换(frei variation),即从一个个体形象随意转移到另一个个体形象,"看出"它们的共性和本质结构。

在此,胡塞尔与笛卡尔有着很大的分歧。在笛卡尔那里,想象不但与直观无关,而且难以提供真正的确实性。胡塞尔则强调本质直观与想象有着密切的联系,想象甚至是"本质的看"的合理基础。在早期著作中,胡塞尔一般用 Ideation 来表示本质直观。Ideation 本身有"注意的转移"之意,从想象出发恰恰是 Ideation 的特点。在后期著作中,胡塞尔渐渐改用 Wesensschau 来表示本质直观,一是要突出本质的"直接可见性",二是要强调本质直观的明证性是一种原始的明证性,本质直观活动是一种直接的"看"的活动。胡塞尔认为,本质直观作为原始的"看"旨在显现对象的纯粹本质,而不关心对象的个别性,因此,"属于它们的本质只能片面地被给予,在一个系列中'多方面地'被给予,但决不能全面地被给予"①。这就意味着,本质直观可以提供确实性的知识,但不必然提供充分的明证性。

至此,我们似乎对明证性概念有了一个基本的了解,但是,我们还没有阐明这一概念对现象学考察的各个阶段的重要性,更没有把握这一概念如何体现了笛卡尔早就追求的科学的确实性的理想。为了再现现象学精神,我们必须对明证性概念进行深一层的考察。

"明证性"概念对胡塞尔的现象学是至关重要的,离开了这一概念,现象学的基本理论似乎没有什么意义,因为正是这一概念规定了现象学的根本目标和本质内容,即寻求认识的绝对无可置疑的前提和依据。了解了这一点,我们就不难理解胡塞尔在《笛卡尔式的沉思》中的一段重要论述:对哲学的最终要求就是摆脱各种各样的偏见,按照最终的明证性而实现现实的自律。这是真正的哲学的基本意义的一部分。在近代,渴望活的哲学导致了一场文艺复兴,这种富有成果的复兴重新唤起了笛卡尔沉思的推动力。我们并没有采纳它的内容,而是恢复了它的彻底精神,恢复了它的自我负责的精神,并且展示了回到自我的必然性,克服以前哲学的潜在素朴性。从这里我们看到了先验现象学的源头②。既然明证性概念蕴涵了科学的最终意义,那么一切科学的努力就旨在追求这种明证性,它表现在具体工作中就是不断作出明确的判断,并且始终把这种判断作为明确的判断保持下去,把固定的真理作为明确的真理保持下去。但是这种真理的表述方式也有自己的明证性与非明证性,因此,表述的明证性也成了真正的科学现象学的一部分。

胡塞尔声称,如果我们以这种方式继续进行沉思,我们就可以认

---

① Edmund Husserl, *Ideas Pertaining to a Pure Phenomenology and to a Phenomenological Philosophy*, First Book, *General Introduction to a Pure Phenomenology*, trans. by Fred Kersten, The Hague: Martinus Nijhoff, 1982, p. 8.

② 参见 Edmund Husserl, *Cartesian Meditations: An Introduction to Phenomenology*, trans. by Dorion Cairns, The Hague: Martinus Nijhoff, 1960, pp. 5–6。

识到,笛卡尔的以绝对基础为根据并得到绝对保证的科学将不断为一切科学提供指导,为它们争得普遍性提供指导。因为我们通过明证性的考察懂得了"科学"一词的意义,即追求绝对确实的真理,追求放之四海而皆准的真理,并且不断寻求新的、贯彻到底的证实。即便科学不能实现绝对真理的体系,而是被迫一次又一次地对它的真理性进行修改,它也从来不愿放弃对绝对真理体系的追求。几乎所有的科学家和哲学家都宣称自己发现了不可动摇的真理,这种近乎自大狂式的态度正好反映了他们对绝对真理的确信,对绝对的明证性的确信。正是在这种确信中,科学与哲学汲取了源源不断的活力,而作为科学与哲学化身的科学家和哲学家甚至由此找到了生存的支点,于是知识论与存在论找到了沟通的桥梁。正如人们从来没有因为看不到上帝的现身而放弃对上帝的信念一样,他们也没有放弃绝对的科学真理的观念。相反,他们相信科学与哲学不但可以无限地超越日常认识,而且可以无限地超越自身。它追求知识的系统的普遍性,而不管这种目的是涉及特定的封闭的科学领域,还是涉及现存一切的无所不包的统一性。科学与哲学观念始终包含着认识的秩序,它从内在的较早秩序转向内在的较晚的秩序,它包含着开端和前进的路线,但这种路线并不是随意选定的,而是基于事物自身的本性,用现象学的语言说就是,基于具有绝对明证性的思维的本性。

因此,从绝对明证性的思维中我们终于看到了最终意义上的科学开端,并且获得了真正的科学观念,这种观念也许一开始是模糊的,但它指导着我们进行科学的探求。我们想借此实现无可置疑的科学的理想,同时获得一种足以使我们确定我们的第一个方法论原则的明晰性的尺度。既然我们的目的是追求真正的科学,我们就不能作出和接受任何不是从明证性中得来的判断。对此,胡塞尔说:"我必须始终反思有关的明证性;我必须考察它的'范围'并且使自己明白那种明证性可以伸展得多远,它的'完满性',事态本身的现实给予性可以伸展得多远。在达不到这一点的地方我就不必要求任何最终的确实性、而必须把我的判断至多解释为达到最终确实性道路上的一个可能的中间阶段。"①

胡塞尔的这段话表明,我们要达到知识的最终确实性,就必须了解明证性的范围。因此,为了作出科学的确实性判断,我们就必须考察科学的明证性。但是我们在处理科学的总体性问题时往往要使用科学之外的语言,如日常语言。这些语言一般都具有不稳定性和模糊性,对此,我们唯一的选择只能是把一些语词的意义固定化、合法化,并把它当作正规的明证性原则的一部分。这样一来,胡塞尔就逐步把明证性问题引向了语言的意义问题,这是胡塞尔不同于并且高于笛卡尔的地方。它在很大程度上规定了现象学的发展方向。循此方向,真正的认识形式就得以由本质上的第一认识进展到各种实际可能的认识。在这一过程中,现象学家首先要肩负的仍是笛卡尔早就确定的任务——考察那种先于一切可以想象的明证性的明证性。鉴于这种在先的明证性所表现出的完满性,我们丝毫用不着怀疑这种认识的绝对确实性。

也许,上述的理解可以帮助我们对明证性概念进行深一层的拓展。根据胡塞尔的解释,"明证性是对现存的某物本身的把握,或者说是一种以'它即它自身'的方式而进行的把握,它具有关于某物存在的完全的确实性,一种因此排除了每一种怀疑的确实性"②。但是,完全的确实性并不排除这样的可能性:具有明证性的东西以后可以变成可疑的东西;存在物可能是虚幻的,比如,海市蜃楼和我们常常产生的幻觉等,我们对"明证性的东西变成了可疑的东西,存在的东西变成非存在的东西"这种可能性的认识离不开对明证性本身所起的作用的认识。在多数情况下,我们都惯于根据清楚明白的东西来判定模糊的东西,根据真实的东西来判定虚假的东西。从这种意义上讲,"真理是它自身的标准,又是错误的标准"。既然我们的任何明证性都是对某物本身的确实把握,那么,我们怎样了解各种认识的确实性程度呢?

---

① Edmund Husserl, *Cartesian Meditations*: *An Introduction to Phenomenology*, trans. by Dorion Cairns, The Hague: Martinus Nijhoff, 1960, p.13.
② 同上书,第15页。

要回答这个问题，最好的办法是像笛卡尔那样找到一个最高的确实性、并把它作为其他确实性的标准，并因此将确实性分为不同的层次。众所周知，笛卡尔曾将确实性分为形而上学的确实性、心理学的确实性和道德的确实性，并认为它们的确实性程度依次减弱。胡塞尔根据笛卡尔的这一思路，从不同的角度对明证性作了区分。

在将"我思"作为最高的确实性或明证性这一点上，胡塞尔与笛卡尔并没有分歧。但胡塞尔发现，笛卡尔的"我思"并不"纯粹"，因为其中仍有经验的因素，这些因素包括感觉、想象等摇摆不定的内容，如果将这些内容作为稳固的东西掺杂在知识的基础中，科学的大厦仍不稳固。为此，胡塞尔主张剔除笛卡尔"我思"中的不确定因素，而把"纯思"作为最高的确实性或明证性。《笛卡尔式的沉思》在区分明证性的层次时指出，哲学上所要求的明证性恰恰是无可置疑的和本质上第一（apodictic and first in itself）的明证性，这种明证性具有确实的完满性和绝对的确实性，因此可以称为"基础性的明证性"（founding evidence）。但在哲学沉思的预备阶段，我们并没有回溯到绝对的明证性，我们所面对的还是无数的前科学的经验或前科学的明证性，反过来，这种明证性具有不同程度的片面性和相对的模糊性，并规定了事态或事态复合体本身的给予性（giveness）程度。在对和谐经验的综合过程中，事态或事态复合体的性质愈来愈完整地表现出来。与此相应，明证性也愈来愈完满起来。这种完满性就是无可置疑性（apodicticity）。它甚至可以出现在不充分的明证性中。

按照认识的秩序，明证性可以分为直言性明证性和前直言性明证性（predicative evidence，pre-predicative evidence），前者与直言判断相联系，后者与作出直言判断前的经验相联系；按照认识是否与明证性所表现的东西相冲突，明证性可以分为肯定的明证性（positive evidence）与否定的明证性（negative evidence），肯定的明证性以对事态的存在或经验的真实性的肯定为内容，否定的明证性则以明确的错误为内容。由于肯定与否定可以改变形式（比如肯定可以看作否定之否定），否定的明证性可以理解为对明证性的否定或对事态的非存在的肯定；按照完满性程度，明证性可以分为充分的明证性与不充分的明证性。笛卡尔意义上的真正科学就必须具备充分的明证性，因为只有在充分的明证性的基础上才会产生绝对的无可置疑性。尽管明证性的充分程度与无可置疑性并不一一对应，但科学家所要求的一切原理的绝对无可置疑性以及它的最高价值首先体现在它是优于其他一切明证性的充分明证性。确切地说，并非一切明证性都是无可置疑性，只有绝对的明证性才与无可置疑性相统一，也只有它才具有最高的尊严、最高的价值、最高的确实性。

这就是胡塞尔对确实性与明证性的关系的现象学解释。

第二章　回归自我之路：从笛卡尔的怀疑到现象学的还原

探求知识的确实性的绝对基础是笛卡尔和胡塞尔的共同目标。正是这一目标把胡塞尔的现象学与笛卡尔的形而上学沟通起来。为实现这一目标胡塞尔几乎倾注了自己毕生的心血，笛卡尔则以他的怀疑考察方式为现象学的还原法提供了历史参照。尽管这两种方法在具体内容上有着不容忽视的重大差别，但其终极目标和基本思路是一致的，即使哲学从外骛转向内求，从不确定的东西转向确定的东西，从可疑的东西转向无可置疑的东西。如果对笛卡尔的怀疑法和胡塞尔的现象学的还原法进行细致的考察，我们就会发现，不理解前者，就不能透彻地理解后者；不理解"怀疑、悬置与还原"，就不可能从根本上理解笛卡尔与胡塞尔的主体性理论，因为"怀疑、悬置与还原"是回归主体的根本途径。

第一节　笛卡尔怀疑的实质

笛卡尔的怀疑不仅是一种方法，而且是一种态度，一种对外部世界、对人的身体及其感官、对一切历史的成见和个人的信念所表现出来的根本态度。这种态度是对不确实性的不信任态度，它基于"只有排除可疑的东西才能获得知识的确实性"这样一个不言而喻的真理。由于笛卡尔的怀疑是以寻求知识的绝对基础为目标，这种怀疑也就自然具有最终的肯定意义而不是否定意义，正是这种肯定意义把笛卡尔的怀疑与一切怀疑论者的怀疑区别开来,也正是这种意义使笛卡尔拒绝了一切相对主义的基本立场和一切怀疑论者关于世界上不存在确实性的哲学假设。

首先,我们绝不能对笛卡尔的怀疑作孤立的理解,而应当把它与笛卡尔的普遍科学的理想联系起来,把它与确实性的理想联系起来。只有这样,我们才能真正了解笛卡尔怀疑的根本动机。

在为《哲学原理》的法文版所写的导言中,笛卡尔提出了普遍科学的设想。在他看来,科学是一个演绎的体系,它应能根据基本的可度量性质和简单的规律来说明一切现象,形而上学则与科学有着本质上的关联。其突出表现是,形而上学要为科学提供可靠的基础,它应成为科学之树的树根。《哲学原理》的结构基本上体现了笛卡尔的这一思想,比如,笛卡尔把形而上学部分放在科学部分之前,把一般原理放在个别理论之前,并试图在其中找出某种演绎关系来,尽管这种尝试并不成功。在1641年1月28日致Mersenne的信中,笛卡尔明确指出"这六个沉思(指《第一哲学沉思集》——引者注)包含着我的物理学的全部基础"[①]。在其他著作(如《方法谈》)中,笛卡尔同样认为,既然世界是一个有秩序的连续的系统,那么,科学也应当成为与这一系统相适应的,具有普遍必然性并能因此预见未来事件的理论体系。但科学本身并不是完全自足的,因为科学的根本前提的确实性需要科学之外的东西来保证,这个科学之外的东西就是人们通常所说的形而上学。

正如本书的上一章所言,形而上学应为科学提供绝对可靠的基础,因为它的确实性是最高的确实性。如果形而上学本身也成了问题,科学的大厦总有一天会完全倒塌。既然形而上学的对象是无限的对象,它包括心灵、世界和上帝,而上帝又是支配心灵和世界的最高实体,因而关于上帝的知识应当具有优先地位。正是在这种意义上,笛卡尔声称"一切其他东西的确实性完全取决于上帝的知识,以致没有

---

① *Descartes Philosophical Letters*, eds. and trans. by Anthony Kenny, Oxford: Clarendon Press, 1970, p. 94.

这种知识就不可能完全地认识任何东西"①。我们不必追问上帝本身是什么(这种追问本身已将上帝有限化了),我们只需要知道上帝是形而上学的最高对象,关于上帝的知识是无限的知识,是普遍的知识,是本质的知识,因而是能为其他知识提供前提的知识,是最为确实的知识。

然而,根据笛卡尔的逻辑,上帝的知识先天地潜存在人的内心里,因而人要认识上帝首先得返回人的内心,开发人的内心,认识人的内心。从这一点上看,认识人的内心反而成了认识上帝的前提。与传统哲学强调知物而后知人,知人而后知天的观点相反,笛卡尔强调知心而后知身,知人而后知物,知物而后知天(上帝)。在笛卡尔那里,心灵之所以比身体更容易认识,只是因为心灵是直观的第一对象,是最为确实、最不能怀疑的东西,同时也是最为自明、最少纷乱的东西。既然要认识外物必须先认识人心,那么,以认识人心为对象的形而上学必定先于以认识外物为对象的科学。

在对人心进行形而上学的反思之后,笛卡尔发现,人心也并未成为绝对纯洁的圣地,因为其中充斥着各种错误的信念和历史的偏见。如果不清除这些偏见,我们就难以建立健全的形而上学,因而也难以为科学提供一个可靠的合理的基础。在"第一沉思"的开头,笛卡尔就直言不讳地写道:"许多年过去了,我注意到我在年轻时把多少错误的东西作为真的东西加以接受,我后来建立其上的一切多么可疑,因此,假如我想在科学中建立起稳固而经久的东西,我在有生之日就应该有一次把一切东西推翻,并且完全从头做起。"②

把一切东西彻底推翻并且从头做起是否意味着一切东西都是虚假的呢?对过去的一切信念保持怀疑的态度是否意味着这些信念一无是处,因而毫无利用的价值呢?从字面上看,笛卡尔似乎过于偏激了,但如果我们不拘泥于字面意思,而是仔细地体味笛卡尔的普遍怀

---

① *Oeuvres de Descartes*, Tome 7, Publiées par C. Adam & P. Tannery, Paris: J. Vrin, 1964, p. 69.
② 同上书,第17页。

疑的深刻用意并把它与笛卡尔对确实性的追求联系起来考虑,我们很快会发现,笛卡尔的怀疑本质上是一种排错法,是一种从非确实性中筛选确实性的方法,在最终意义上是一种探求无可置疑的确实性的手段。用笛卡尔本人的话说:"这样做并不是模仿那些为怀疑而怀疑并且装着永远犹豫不决的怀疑派,因为正好相反,我的整个计划只是要为自己寻找确信的理由,把浮土和沙子去掉,以便找出岩石和黏土来。"这段话再清楚不过地说明了笛卡尔的普遍怀疑的根本动机,即寻找知识的确实可靠的基础,所以,笛卡尔的理论必然是从怀疑开始而以不怀疑结束。

但问题的关键是,笛卡尔为什么要对过去的一切信念均抱怀疑的态度呢?

要回答这个问题,我们必须考察笛卡尔对这些信念所持的立场。在他眼里,过去的信念是一个真伪互杂的系统,因为人的知识与信念是累积起来的,以后的知识和信念是以从前获得的知识和信念为基础的,不管人们是否意识到这些信念的存在,它们都在我们以后的生活和思想中发挥着作用,这些作用既有消极的方面,又有积极的方面。但是,对这些作用的了解意味着人的自我反思,意味着人的自觉。一个放心外逐者既没有时间和精力反观自己,也没有兴趣去进行此类工作,于是,他只能不辨真伪地把以后的意见或信念继续建立在以前的意见或信念的基础上,从而导致错上加错,或离真理的方向越来越远。即便他以前接受的意见或信念是正确的,由于他未能及时排除他以后接受的信以为真的错误意见,他的思想肯定是鱼龙混杂,并且缺乏内在的一贯性。既然现有的信念是以从前的信念为基础的,而他以前认为是真的信念往往被证明是不可靠的,甚至可能是错误的,因而放弃以前的信念和现有的信念是确立科学的合理基础的基本前提。但是,放弃以前的和现有的信念并不意味着它们完全错误,而只是说它们尚不确定。笛卡尔一开始也并不认为,所有的信念都是可疑的,而只是说建立在童年时获得的错误信念基础上的一切都不够可靠,因而不能作为知识的合理基础,因为作为基础的东西必须是绝对可靠、绝对稳固的东西,哪怕有一点点疑问都不行。

因此,要实现知识的确实性的理想,先得排除一切成见,排除过去和现有的一切意见或信念,而排除这些意见或信念实际上意味着对它们保持不信任的态度,保持不置可否的态度。所以,笛卡尔的一个普遍怀疑的根本意义就是对既有的信念和思想不下判断或不予信任。这已在某种程度上接近后来胡塞尔所说的 epoché(悬置或存疑)了。将普遍怀疑理解为对一切信念和思想不下判断,绝对不是我个人将自己的想法强加给笛卡尔,而实在是笛卡尔本人的意思。在"第一沉思"中笛卡尔明确表述了这一观点:"如果我想在科学上找到什么经久的、无可置疑的东西,我今后就必须对这些思想不下判断,跟我对一眼就看出是错误的东西不下判断一样,不对它们加以更多的信任。"①

看了这段话,我们应该十分明了笛卡尔为什么要排除一切既有的信念。接下去的问题是,笛卡尔怎样排除这些信念呢?按理说,要排除既有的信念就应当对这些信念逐一加以检讨和审查,但笛卡尔认为没有这个必要,因为那将是一件没完没了的工作。实质上,只要我们摧毁既有信念赖以确立的基础,就足以排除这些信念,因为"如果基础被掏空了,建立于其上的一切东西都会自行崩溃"②。那么,既有信念的基础又是什么呢?笛卡尔认为是感觉。所有信念都是从感觉中或通过感觉而产生的。但感觉有时是骗人的。笛卡尔甚至承认他以前认为是真的东西没有一件不能加以怀疑。其根本原因是,从感觉中产生的东西没有绝对的确实性。梦的经验进一步说明了感觉本身的不完全可靠性。不仅根据感觉到的东西,我们难以把清醒与梦境区分开来,而且在一些非常明显的基于感觉的信念里也有不确实的因素,除了简单性质和普遍性质(如广延、形状、绵延等)之外,一切实际的存在几乎都是不确实的,对它们的感觉以及建立于其上的信念也是不确实的。与此相应,以简单性质和普遍性质为对象的算术、几何以及其他

---

① *Oeuvres de Descartes*, Tome 7, Publiées par C. Adam & P. Tannery, Paris: J. Vrin, 1964, pp. 18 - 19.
② 同上书,第 19 页。

科学,都含有确实无疑的东西,物理学、天文学、医学以及研究各种复合事物的其他科学由于与感觉的密切联系而被断言是可疑的①。

不过,笛卡尔对从感觉中获得的信念保持普遍的怀疑态度并不等于说他完全否认感觉的作用,也不意味着他认为一切来自感觉的东西都是虚假的。笛卡尔之所以要对感觉的东西加以普遍的怀疑,仅仅是因为感觉不具备必然性,因而不能作为知识的确实性的绝对基础。当且仅当笛卡尔寻求知识的确实性的基础时,他才认为感觉的东西是无效的,是应予怀疑的。

基于这种认识,我不能同意斯皮格尔伯格(Spiegelberg)在《现象学运动》中对笛卡尔的怀疑所作的解释。他正确地指出不应把现象学的还原解释成笛卡尔的怀疑,但他认为它否定了被还原之物或被怀疑之物的存在。实际上不论是笛卡尔还是胡塞尔都从不否认被还原之物或被怀疑之物的存在,而只是说它们没有根本的确实性,因而不能成为知识的绝对基础。笛卡尔的原文可以为我们提供强有力的支持。

> 虽然感官有时在非常微小和离我们很远的东西上欺骗我们,但也许有许多别的东西丝毫不能加以怀疑,尽管它们来自感官的认识,比如,我在这里,坐在炉火旁,穿着室内便服,双手拿着这张纸以及诸如此类的东西。我们怎么能否认这双手本身的存在,以及这整个身体的存在呢?②

笛卡尔在如何对待感觉的问题上似乎表现出某种令人捉摸不定的摇摆态度。作为一个科学家,笛卡尔无疑懂得感觉经验的重要性,因而认为不能对它采取完全否定的态度;作为一个形而上学家,笛卡尔则主张对感觉采取普遍的怀疑态度,因为他深知感觉有产生错误的可能性,因而不具备绝对有效性和严格的必然性。然而,笛卡尔对待

---

① *Oeuvres de Descartes*, Tome 7, Publiées par C. Adam & P. Tannery, Paris: J. Vrin, 1964, p. 20.
② 同上书,第18页。

感觉的摇摆不定的态度只是表面现象,因为他是站在不同的层次上考虑问题的。在他那里,怀疑一个东西绝不等于否定一个东西,而只是说这个东西不够确定。即使他公开宣布怀疑一切,他也只是"假定它们都不存在,而决不认为它们自身不存在"①。假定一切东西都不存在实际上相当于对这些东西存而不论,这在基本精神上与胡塞尔后来所说的对一切外在的东西或超然的东西"加括号"相去不远。在此,我们再一次看到笛卡尔的怀疑法与现象学的还原法的某种一致性。

不仅如此,笛卡尔的怀疑法也是笛卡尔革命的内在要求和突出表现。他把普遍怀疑作为克服经院哲学的各种弊端的有效手段。在《第一哲学沉思集》的内容提要里,笛卡尔指出:"尽管普遍怀疑的好处一开始并不明显,但是,由于它可以让我们摆脱各种各样的偏见,为我们准备了一条使我们的心灵习惯于脱离感官的简捷途径,并且最后让我们对后来发现是真的东西绝不可能有任何的怀疑,因此,它的好处还是非常大的。"②

从这段话中,我们可以非常清楚地看出,笛卡尔的普遍怀疑至少有三大功能:(1)清除各种偏见;(2)使我们的心灵习惯于过一种脱离感官的精神生活;(3)保证我们的知识具有无可置疑的确实性。为此,必须让人从外界回溯到自我的主体性并获得知识的绝对基础。关于第一种功能,我们非常易于理解。如果说扫除一切偏见是笛卡尔全部工作的基本前提,那么,旨在清除这些偏见的普遍怀疑就为笛卡尔的哲学体系的建立开辟了道路。

关于普遍怀疑的第二种功能,我们有理由认为,它不仅具有知识论的意义,而且具有存在论的意义。既然根据普遍的怀疑"感官的一切证据都应被看作不确定的,甚至要被看作错误的"③,那么,我们在寻求确实无疑的知识时就应该排除感官对心灵的干扰,特别是要避免将感性的知识作为确实无疑的真理本身。

---

① *Oeuvres de Descartes*, Tome 7, Publiées par C. Adam & P. Tannery, Paris: J. Vrin, 1964,第 12 页。
② 同上书,第 350 页。
③ 同上。

从知识论的角度看,笛卡尔的普遍怀疑反映了一种理性主义精神。很多人错误地以为感官所提供的直接证据就足以形成知识。针对这种观点,笛卡尔提出知识的内在根据不在感觉而在理性,因为唯有理性能发现秩序,发现必然性,唯有理性能带来知识的确实性,而感觉总是不确实的、偶然的,甚至给人报道错误的信息。因此,笛卡尔主张对感觉采取普遍的怀疑态度,其目的在于劝导人不要为感觉所囿,更不要受感觉的欺骗。在笛卡尔看来,感觉的东西虽然丰富,但不能给人心以内在的依恃;感觉的东西虽然可以成为知识的素材,但不能给知识以普遍的必然性;感觉的东西虽然是常新的,但不能给心灵以最高满足。

笛卡尔强调,不能把形而上学意义上的怀疑与实际生活中的怀疑等同起来,在实际生活中,我们天天都要接触那些不够确定的、或然的东西,但我们从不对它们表示怀疑,也没有必要进行怀疑。而在形而上学中,一切或然的、不确定的东西都应成为我们怀疑的对象。实际生活中的怀疑必须关心一个东西的存在与否,形而上学的怀疑则只关心一个东西是否具有实在性。存在的东西并不等于实在的东西,在实际生活中,一个理智健全的人决不会怀疑外在世界及他的身体是否存在;而在形而上学中,我们可以暂时假定没有天、没有地,没有外在的东西,甚至可以假定没有我们的身体,就像我们中国人常说的,为了入静,可以暂时闭目塞听,甚至想象连自己的身体都不存在一样。

笛卡尔不止一次地说过,他的怀疑"仅限于真理的沉思"[①],而不是否定实际生活中的感性事物的存在。《第一哲学沉思集》的一个总的指导思想就是,人要真正进入形而上学的沉思就必须暂时忘却感性事物的存在,也就是说,人必须暂时脱离对感性事物的依赖关系,防止外在的"杂多"对人心的纷扰。只有这样,人才能忘身于思想,沉浸于思想,陶醉于思想;只有这样,人才能潜入内心,并知道内心之丰富丝毫不下于外在的世界。这就意味着,人要过一种丰富的内心生活,就必

---

① *Oeuvres de Descartes*, Tome 8(1), Publiées par C. Adam & P. Tannery, Paris: J. Vrin, 1964, p. 5.

须在一定程度上淡忘外在的世界,至少不要使人心过分受外物之牵累。真正的思想家的生活多半是一种超拔于感性事物的生活,因而必定是一种为了沉思而暂时"关闭"感官的生活。笛卡尔之所以那么强调"使我们的心灵习惯于脱离感官",正是因为他切身体会到形而上学的沉思必须以暂时脱离感官为前提。他本人之所以特别喜欢隐居生活(他在荷兰居住期间为防别人打扰迁居达二十四次,换过十三个城市)也正是出于这个原因,从某种程度上讲,笛卡尔的普遍怀疑多少能培养人不滞于事,不碍于物的精神,其中也暗含着人对外在世界所采取的静观态度。

关于普遍怀疑的第三种功能,我们同样有理由说,它对笛卡尔的整个体系具有至关重要的意义,因为笛卡尔全部工作的根本目标就是要追求知识的无可置疑的确实性,其他工作都要为实现这一总的目标服务。但是,要求得知识的确实性,就必须回溯到这种确实性的根源。我们到哪里去寻找这种确实性的根源呢?外在的感性世界变动不居,我们通过感官而认识到的东西常常是模糊的、不确实的,因而建立于其上的知识也肯定没有绝对的可靠性。所以,笛卡尔主张给它们打上可疑的标志,把它们的存在及其有效性搁置起来。然而,当我宣布一切都值得怀疑时,我总是把怀疑本身排除在怀疑的领域之外,因为如果我说怀疑本身也值得怀疑,我就会陷入不可克服的悖论之中。这就是说,当我断言一切都可疑时,我作出"一切都可疑"这种判断本身却是无可置疑的。在一切怀疑的情形中,我在这样怀疑着是无可置疑的。任何思维过程都是如此。"无论我知觉、想象、判断、推理,无论这些行为具有可靠性还是不具有可靠性,无论这些行为具有对象还是不具有对象,就知觉来说,我知觉这些或那些,这一点是绝对明晰和肯定的;就判断来说,我对这或那作判断,这一点是绝对明晰和肯定的,如此等等。"[①]

在确认怀疑本身的无可置疑性之后,笛卡尔进一步认为,怀疑必定有怀疑者,这个怀疑者就是通常所说的"我"。因此,我可以怀疑其

---

① 胡塞尔:《现象学的观念》,倪梁康译,上海:上海译文出版社,1986年,第29页。

他一切东西,唯独不能怀疑这个正在进行怀疑的我,我可以设想一切东西都不存在,唯独不能设想怀疑着的我不存在。这样一来,我在对一切采取怀疑态度之后就可以作出这样一个结论,并把它看成确实可靠的真理,即"有我"或"我存在"这个命题,每次当我说出来,或者在我心里想到它的时候,这个命题必然是真的。"我"是普遍怀疑的最终结果,是排除一切不确实的东西后剩下的唯一确实的东西,是笛卡尔苦苦寻求的阿基米德点,只有找到了这个阿基米德点,笛卡尔的形而上学才有可能,知识的确实性才有可能,漂荡无定的心灵才第一次找到了自己的落脚点,否则,笛卡尔就只能躺在皮浪(Pyrrho)的小舟中任怀疑主义的波涛自涌自息而无望踏上坚实的陆地。

在通达"自我"这个阿基米德点的过程中,普遍怀疑显然只是手段而不是目的。它不但树立了心灵的自我确信,而且间接地划定了确实性与非确实性的界限;它不但告诉我们怎样明辨真假,而且告诉我们不要混淆物我;它不但使人心远离外物的纷乱,而且使自我朗现出来;它不但改变了人心跟着感觉走的习惯,而且启明了中世纪哲学遗忘了的自我。因此,我们有充分理由相信,笛卡尔所倡导的普遍怀疑在否定的意义中蕴涵着肯定的意义。唯其如此,笛卡尔的怀疑考察方法才被胡塞尔加以改造和利用,从而为现象学的还原法提供了有益的借鉴。

第二节 笛卡尔的怀疑法对现象学的意义

笛卡尔的普遍怀疑经常受到人们的误解并由此引起了一些批评和指责。即便有人对他的怀疑考察方式表示肯定,他们也仅限于肯定这种考察方式在破除历史成见方面所起的作用。唯独胡塞尔对这种普遍怀疑做过全面而公正的评价,并把它与现象学的还原法联系起来,从而不仅揭示了它的否定意义,而且展现了它的富有建设性的成果。胡塞尔在《现象学的观念》以及《欧洲科学的危机与先验现象学》中均用了较大篇幅对笛卡尔的普遍怀疑进行说明和阐发,并一再重申这种说明不是重复笛卡尔所说过的东西,而是揭示其思想的潜在意义,并把笛卡尔所意识到的东西与被他掩盖的东西或被他偷运进来的东西区分开来。

笛卡尔的普遍怀疑的一个根本宗旨就是要将哲学知识建立在绝对可靠的基础上,这个作为基础的知识必须是直接的必真的知识,它具有排除一切怀疑的自明性。胡塞尔认为,笛卡尔的普遍怀疑的重大意义首先在于,它是一种认识批判史的开端,特别是对客观知识进行彻底批判的历史开端。在此,一切以感觉经验为基础的意义和确实性第一次成了或然的东西,并遭到无情的质疑。在这个起始于笛卡尔的普遍怀疑的认识批判的开端,物理和心理的自然,人自身的自我,以及与所有这些对象相关的科学都被打上了可疑的标记,它们的存在及其有效性都要被悬置起来。然而,认识批判并不是要否定一切,而只是要给我们揭示一般认识如何可能,特别要揭示无可置疑的认识如何可能,因为无论怎样怀疑一切东西的实在性,我们终归不能怀疑"怀疑"本身。用胡塞尔本人的话说,"一般认识是'可疑的',并不表明否定一般认识存在(这会导致悖谬),而是说,认识包含着某种问题"①。例如,我可以怀疑某种认识是否可能,但如果我能指出这种怀疑是没有对象的怀疑,是无缘无故的怀疑,我的怀疑就会自行消失。因此,胡塞尔指出,下述论证是一种表面的虚假的论证,因而根本不能用来驳斥笛卡尔的普遍怀疑:

由于认识论将一般认识看作是可疑的,因此,认识论如何得以开始呢?因为任何开端的认识在普遍怀疑中都是可疑的;如果所有认识对于认识论来说都是一个谜,那么认识论自己用以开端的第一认识也是一个谜。

从表面上看,认识批判的确把一般认识的可能性都设定为问题,因而一切认识似乎都是可疑的。只要认识批判开始进行,对它来说,任何认识都不能作为被给予的认识,它不能从任何前科学的认识领域中接受任何东西。笛卡尔极其正确地表明,在认识论的开端我们不能将任何现成的知识不加审察,不假思索地作为确实无误的知识。但

---

① 胡塞尔:《现象学的观念》,倪梁康译,上海:上海译文出版社,1986年,第33页。

是,没有被给予的认识作为开端,认识批判根本就不可能进行,关于认识批判的科学也不可能存在,有鉴于此,胡塞尔指出,笛卡尔的普遍怀疑实际上已经提出了这样一个问题:认识批评如何能够自己确立自己?尽管笛卡尔主张对所有知识进行质疑,从而标志着认识批判的开端,但他并不是虚无主义者,因为他清楚地看到,既然认识批判不能把任何东西作为预定的前提,那么,它就必须提出某种认识,这种认识不是不加考察地从别处拿来的,而是自我给予的。它自己将这种认识设定为第一性的认识。这种第一性的认识必须是直接的认识,而不是经过逻辑论证和推导得到的知识,它还必须是不包含任何模糊性和可疑性的知识,否则,它就会使整个认识具有神秘和可疑的性质,从而最终陷入怀疑主义的混乱与困境,以至于我们只能说,一般认识是一个问题,是一个不可理解的、需要澄清的、根据它的要求来说令人怀疑的东西。由此观之,笛卡尔的普遍怀疑已经给认识批判提供了一个可靠的基地,至少这种普遍怀疑已经暗含了这种怀疑本身不会触及的确实性前提。

那么,笛卡尔的普遍怀疑对现象学的意义究竟何在呢?如上所述,既然普遍怀疑是认识批判的开端,而认识批判又是使现象学这门最终的存在科学得以可能的基本条件,因而,普遍怀疑的实行就为现象学的产生铺平了道路。虽然胡塞尔通常是站在现象学的立场上把笛卡尔的普遍怀疑解释成现象学的悬置(epoché),并且作了许多发挥,但他还是抓住了这种普遍怀疑的精神实质,至少他从中发现了不少可以利用的因素。

从认识批判的角度看,普遍怀疑对自然事实、对感觉经验世界、对既有知识所采取的不信任态度,客观上促使人对意识之我漠不关心。反过来说,普遍怀疑使意识第一次真正回到了自身,并由此清理自身中出现的混乱。而这恰恰是揭示认识的本质、解答认识何以可能的先决条件。现象学作为最终的存在科学首先是一门认识科学,它的根本目的就是要使认识获得本质的明晰性。起始于普遍怀疑的认识批判恰恰是想"揭示、澄清、阐明认识的本质和所属的关于有效性的合理要求;换言之,使它们成为直接的自身被给予性"①。

笛卡尔的普遍怀疑对现象学的意义不仅仅体现在认识批判上,而且体现在它暗中对内在领域与超越领域作了区分,从而为现象学的还原准备了条件。尽管笛卡尔没有采用"内在"与"超越"这样的概念,但他实际上已经划定了它们的界限,因为他认为要加以怀疑的领域恰恰就是胡塞尔所说的超越领域,而不能加以怀疑的那个意识领域就是胡塞尔所说的实在的内在领域。正因如此,胡塞尔指出:"笛卡尔的怀疑考察方式为我们提供了起点:在体验的过程中和对体验的素朴反思中,思维(Cogitatio)和体验的存在是无可怀疑的;直观地把握和获得思维就已经是一种认识,诸思维(Cogitationes)是最初的绝对被给予性。"②

笛卡尔对意识领域的认识当然没有达到胡塞尔那样的深度,但他已经进行最初的认识论的反思,并且提出了这样的问题:为什么超出了意识框架的东西会存在怀疑的可能性? 为什么在诸思维中这些怀疑和困难就不存在? 胡塞尔认为,思维的直观认识是内在的认识,一切客观科学、自然科学和精神科学,甚至还有数学都是超越的认识,内在的认识在胡塞尔看来是无可置疑的东西,因而我们可以利用;超越之物则是我们在寻求知识的绝对基础时不能利用的东西,对它要进行现象学的还原。可是,现象学的还原是指什么呢? 胡塞尔说,所谓现象学还原就是要对所有超越之物(即纯粹意识之外的东西)打上无效的标志,即它们的存在,它们的有效性不能作为存在和有效性本身,至多只能作为有效性现象。这样一来,笛卡尔的普遍怀疑的彻底精神就在现象学的还原中得到了全面的贯彻,因为胡塞尔像笛卡尔一样主张把过去的一切认识,包括感觉经验的世界都看作可以质疑的东西,而不把它们作为确实有效的真理体系的开端或前提,甚至不能作为假说。大致说来,胡塞尔要加以还原的领域就是笛卡尔要加以怀疑的领域。现象学还原的根本目的就在于把握绝对被给予性的意义,把握绝

---

① 胡塞尔:《现象学的观念》,倪梁康译,上海:上海译文出版社,1986年,第31页。
② 同上书,第8页。

对明晰性的意义,把握绝对直观的明证性的意义,"在某种程度上,笛卡尔怀疑考察的历史意义就在于发现这种明证性。但是发现和放弃在笛卡尔那里是一回事"①。所以,胡塞尔一直认为,笛卡尔通过普遍怀疑而发现的东西并没有被笛卡尔本人所把握,只有在现象学中这些发现的意义才真正显现出来。

笛卡尔的普遍怀疑对现象学的意义还表现在它打通了通向我思的道路,并试图为真正的哲学思考找到第一个坚实的基点。就此而言,现象学的还原与笛卡尔的普遍怀疑的目标是一致的。与笛卡尔不同的是,胡塞尔力图把自己的研究领域限制在纯思的范围内,他的现象学还原就是回溯到这个"纯思"领域的具体步骤,或者说,是回到"自我"这个知识的确实性的发源地的必要准备,笛卡尔则不愿把自己的研究限制在纯思的范围内。他的研究是双向的:一方面,为了寻求知识的绝对基础,他通过普遍怀疑而回到了我思的领域;另一方面,在确定"我思"这个无可置疑的东西之后,笛卡尔又匆匆忙忙地从"自我"推出"物质"然后再推出"上帝",并试图以此为基础建筑普遍科学的大厦。也许是由于笛卡尔考虑到一个人必须在一生中有一次研究形而上学的经历并且只能有一次这样的经历,他在进行内求的工作之后就迫不及待地干起外推的工作来。结果,他所找到的那个知识的基础,即自我,并未真正起到基础的作用,因为他本人并没有搞清楚自我的内在结构,也没有揭示自我的直接知识的确实性如何才能保证其他间接知识的确实性,更没有像他自己所设想的那样从自我的知识中逻辑地推演出其他知识。笛卡尔始终要面对内心与外界、心灵与肉体、直接知识与间接知识、或然性与确实性的矛盾。

胡塞尔显然并不急于像笛卡尔那样进行外推工作,因而他认为现象学的根本任务就是要为科学的大厦打好地基,如果地基尚不牢固就草率地在上面建立起高大的建筑物,其后果将不堪设想。因而他只对笛卡尔通过怀疑而进行的内求工作感兴趣,只对经过笛卡尔式怀疑而剩下的那个无可置疑的自我感兴趣,只对纯粹意识的本质与结构感兴

---

① 胡塞尔:《现象学的观念》,倪梁康译,上海:上海译文出版社,1986年,第14页。

趣。胡塞尔最为关心的是笛卡尔的这样一个根本动机:"通过走出一个不可避免的、准怀疑的悬置(qunscskeptical epoche)的地狱而进入绝对的理性哲学的天堂,并在以后系统地建立这种哲学。"①

然而,问题的关键并不在于能否走出那个准怀疑的悬置的地狱,而在于怎样走出这座地狱。笛卡尔追问我们如何能进行这种怀疑?胡塞尔则追问我们如何进行这种悬置?如果我们一下子把一切知识悬置起来从而使我们失去了对世界存在的把握,那个直接的必真的自明性的基础如何才能显示出来呢?胡塞尔的回答是,如果我们采取中立的立场,如果我们不对世界的存在或非存在表态,如果我们不对世界的存在下判断,我们就可以避免怀疑主义的悖论,我们就可以了解在普遍怀疑之后毕竟还有不可怀疑的东西,那个自明的必真的基础也因此显示出来。"我,这个进行悬置的自我,并不包括在悬置的对象范围内,不如说,——如果我真正彻底地和普遍地执行悬置的话——在原则上我必须被排除在外,我必然作为悬置的执行者。"②在此,我发现了我所寻求的必真的基础,即绝对排除一切怀疑的基础。不管我怎样广泛地进行怀疑,有一点是自明的:我作为一个怀疑者和否定一切者毕竟是存在的。普遍的怀疑扬弃它自己。因此,在普遍地执行悬置时,我并不对"我存在"进行悬置,而是把它作为无可置疑的自明的东西。但是,说"我存在"就意味着我是一个思想者,作为一个思想者,我拥有所思的对象。这里的思包括一切意识活动,世界以及其他一切超越的东西作为所思的对象,当然实实在在地存在着。但我作为一个沉思者却应远离这种自然的态度,而要采取超脱它们的悬置态度。尽管我的经验、思想、估价等活动被保留下来,并且继续发挥作用,但在那些活动中呈现出来的东西仅仅被当作"现象"。所以,通过悬置,世界本身及其规定都转变成了我的思想内容,成为我的思想活动的不可分割的部分,而我也由此获得了自我的存在领域这个绝对必真的前提。

---

① Edmund Husserl, *The Crisis of European Sciences and Transcendental Phenomenology: An Introduction to Phenomenological Philosophy*, trans. by David Carr, Evanston: Northwestern University Press, 1970, p. 77.

② 同上书,第78页。

胡塞尔像笛卡尔一样认为，一旦我回溯到了自我这个绝对的基地，其他一切虚假的可能性就会自然而然地消除。一切科学知识的确实性也应该由此得到保证。然而，胡塞尔认为，笛卡尔的普遍怀疑还很不彻底，因为他实际上并没有对他的一切先入之见、对世界的各个方面进行悬置，他也没有掌握"自我"的最终意义，更没有"在这个自我方面开拓哲学的奇迹"。虽然笛卡尔的怀疑导致了思想史上的一个最具有创造性和广泛影响的发现——自我的发现，虽然笛卡尔曾经问过"我是什么"，"我是否是人"，是否是日常生活中直观到的人，虽然笛卡尔把人的肉体也排除在自我之外，但是他把这个自我或作为灵魂，或作为心灵，或作为理智。而"灵魂"在胡塞尔看来不过是经院哲学的残余和成见。是纯粹物体世界的抽象的剩余物，至少表面上是物体世界的补充，因而是应予悬置的东西。可是，一个纯粹灵魂在悬置中是毫无意义的，除非把它仅仅作为"现象"。

不仅如此，笛卡尔的普遍怀疑在胡塞尔眼里还只是一种没有兑现的口头承诺，因为他虽然宣称不需要任何预定的假设，但他实际上已经事先认定有一个我们可以把一切知识建立于其上的坚实的基地，这样，笛卡尔的彻底精神就遭到了破坏，并且丧失了思想的一贯性。更令人遗憾的是，笛卡尔在进行形而上学沉思时接受了伽利略的一个基本信念，即相信一个普遍的、绝对纯粹的物体世界，在这个世界上只存在感觉经验的对象与数学所处理的那种纯粹思维对象的区别。感觉被认为要指向自在的存在，只是它有可能欺骗我们，因此，必定存在揭穿这种欺骗的理性的途径，而数学就是足以弥补那些缺陷的途径。但所有这一切都是应予悬置的东西，而笛卡尔却没有把它们真正作为应予以怀疑的对象加以怀疑，其不彻底性由此可见一斑。

笛卡尔似乎通过怀疑找到了胡塞尔所说的任何真正哲学的"阿基米德点"，尽管笛卡尔对他的发现作了曲解，并因此使他的发现失去了实际价值，但他把回到自我的新的动机带入了历史，把到主体性中去寻求知识的确实性的最终根据作为哲学研究的新的目标，从而预示着新的哲学思考方式的到来。在本章下一节中，我们将会看到，笛卡尔的方向也就是胡塞尔的方向,笛卡尔的怀疑考察方式不仅激发了胡塞尔回到自我的兴趣,而且为现象学的还原提供了"索引"。

第三节 现象学的悬置与还原

悬置与还原是现象学的基本方法,这一方法就像笛卡尔的普遍怀疑方法一样是导向自我这个认识主体的必要步骤,是回溯到知识确实性的最终根据的重要方式。没有这种方式,现象学既不可能把自身与形形色色的心理主义区分开来,又不能确定自身研究的主题,也不能厘定现象学研究的范围和领域,因而难以完成为知识正本清源以及重建哲学的重大任务。

"悬置"一词的原文是 epoché,它来自希腊文 εποχί,意指中止、存疑、审察等活动。"还原"一词的原文是 re-duction,它来自拉丁文的 reducere,意指回归、溯源、缩小范围等。很多人认为,"悬置"与"还原"在胡塞尔那里是同一个意思,它们在现象学中起着相同的作用;也有人认为悬置与还原是两种不同的活动,在现象学中起着不同的作用;还有人认为它们是同一过程的两个方面。我比较倾向于后一种观点。从广义上说,胡塞尔的确把"悬置"直接称为"还原"。比如,在《笛卡尔式的沉思》中,胡塞尔写道:"先验悬置这种现象学的方法由于回溯到这个领成(指先验存在领域——引者注)而被称为先验现象学的还原。"①在《欧洲科学的危机与先验现象学》中,胡塞尔则明确指出:"悬置使真正的先验还原成为可能。"②在此,胡塞尔显然没有把悬置与还原等同起来,而是把悬置看成还原的前提,或者说只是把悬置看成还原的一个环节和阶段。那么,我们如何理解胡塞尔对悬置与还原所做的这种似乎矛盾的解释呢?

---

① Edmund Husserl, *Cartesian Meditations: An Introduction to Phenomenology*, trans. by Dorion Cairns, The Hague: Martinus Nijhoff, 1960, p. 21.
② Edmund Husserl, *The Crisis of European Sciences and Transcendental Phenomenology: An Introduction to Phenomenological Philosophy*, trans. by David Carr, Evanston: Northwestern University Press, 1970, p. 151.

应当承认,在现象学的范围内,悬置与还原在本质上是一致的。说它们不一致只是指具体步骤方面的不一致,说它们一致是指它们有共同的出发点和最终目标,这一目标用一句话来概括,就是确立现象学的研究领域并找到知识的绝对基础。从字面上看,悬置与还原的确是两码事情,前者是指把某个东西撇在一边,不予考虑,用一个比喻性的说法就是把它加上括号,不加讨论,不下判断,所以有人又把它译作"中止判断";还原则仅仅是指"回到起源",在现象学的意义上说就是回到知识的源头,回到纯粹意识而不是指把一切东西都归结为意识。然而,还原的进行必须以悬置为前提,因为回到源头就意味着不断放弃来自源头的"河水",回到自我就意味着将非我的东西排除在外,回到纯粹意识就意味着暂时将意识之外的东西搁置起来,摆脱它们对人心的干扰,使我能将注意力由外界转向内心,由驳杂转向单纯,由间接性转向直接性,同时也使人放弃自然的思维态度而采取哲学的思维态度,放弃超越的存在领域而进入实在的内在性领域。在这里,悬置起到了排除超越的存在而使实在的内在性领域,使纯粹意识的领域凸显出来的作用。

人心一向为外物所占据而无暇反观内照,即使有人愿意反观内照,他们也只是以对待外物的方式来对待人心。心理主义就是这种方式的典型。胡塞尔的一个首要目标就是剔除心理主义的成见,中止我们到目前为止所接受的一切信念,包括一切科学,使哲学从头开始。这里所说的"中止"并不是指"抛弃",而仅仅是指"搁置"和"存放",悬置的必要性也恰恰体现在这里。悬置一个东西并不是要否定一个东西,而是对它不予理睬,不进行表态,也就是说,既不肯定它,也不否定它,而是对它采取一种中立的立场,因此,对历史上的一切,对外界的一切,对进入意识领域的"不纯净"的东西进行悬置,并不等于否定它们的存在,而是把它们从我的视野中排除,不让它们"出场",不让它们分散我的注意力,不让它们左右我的思想。心如明镜,思如清流。历史的成见和外在的东西塞满了本来就十分拥挤的思维空间,这使理智之光根本无法照进内心深处。即使心光能够内照,但由于纯净之心

(纯粹意识)被外物所掩盖,被偏见所遮蔽,被纷然杂陈的东西所淹没和侵蚀,它很难认清自己真正的形相。所以,我要想了解纯净之心的本来面貌,就必须使自己超拔于万有,使自己从中解脱出来,不为物累,不为情牵,不为世事所迷惑。

但外在的一切总是"在我手边",在我眼前,我们何以能够解脱呢?为此,我们不得不求助于悬置,即在思想中把一切东西都加上括号,不置可否,在某种意义上,这就是对万物视而不见、听而不闻,此即所谓"置一切于不顾"。悬置的一个重要作用就是让所有的东西从我的视野中暂时消隐,从而使纯粹意识得以彰显出来并进而成为沉思的对象。从这种意义上说,现象学就是一种"显学"。由于现象学以纯粹意识为主题,因而它又是一种"心学"。心学的根本目的就是要"现心"。要现心就得明心,要明心就得清心,要清心就得净累去蔽。所谓净累去蔽就是让心游离万物,让心退回心中,过一种内心的"隐居"生活,用现象学的语言说,就是要对既有的观点,对这个客观世界暂时采取一种"静观"态度,采取"漠不关心"的态度。因为只有这样,外界的东西才不会在纯净之心审视自身时发挥作用并因此产生干扰。正因如此,才能将既有观点、将外界的一切悬置,才能在客观上使自我回到本心、回到纯粹意识成为可能,因而也使现象学成为可能。

如果我们稍加思考,这一点应当非常易于理解。例如,当我们聚精会神地沉思冥想时,我们必须排除一切干扰,必须中止对各种念头的考量,必须对外界的个别事物"闭上眼睛",否则,我们就难以进入沉思之境。然而,中止对各种念头的考量,对个别事物闭上眼睛,并不表明这些念头、这些个别事物就不存在,而只是表明我们不再想到它们,不再为它们操心,不对它们下判断,一句话,我们只是对它们采取了"中立的立场"。几乎基于同样的理由,胡塞尔大力主张进行普遍的悬置,也正是这一点把悬置与笛卡尔的普遍怀疑区分开来,因为如本章第一节所述,尽管笛卡尔已明确指出过普遍怀疑就是对一切东西不下判断,但他在大多数场合仍然主张一切东西都是可疑的,而说"一切东西都是可疑的"本身就是在下判断。现象学的悬置则避免了这种悖论,至少在形式上是如此。虽然胡塞尔所说的悬置究竟在多大程度上体现了现象学的中立立场非常值得怀疑,但有一点是很清楚的:现象学的悬置并不否认外部世界的存在,而只是对它不感兴趣而已,并且,这种对外界不感兴趣的做法完全是出于无奈,因为如果对外界感兴趣我们就无法在同时又进入纯粹意识的领域,如果让既有的观念和外物占据内心,纯粹意识也就不成其为纯粹意识,现象学也就无从谈起。一个心智正常的人,包括笛卡尔和胡塞尔,绝不会愚蠢到公然否认外物存在的地步。为避免人们对笛卡尔的"普遍怀疑"的误解以及"普遍怀疑"所引起的悖论,胡塞尔以"现象学的悬置"这个术语说出了笛卡尔想说而未能恰当地说出的东西。所以,胡塞尔在《观念Ⅰ》中指出:"我们现在要以普遍的悬置……代替笛卡尔的普遍怀疑的企图,我们的目的就是发现新的科学领域,这个领域要通过加括号的方法来获得。"①

但是,胡塞尔对"普遍的悬置"作了限定,这种限定可这样来表示:

> 我们终止属于自然态度的本质的一般设定,我们将那种设定所包含的关于存在物的一切东西加上括号;因而我们要将继续为我们而存在的,"在手边的"并根据意识而作为"现实性"永远存在着的整个自然界加上括号。……
>
> 如果我那么做——我可以完全自由地那么做,那么,我并不是在否认这个"世界",好像我是个诡辩家似的,我也不是怀疑它的实际存在,好像我是个怀疑论者似的;相反,我是在进行"现象学的悬置",这种悬置使我完全不对时空性的实际存在下任何判断。②

这两段话大致反映了胡塞尔对现象学的基本看法。不过,要全面了解悬置对现象学的重要性,我们还得考察悬置的具体步骤和方式。在《观念Ⅲ》第 13 节里,胡塞尔认为悬置实际上厘定了现象学

---

① Edmund Husserl, *Ideas Pertaining to a Pure Phenomenology and to a Phenomenological Philosophy*, First Book, *General Introduction to a Pure Phenomenology*, trans. by Fred Kersten, The Hague: Martinus Nijhoff, 1982, p. 60.
② 同上书,第 61 页。

研究的领域,它使我们能够站立在先验现象学的基地上,因为它给我们指明了先验的意识领域的存在。在这种先验的意识中,通常被理解为真实存在物的一切超越的东西都被悬置起来,被加上括号,唯一剩下的东西就是意识本身。在这里,代替那些超越之物的是意指超越之物的东西,是各种各样的相关物(correlate),是意向内容(noemata)本身。而意识及其意向内容恰恰是先验现象学的对象,这个对象只有经过对超越之物的悬置才有可能获得。因此,胡塞尔说,悬置可以有两个方向:一方面它指向超越之物,即把本身并非意识过程及其相关物的一切东西加上括号;另一方面它使意识能自我反思,能把注意力转向自我的活生生的过程,并由此观照意识状态、意识主体和意识过程(当然这里也要进行还原)①。在第二个方向上,悬置本身即是还原。但在多数情况下,胡塞尔并不把悬置与还原完全等同起来,而是把前者作为实现后者的手段,确切些说,悬置仅仅是给超越之物加上括号。而给超越之物加上括号,就使意识对象越来越少,以致最终只剩下意识自身。这一过程表明,悬置的范围每扩大一次,意识所面对的领域就缩小一次,我们就向知识的源头,即纯粹意识逼近了一步。

具体地说,悬置意味着什么呢?根据胡塞尔在《笛卡尔式的沉思》中所作的解释,通过现象学的悬置,我把我的自然人的自我和我的精神生活——我的心理学的自我体验的领域还原为我的先验现象学的自我,还原为先验现象学的自我体验的领域。这个客观世界,这个现在为我而存在,过去一直为我而存在并且在将来仍将为我而存在的世界,这个可能为我而存在的唯一的世界——这个世界及其所有的对象,都是从我自身,以作为先验自我的我,从只有通过先验现象学的悬置而实现出来的自我,获得它的全部意义及其存在地位②。在这方面,

---

① Edmund Husserl, *Ideas Pertaining to a Pure Phenomenology and to a Phenomenological Philosophy*, First Book, *General Introduction to a Pure Phenomenology*, trans. by Fred Kersten, The Hague: Martinus Nijhoff, 1982, p. 65.
② Edmund Husserl, *Cartesian Meditations: An Introduction to Phenomenology*, trans. by Dorion Cairns, The Hague: Martinus Nijhoff, 1960, p. 26.

笛卡尔的工作给胡塞尔很大启发。胡塞尔认为,尽管笛卡尔并不了解他向无可置疑性进行还原的真正意义,尽管"他不了解他的先验悬置和向纯粹自我还原的真正意义",但他已经提出了先验的自我研究如何可能的问题。

然而,通向先验自我之路是漫长的。我们要从客观世界退回到或还原到纯粹意识的领域,就必须采取许多步骤,其中的每一步骤都具有悬置的特征。在这一过程中,悬置起到了排除非意识因素的作用,起到了防止自我放心外逐的作用,起到了让自我收心内敛的作用。用个不甚恰当的比喻说,"悬置"就像一道围墙把我们暂时不该关心的领域,把我们已经熟习的领域圈在里边,让我们不去过问它,以免分散心神,以免自我因依附外物而遗忘了自己。

胡塞尔在对先验悬置进行分析时指出,为了获得先验现象学的研究领域,我们首先必须对客观科学进行悬置,而对客观科学进行悬置不仅意味着我们要暂时脱离它们,而且意味着不介入任何客观科学的认识,不对任何客观知识的真假表态(position-taking),甚至不对任何客观知识的指导观念表态,简言之,我们要中止一切客观的理论兴趣,要中止旨在获得关于外在世界的知识的各种活动。自然地,我们不再把外在的自然界作为研究的主题,而是把它排除在意识的领域之外。这一点把现象学与实证科学区分开来。正如胡塞尔在《笛卡尔式的沉思》的结尾所说,"实证科学是一门沉迷于世界的科学。我必须通过悬置丢掉这个世界,以便通过普遍的自我审查而重新获得它"。然而,在这种悬置中,科学以及作为其对象的世界并未消失,它们继续像以前一样存在着,只是它们不再在现象学家的沉思中起作用。如果我不再当一名现象学家,我可以随时回到这个世界中来。在经过现象学的初步悬置之后,自我本身发生了分裂,现象学的自我就把自身凌驾于素朴的对客观世界发生兴趣的自我之上,并把自身确立为对客观世界的漠不关心的旁观者。

不过,对客观科学和客观世界进行悬置还仅仅是改变了我们对待外部世界的自然态度。要达到先验现象学的要求,我们还必须向前迈进,即进一步将我们对待意识自身的自然态度悬置起来。对意识自身的自然态度实质上就是经验心理学的态度,它与对待外部世界的自然态度毫无二致。只要这种态度仍在起作用,意识就不可能具有纯粹性,因为这种态度不过是以一种经验方式、以对待外在事物的方式来对待意识本身。因此,在将客观科学和客观世界悬置起来之后,我们还得将意识中的经验因素悬置起来,将这些因素排除在我们的视野之外。胡塞尔把这种悬置称为先验的悬置。

胡塞尔在把悬置描述为自然态度的"解脱"时指出,"世界本身与世界意识之间的、普遍的绝对自我封闭和绝对自足的关系的发现是在这种解脱中并通过这种解脱而被给予的"①,悬置使我们能注意到这种关系,出现在我们面前的世界成了"先验的现象"。但从世界回溯到主观的先验现象并不意味着要把世界看成意识的内在要素。世界只是在观念中内在于意识,它是意识的内在的客观意义。这样一来,我们就可以将注意力转向客观意义与构造这种意义的绝对主体性之间的绝对关系。胡塞尔特别指出,通过这种悬置,哲学家们获得了新的经验方式、思维方式和理论化方式。在此,他凌驾于他的自然存在和自然界之上,但他丝毫没有丧失它们的存在意义和客观真理,他也丝毫没有丧失他的世界生活的精神收获和整个历史的共同体生活的精神收获。他仅仅是作为一个哲学家而禁止自己提出那些以手边的世界为基础的问题,比如存在问题、价值问题、实践问题等。经过先验的悬置,一切自然兴趣都不起作用。但这个世界并没有消失,它仍作为我的世界、我们的世界而拥有各种主观方面的有效性②。经过先验的悬置,世界成了给这个世界赋予存在意义的主体性的相关物,而这个"我"也相应地成了先验的自我,成了先验的主体性。

正因如此,我们有充分的理由认为,正是先验的悬置使胡塞尔的

---

① Edmund Husserl, *The Crisis of European Sciences and Transcendental Phenomenology: An Introduction to Phenomenological Philosophy*, trans. by David Carr, Evanston: Northwestern University Press, 1970, p. 151.
② 同上书,第 152 页。

先验现象学迈出了决定性的一步,因为"真正的先验悬置使'先验还原'成为可能"①。尽管从狭义上说悬置并不等于还原,因为将纯粹意识之外的东西悬置起来并不等于获得了纯粹意识,但悬置在胡塞尔那里多少具有筛选的作用,它能使我们知道在经过悬置之后还剩下什么东西不能进行悬置。从这种意义上说,悬置过程本身就是还原过程,是回到那个不能进行还原的先验自我的过程。为说明这一点,让我们再从还原的角度进行一些分析。

在本节的开头我就指出,"还原"在现象学中实有追根溯源之意,其主旨就是要找到我们的知识和信念的最终基础。像笛卡尔一样,胡塞尔认为这些基础与我们对认识主体及其意识的理解不可分割地联系在一起。因此,先验现象学的还原归根到底就是要把我们带到认识主体及其意识的跟前,使我们的意识能够重新定向,说白了,就是使我们能直面自我并进行深刻的现象学的反思。这一过程显然是从客观世界回溯到先验的现象世界的过程,是从肉身的人回溯到先验的现象的人的过程,是从现象世界回溯到先验的主体性及其意识生活的过程。胡塞尔把这一过程大致分为三步:第一步被称为"心理学的还原"或"现象学的心理学还原";第二步被称为"先验的还原"(胡塞尔有时也用这个词泛指所有的还原);第三步被称为"本质的还原"。

第一步:心理学的还原。它旨在使我们摆脱对客观世界的"自然态度",使我们把注意力从一向占据着我们的意识的外在事物转向意识本身。这一过程显然是"对我们的自我及其精神生活进行心理学的反思"②过程,在这种反思中,整个世界以及我们在日常生活中所面对的一切对象统统从我的视野中消失了。而自然态度恰恰是要确认自

---

① Edmund Husserl, *The Crisis of European Sciences and Transcendental Phenomenology: An Introduction to Phenomenological Philosophy*, trans. by David Carr, Evanston: Northwestern University Press, 1970, p. 151.

② Edmund Husserl, *Ideas Pertaining to a Pure Phenomenology and to a Phenomenological Philosophy*, First Book, *General Introduction to a Pure Phenomenology*, trans. by Fred Kersten, The Hague: Martinus Nijhoff, 1982, p. 67.

然界的存在,确认我们所意指的对象就是自然界的个别事物,确认我们自身以及我们的经验也是自然界的一部分并与其他东西发生因果关系。笛卡尔哲学的一个主要目的就是要通过对自然态度的质疑而寻求知识的绝对基础,因此它也理所当然地放弃了自然态度所依据的那些前提。胡塞尔完全继承了笛卡尔的这一思想。他要求将笛卡尔怀疑过的那些前提都加上括号,而给它们加上括号就是要拒绝使用它们,或者说将它们都悬置起来。于是,对自然界的信念、对个别事物的信念以及一切自然科学理论,都被驱逐出了现象学的研究领域。

对自然界进行悬置使我们能将目光从自然界的个别事物转向我们的自然态度所依据的意识主体及其行为。像笛卡尔一样,胡塞尔相信,不管自然界是否存在,意识主体或自我的存在都是无可置疑的,自我的经验也是无可置疑的。对自然界进行悬置的一个重要结果,就是把哲学的研究领域从整个世界缩小到意识活动以及进行这种活动的自我。

但是,仅仅还原到这一步还不能将现象学与心理学区别开来,因为心理学也是以人的意识活动为对象,它们不去过问外在的自然界。不过问题的症结主要在于,在心理学的还原中,我们还只是悬置了对自然对象的自然态度,而没有悬置我们对我们的意识及其行为过程所采取的自然态度。我们仍在继续把我们自身作为一种自然的人格,把我们的意识过程作为一种自然事件。因此,第一种还原的确与心理学的反思没有多大差别。在胡塞尔眼里,笛卡尔之所以没能实现先验的转折,最根本的原因就在于他还停留在心理学的还原阶段。尽管他为自己确立了寻找知识的绝对基础的宏伟目标,但他本人无法实现这一目标,因为他仍在以自然主义的方式对待自我及其行为,即使他认为自我是完全不同于物理的东西的精神实体,他最终也不得不承认自我与外界有某种因果关系。况且,他在解释自我时仍然采取了一些自然态度的前提。因此,胡塞尔主张,在不丧失笛卡尔为我们确定的宏伟目标的前提下将笛卡尔的还原再向前推进一步,即对自我及其意向行为再进行一次还原。这就是先验的还原。

第二步：先验的还原。它是对心理学还原的结果再进行一次还原[①]，其目的是排除我们对意识及其行为所采取的自然态度，排除自我中的经验因素。经过这一步骤之后，我们不再把自我作为心理学的实在，不再把自我作为经验的自我，也不再把自我的行为作为心理学实在的构成因素。相反，我们放弃了所有的自然态度，我们仅仅使自身处于纯粹意识的内在生活中。由于意识中的经验因素被悬置起来，自我就成了纯粹的自我或先验的自我，自我的行为也就成了纯粹的行为或先验的行为，回到先验自我及其行为的过程就是胡塞尔所说的先验还原过程，对被还原之后的先验意识因素进行反思被称为纯粹的反思或先验的反思。

先验还原对现象学有着至关重要的意义，它不仅确定了现象学的研究领域，揭示了作为现象学主题的纯粹意识的基本结构，而且培养了一种全新的思维方式，即现象学的思维方式，以及对待意识的先验态度。同时，先验还原的实行还改变了传统的哲学观并使重新认识哲学和自然科学的关系成为可能，因为先验还原把哲学限制在纯粹意识的范围内，这样，哲学就不再像过去的人们所相信的那样是建立在自然科学的基础上的世界观。

胡塞尔认为，我们之所以一直抱着"哲学即世界观"的想法去面对哲学的贫困，正是因为我们不了解这样的道理：哲学所关注的东西不应当是自然科学的对象，而应当是比自然本身更为根本并不断给自然赋予意义和价值的东西——先验的纯粹意识。先验的悬置向我们表明，的确存在不掺杂自然因素或远离客观事实的领域，以这个领域为对象的现象学完全可以独立于以客观世界为对象的自然科学。用胡塞尔自己的话说，"对意识的先验研究不可能表示对自然的研究，也不可能以自然的研究为前提，因为自然作为具有本质必然性的事实在先

[①] 胡塞尔在《欧洲科学的危机与先验现象学》第43节批评自己在《观念Ⅰ》中对还原作了简单化的理解。他认为，《观念Ⅰ》中的"还原"有一个重大缺陷，即它没有经过预备阶段就一下子跳到了先验自我，这使自我成了空无内容的东西。

验的态度中被加了括号"①。自然科学并不能为我们提供对自然最终的说明和知识,"因为它丝毫不是在使现在的真实存在得以显示其存在意义的绝对框架中研究自然的"②,因而它就不可能彻底地把握自然的终极意义。站在先验还原的结果,即先验自我的角度看,尽管自然界可以毫无疑问地独立于我们的意识而存在,但我们眼里的自然总是不断向纯粹意识显现着的自然,是通过纯粹意识才能展示其意义的自然,是在先验自我这个绝对存在领域中"建构"出来的自然,因此,自然知识的明晰性的最终依据就在纯粹意识中。从这种意义上讲,以纯粹意识为对象的现象学先于以自然为对象的自然科学,并能为它们提供最终的说明和根据。

既然先验还原使我们第一次回到了纯粹意识的领域或先验主体性的领域。我们的哲学研究就有可能重新开始,因为纯粹意识或先验的主体性不仅是一切知识的明晰性的最终尺度,而且是一切存在意义的源头,回溯到这个源头就意味着哲学有了牢固的基地,意味着所有知识有了最终的确实性。但胡塞尔认为,先验还原还不够彻底,因为经过这种还原所剩下的纯粹意识或者纯粹自我,或多或少还具有"个人的风格"和各种各样的特殊性,现象学所要把握的恰恰不是自我的这种特殊性,而是我的普遍性,是适用于所有主体或所有我的本质特征。为了把握这种本质特征,我们必须排除自我的非本质因素。这一过程就是胡塞尔所说的本质还原。

第三步:本质还原,它旨在把我们的注意焦点从意识里的具体的东西转向抽象的东西,从特殊性转向本质。这里所说的本质(eidos)是指"观念的种类"(ideal species),而不是指人们通常所说的外在事物的形式、结构或必然性。外在事物及其本质,早在本质还原开始之前就

---

① Edmund Husserl, *Ideas Pertaining to a Pure Phenomenology and to a Phenomenological Philosophy*, First Book, *General Introduction to a Pure Phenomenology*, trans. by Fred Kersten, The Hague: Martinus Nijhoff, 1982, p. 115.
② Edmund Husserl, *The Crisis of European Sciences and Transcendental Phenomenology: An Introduction to Phenomenological Philosophy*, trans. by David Carr, Evanston: Northwestern University Press, 1970, p. 189.

被悬置起来,以外在事物的本质为对象的本质科学(如数学、逻辑)也被悬置起来。现象学并不是一般意义上的本质科学,而是关于纯粹意识这一特殊领域的本质科学。在《观念Ⅰ》中,胡塞尔明确指出:"我们的目的恰恰是把现象学本身建成一门本质科学,建成被先验地净化的意识的本质理论。"①

本质还原是现象学还原的最后一步,它使我们能对先验还原所剩下的东西进行本质研究。这种研究不同于对经验自我的研究,因为它旨在揭示一切可能的自我及其行为的本质特征。问题在于,我们如何才能揭示这些本质特征?

胡塞尔认为,尽管意识的本质的确要通过意识的特殊性体现出来,但这些特殊性并不等于普遍性,我们把握意识的本质时恰恰要忽略那些特殊的方面,要把它们悬置起来,但在悬置之后我们就得到了"现象学的剩余"(phenomenological residum),这种"剩余"是一个具有绝对必然性的意识领域,无论我们怎样排除它,它都不会从自我中消失。它是确实的而不是或然的;是先天的而不是经验的;是必然的而不是偶然的。得到这种现象学剩余的过程在某种程度上是一个抽象过程,但这种抽象过程不同于经验归纳,因为它并不观察现实的情况,而只是对可能的情况进行自由的想象。如果你竭力想象个别自我或意识所经历的各种可能的变化,你一定会从中发现某些不会改变的性质,这些不会改变的性质就是你所要把握的意识的本质。胡塞尔把这一步骤称为"本质的变通"(eidetic variation),把经过还原而实现的自我本质的把握称为"本质洞察"或"本质直观"。

通过本质的还原,胡塞尔发现,意识的根本特性就是它的意向性,意识及其行为本身就是一种意向性结构,探讨这种结构及其内在机制是现象学的首要任务。因此,作为本质科学的现象学首先就是一种意向性理论。

---

① Edmund Husserl, *Ideas Pertaining to a Pure Phenomenology and to a Phenomenological Philosophy*, First Book, *General Introduction to a Pure Phenomenology*, trans. by Fred Kersten, The Hague: Martinus Nijhoff, 1982, p. 137.

第三章　从实体性自我概念的形成到先验自我的确立

笛卡尔的怀疑与现象学的还原最终导致了自我的发现。向自我的回归不但意味着哲学思考方式的改变,而且意味着主体主义传统找到了自己的基点。但是,笛卡尔所说的自我与现象学意义上的自我是两种根本不同的自我。前者是独立不依的心灵实体,后者则是奔腾不息的"赫拉克利特之流";前者是涂上了心理主义色彩的经验自我,后者则是剔除了经验因素的先验自我。尽管从实体性自我的确立到先验自我的发现仅有一步之遥,但没有休谟和康德的工作,胡塞尔就难以迈出这艰难的一步。休谟对自我实体概念的致命批判,使康德不得不对自我作功能化的理解;康德对经验自我与先验自我的区分,则为胡塞尔的自我学展示了新的可能性。但胡塞尔所说的先验自我与康德所说的先验自我仍有不容忽视的差别。前者是最为自明、最为确实的意识之流,后者则是不可知的自在之物;前者完整而直接地显现自身,后者则仅显示其逻辑机能。本章将着重分析从自我实体概念到先验自我概念的逻辑进程。

第一节　实体性自我概念的形成

自我概念是笛卡尔哲学的出发点,如果说"我思故我在"是笛卡尔哲学的第一原理,那么,自我概念就是笛卡尔哲学的第一概念。笛卡尔从自我出发推论出上帝的存在,继而根据上帝的存在推论出物质的存在,然后又试图以自我、上帝、物质三大概念为支柱建立起整个人类知识的大厦。因此,理解自我概念是把握笛卡尔哲学的关键。

具有"智圣"之称的苏格拉底早就提出了"认识你自己"的口号。但是,由于古希腊罗马哲学的衰微以及随之出现的中世纪宗教哲学的黑暗,刚被激发起来的对自我进行哲学思考的激情渐渐消逝了,代之而来的是抹杀自我的经院哲学的一统天下。在文艺复兴之后,笛卡尔面对经院哲学的余威,使哲学由本体论转向了认识论,使自我成了哲学探讨的主题,从而使萌发于希腊哲学中的追询自我的苏格拉底精神得到恢复与发扬,又使盛行于希腊哲学中的广泛注重自然而不大反求诸己的风气发生了转变。通过对自我本性的揭示,笛卡尔把哲学思维的触角由外部世界引向了人本身,由此开阔了哲学研究的视野,深化了对主客体关系的认识,加速了自我认识的进程。更为重要的是,笛卡尔打破了经院哲学对理性的禁锢,提高了自我在宇宙中的地位,高扬了人的主观能动性①。过去,自我屈从上帝,理性屈从信仰。现在,认识的秩序发生了逆转:哲学的探求不是先上帝而后自我,而是先自我而后上帝,不是先信仰而后理性,而是先理性而后信仰。因此,笛卡尔在人类认识史上实现了伟大转折。

自我概念就是笛卡尔实现这一伟大转折的契机与枢纽。

那么,我是什么呢? 笛卡尔首次明确地提出了这个问题。如果真要给笛卡尔的"我"下个定义,我们只能说它是保持着自身同一性的自由的思想实体,这个定义包括四层含义:我是思想的实体,我是自由的存在,我是自身同一者,我是自我意识的主体。

一、我是思想的实体

笛卡尔认为,我不是有形的感性事物,而是一个思想的东西。所谓一个思想的东西"就是一个在怀疑、理解、设想、肯定、否定、愿意、不

---

① 阿尔奇(F. Alquie)在《笛卡尔与否定的本体论》一文中说:"在笛卡尔那里,自然从属于我思……我思又从属于神。"这段话基本上表明了笛卡尔关于思维主观能动性的思想及其限度。参见 Ferdinand Alquie, *Études cartésiennes*, Paris: J. Vrin, 1982, p.3。

愿意、想象和感觉的东西"①。也就是说,我不仅是理性思考的主体,而且是包括感觉、意志、情感在内的纯粹意识。简言之,我是知、情、意的统一。

确定了我是一个思想的东西之后,笛卡尔又试图推出我的本质只是思想。照伯纳德的看法,其推论过程可以简化如下:我是一个思想的东西,而且仅仅是一个思想的东西,我没有肉体,我可以想象我,但我没有思想决不能想象我,因为思想是与我不可分离的东西。"如果我不思想,我就不知道我是否在怀疑,也不知道我是否存在。"②因此,思想是我的本质

思想有各种形式,在这些形式中,理性起什么作用呢?它与其他意识活动有何关系呢?笛卡尔认为理性是自我的核心,其他意识活动要么伴随着理性,要么直接受理性的支配,如意志、理解、想象、感觉等都依赖于纯粹理智。在《第一哲学沉思集》里他甚至认为,在我之中被称为感觉的东西,严格说来,不是别的,就是思想,虽然笛卡尔一直相信感觉是不可靠的,但他的目的是要我们留心感觉的弱点,而不是把它与理智完全对立起来。就像他反对离开理论去谈实验一样,他也反对撇开理智去谈感觉,因为感觉从来都渗透着理智,无论我们的想象力或我们的感官,如果没有我们理智的参加是不能感知任何事物的。我的感觉不同于动物的感觉,不仅是因为我的感官不同于动物的感官,更重要的是因为我的感官受理智的规范和制约。尽管感觉中有理智不可说明的因素,但感觉受到了"自然之光"的照耀;尽管理智不能完全宰制感觉的存在,但可以纠正它的偏差。同时,当我说出我感觉到某物时,当我宣布我想象到某物时,我必须意识到我在感觉、我在想象等精神活动。这一事实正表明我是思维的存在。在这种意义上,说我是感觉的东西恰恰证明我是思维的东西。

---

① *The Philosophical Works of Descartes*, Vol. 1, eds. and trans. by E. S. Haldane and G. R. T. Ross, Cambridge: Cambridge University Press, 1969, p. 153.
② Bernard Williams, *Descartes: The Project of Pure Inquiry*, London: Pelican Books, 1978, p. 109.

既然我是思维的东西,那么,我也必定与思维共长久。我的思维停止了,我的生命也就完结了。我就是我的思维,思维是我的原始因素和最终规定。只有当我能意识或能说出"我"时,我才算真正来到了这个世界,也只有在这时,我才算获得了意识与自我意识的双重性。所以,归根到底,只有思维才是我存在的标志,只有思维才是划分我与非我的界碑,因为只有思维才是我的本质。

然而,思维作为活动或状态都只是属性,而属性本身是不能独立自存的,因为"各种性质不会属于虚无"①,或者说,"任何属性或性质都不能不有一种东西作为依托"②。这个依托是什么呢? 笛卡尔说,它就是实体,自我或心灵就是思维所依托的实体。

"所谓实体,我们只能理解为其存在只依赖自身而不需要他物的东西"③,也就是说,实体是自满自足、自我说明、自我完善的系统。它既独立于人的肉体,也独立于外部世界的其他有形的物体。虽然心灵天生就与肉体紧密地结合在一起,但它们是两个完全不同的东西。肉体有广延而不能思维,心灵能思维而无广延。心灵之于肉体就好比船员之于船,船员能驾驶船。看来,把实体看作其存在只靠自身而不依赖他物的东西这一点,对说明笛卡尔所作的灵魂和肉体的实在区别至关重要。因为在笛卡尔看来,心灵和肉体都是实体,而实体间本质上不存在相互依赖关系。只要笛卡尔对实体进行了上述规定,只要他把自我看成实体,那就必然会得出自我是完全不同于肉体的二元论的结论。

对于笛卡尔来说,我是我的灵魂,是一个没有形体的存在和实体,而这个实体之所以能为我们所发现,并不是因为它是独立自在的东西,而是因为实体的存在通过属性显现出来。因此,"我们在一个事物

---

① René Descartes, *Principles of Philosophy*, trans. by Valentine Rodger Miller and Reese P. Miller, Dordrecht: D. Reidel Publishing Company, 1982, pp. 11,23.
② 同上。
③ 同上书,第 23 页。

或实体中发现的属性愈多,我们就对该事物或实体知道得愈明白"①。在与毕曼的谈话中,笛卡尔甚至断言:"属性与实体是相同的,不过只有在我们综合地而不是分别地、孤立地考察它们时才是如此。"笛卡尔指出,我们之所以能根据属性去发现实体,是因为我们抱着这样的信念:任何属性都有一种东西作依托。因此,当我们知道一些属性时,我们就断言这些属性所依托的实体必定存在。

自我与思想的关系体现了实体与属性的关系,因此,我们在自觉到思想这种属性时必定知道自我这个实体的存在。并且我们在想象思想时,只有把它看作思想的实体本身,我们才能清楚明白地理解它。如果我们离开思想的实体来单独了解思想的各种样式,我们就会因此把它们认作独立存在的东西,从而把样式的观念和实体的观念相混淆。唯其如此,创造或保持一个实体就比创造或保持一个实体的属性意义更为重大②。

二、我是自由的存在

既然自我是实体,那么,按照笛卡尔对实体的定义,我们自然会得出自身本质上是自由的结论。因为自我是实体就意味着自我是依赖自身而不依赖他物的东西,也就是说,自我自己决定自己,自己规定自己。

在笛卡尔看来,自由是自我与生俱来的规定,自由概念乃是"天赋予我们心中的首要的、最普遍的概念之一"。人把自己的自由与自己的生命联系在一起,把它的存在看作不证自明的公理。由于我们的意志处于时空之外,它不受任何因果律的制约,因为意志本质上是自由的,它决不可能受到限制。在《哲学原理》中,笛卡尔同时使用了自由与必然这两个概念。他指出,人与自动机的区别就在机器的运动是必

---

① René Descartes, *Principles of Philosophy*, trans. by Valentine Rodger Miller and Reese P. Miller, Dordrecht: D. Reidel Publishing Company, 1982, p. 7.
② *Oeuvres de Descartes*, Tome 7, Publiée par C. Adam & P. Tannery, Paris: J. Vrin, 1964, p. 166.

然的,而人的行动"不是必然的,而是自由的"①。

不仅如此,笛卡尔还把人的自由与自我对自身的内在体验联系起来。在与毕曼交谈时,笛卡尔指出,我们诉诸内在的经验就可以获得确知自我的自由,"我们内在地意识到我们的自由"②。毕曼曾把自由看成自动的、无动于衷的(indifference),笛卡尔对此表示赞同。"无动于衷"本是一个经院哲学的术语,笛卡尔和毕曼用它来表示意志的完全独立性,表示它不受任何机械力量的支配。在笛卡尔看来,意志的力量是巨大的,它不但是人的行动的动力,而且是人的思维的动力。人的行动之所以完全自由,就在于他的意志绝对不受限制。譬如,国王让两个互相仇恨的人待在一起,当这两个人正在进行殊死决斗时,国王也深知自己无法阻止他们,所以只好听任他们去决斗,因为他们的意志是自由的③。在《第一哲学沉思集》"第四沉思"中,笛卡尔提出了自由度这个概念,用以表示在不同情况下人们获得的自由具有程度上的差别。但在这时,笛卡尔对"无动于衷"这个概念做了重新规定。他认为,"当没有理由促使我采取这种而不是那种行动时,我意识到的无动于衷就是最低的自由度"④。"无动于衷"的程度与真正的自由度成反比。正因为如此,此时的笛卡尔把"无动于衷"看成自我面对的两难境地。

不过,笛卡尔在自由问题上并无定见。在早期著作中,他把自由规定为人的行动的任意性,而一谈到神的先定与人的自由的关系他就不得不采取调和的立场。他一边在设法把人的自由意志纳入神的先定范围,一边又宣称,如果我们极力把这种神的先定与我们的意志自由调和起来,我们就会遇到极大的困难。由此可见,笛卡尔既不愿放

---

① *The Philosophical Works of Descartes*, Vol. 1, eds. and trans. by E. S. Haldane and G. R. T. Ross, Cambridge: Cambridge University Press, 1969, p. 350.
② René Descartes, *Entretien avec Burman: Manuscrit de Göttingen*, Paris: Édition Charles Adam, 1937, p. 51.
③ *Oeuvres de Descartes*, Tome 4, Publiée par C. Adam & P. Tannery, Paris: J. Vrin, 1964, p. 353.
④ *The Philosophical Works of Descartes*, Vol. 1, eds. and trans. by E. S. Haldane and G. R. T. Ross, Cambridge: Cambridge University Press, 1969, p. 171.

弃人的自由,也不愿去亵渎神明,而只是希望通过神的权威来保证人的自由,希望在神的庇护之下人能获得其应当获得的自由。人的意志最终服从神的意志,因而人的自由最终要受到神的限制。但在对神的表面虔敬之下隐藏着笛卡尔削弱神权的企图。这种企图在他的物理学中表现得十分明显。如果说在他的形而上学中,自我仍是上帝的奴仆,那么在物理学中,自我实际上成了自己的主人。笛卡尔深知,在经院哲学中上帝支配一切,神权高于人权,因此,要抬高自我就得贬低上帝,要提高自我的独立性就得削弱上帝对自我的统治。然而,由于自我生活于其中的物理世界决定了自我的生存与发展,因而不提高物理世界对于上帝的独立性,就无从提高自我对于上帝的独立性。从这种意义上说,笛卡尔把物理学与形而上学分开也就意味着把自我与上帝分开,笛卡尔为物理世界争取独立性意味着为自我争取独立性。诚如马克思和恩格斯在《神圣家族》中所说,"笛卡尔在其物理学中认为物质具有独立的创造力,并把机械运动看作是物质生命的表现"[①]。笛卡尔甚至说,给我物质和运动,我给你造出一个宇宙来。这一点表明,他在物理学中已经抛开了上帝,而承认物质世界有着自己运动的规律,因此,生活于物质世界中的自我自然不再受上帝的干预。由此看来,笛卡尔把物理学与形而上学分开,其意义不仅在于他为科学争得了相对独立的地位,从而为科学和哲学的分化提供了理论依据,而且还在于他为神权与人权的分离,为自我的自由与独立作了理论上的论证。

三、我是自身同一者

既然自我是自由的思想实体,那么自我就具有内在的确定性和人格的同一性,否则一切法律都将归于无效,人与人之间的交往与沟通也不可能,因为它们都基于自我的同一性。

按照通常的理解,自我的同一性是建立在记忆这一基础之上的。洛克·巴特勒(Butler)和休谟都坚持这种观点。笛卡尔则认为,记忆具有或然性,记忆不依赖时间。相反,时间有赖于记忆,我们可以在记

[①] 《马克思恩格斯全集》第2卷,北京:人民出版社,1960年,第160页。

忆中确定对象的时间而自身却处于时间之外。因此,自我的同一性并不是通过时间表现出来的,相反,时间要从自我的同一性中得到说明。笛卡尔指出,人们之所以在日常生活中体验到自我的同一性,倒不是因为自我一成不变,而是因为自我处于不断的生成中,并且新生成的我始终与过去的我是同质的。有鉴于此,笛卡尔主张从两方面去理解自我同一性:(1)自我依赖上帝,上帝保持自我。但这种保持是在创造中的保持,因为"保持就是不断地再造"。"如果此刻没有某种原因产生出新的我。也就是说创造我。那么,就不能从我刚刚存在过这一事实得出我必定存在。"①(2)自我总是在思想着,凡思想都具有对象,这个对象要么是外在的,要么是内在的,但它们都必定有自己的同一性,"它不能既在又不在",否则,我就不能思想它。既然我始终在思想着对象,并且思想的对象在具有其同一性的情况下才能为我所思想,既然思想与对象是共存的,那么,思想也必定是同一的,因而这个思想的我在人格上也必定是同一的。

  以上就是笛卡尔对"我"的规定。通过对"我"的这些规定,笛卡尔"使思想摆脱了物质的纠缠"。这固然肯定了我的独立与自由,肯定了我的能动作用,但这种肯定是以牺牲我的物质性为代价的。同时,笛卡尔对我所进行的考察只是微观的考察而不是宏观的考察,因为他只是从自我本身来考察自我,而不是从社会的角度来考察自我。他所说的我只是小我而不是大我,只是我的个别性而不是我的社会性,只是脱离了一切社会关系的离群独居的东西,而不是现实的有血有肉的人,由于笛卡尔使自我置身于一切社会关系之外,那个以社会关系为其本质,因而只有在社会关系中才能得到说明的真实的自我在这里悄然隐去了,剩下的只是失去了物质外观的思想的幽灵——那个掩盖了现实自我的幽灵。因此,笛卡尔无法说明自我与他我的沟通与过渡,从而也无法揭示自我的本质与秘密。他所做的不过是把人们的目光引向了这个秘密,从而唤醒了沉睡着的自我意识。

---

① *The Philosophical Works of Descartes*, Vol. 1, eds. and trans. by E. S. Haldane and G. R. T. Ross, Cambridge: Cambridge University Press, 1969, p. 168.

四、我是自我意识的主体

谈起自我意识,人们自然会想起洛克和斯宾诺莎,想起康德与黑格尔,想起胡塞尔与萨特。其实,笛卡尔早就对自我意识问题做过深入细致的研究,并且明确使用过自我意识这一概念。因此,我们完全有理由说,笛卡尔是近代和现代自我意识理论的始祖。

自我意识是笛卡尔自我概念的重要规定。这一规定在笛卡尔那里主要指心灵的反观自照。从这种意义上说,它与洛克在《人类理智论》中说的反省相近。笛卡尔也经常使用"反省"这一概念,不过其含义与自我意识的含义没有多大区别。笛卡尔认为,"在我的心灵中没有什么不是我意识的"①。我对于自身是非常明了的。对我来说,心灵中根本没有隐秘的东西,一切都是透明通亮的。

笛卡尔首先区分了纯粹意识与反省意识②。所谓纯粹意识是指自我对外部对象的意识,反省意识是指自我对意识本身的意识,亦即自我意识。一切意识都伴随着自我意识,自我从来都兼有意识和自我意识的双重身份,因为意识在以外在的东西为对象时也总以"心灵的眼睛去注视自身"③。

除区分纯粹意识与反省意识之外,笛卡尔还区分了自我意识与回忆。他认为,回忆是不确实的,因为它可能发生错误;而自我意识总是确实的,它不因思想形式的变化而变化,只要你在思想,你就有自我意识。而且,回忆只是涉及过去的东西,只是把过去的东西再现出来;自我意识主要涉及当下的精神状态,并能把不同的精神状态联系起来。但回忆不是单独进行的,它常要有理智参加。所以,笛卡尔常称回忆是"理智的回忆"。他在《与毕曼的谈话》中还举了"国王"的例子来说

---

① *Oeuvres de Descartes*, Tome 3, Publiée par C. Adam & P. Tannery, Paris: J. Vrin, 1964, p. 237;另参见 Tome 7, p. 107。
② *Oeuvres de Descartes*, Tome 1, Publiée par C. Adam & P. Tannery, Paris: J. Vrin, 1964, p. 413。
③ *Oeuvres de Descartes*, Tome 7, Publiée par C. Adam & P. Tannery, Paris: J. Vrin, 1964, p. 387。

明这一点。他说,我只有借理智把"国王"这个词与它指称的对象联系起来才能回忆起这个词的意义,既然理智在注视对象时总要把目光转向自身,而回忆又要借理智才能实现。那么回忆一定伴随着自我意识,也就是说,回忆者必须对回忆本身有所意识。

毕曼对笛卡尔所谓"意识既是思维又是对那个人思维的反省"①这一观点提出过异议。他认为,自我意识是不存在的,即使存在,那也只能说它是对过去意识的意识,而不可能是对当下意识的意识。因为心灵不可能同时想到两个东西,不可能同时意识一个对象又对这个意识对象的活动本身有所意识。笛卡尔指出,说心灵只能思想对象明显与事实不符。虽然"我不能同时想到许多东西,但想到的东西可以不止一个。比如,我现在意识到并想到我一边走路,一边吃饭,这两件事是同时发生的"②。既然心灵能同时想到两个东西,它为什么不能同时想到他物而又意识到自身呢?

为进一步回答这个问题,笛卡尔强调说,自我"有能力随时反省他的思想"③。这种反省不仅是对当下思想的反省,而且可以是对过去观念的反省。心灵为各种各样的观念占据着,其中有些观念是外来的,有些是天赋的,有些是我们自己创造出来的。对天赋观念的反省是自我意识的另一种形式。在我的心灵中天赋观念占有特殊地位,它不但是我思想的对象,而且是我思维的支撑点。我首先在这些天赋观念中发现了我自己,进而我根据这些观念去观察和理解外部世界。因此,对天赋观念的发挥与审视是自我认识的起点,是自我意识的第一要义。在自我意识中我们发现了自我观念、上帝的观念、物质的观念和许许多多的其他观念。有了这些观念,意识就有了认识外部对象的基础。从此,心灵就可以把思维的触角由自己转向外在的对象。

这里,自我意识对于笛卡尔仍然是首要的。在处理自我意识与外部意识的关系时,笛卡尔注重的是前者而不是后者,因为在他眼里,关

---

① René Descartes, *Entretien avec Burman: Manuscrit de Göttingen*, Paris: Édition Charles Adam, 1937, p. 13.
② 同上书,第 11 页。
③ 同上书,第 13 页。

于自我的知识是我们获得的第一种知识,我们对外部世界的认识是从自我出发并通过自我而实现的。用他自己的话说,"我们(的认识)必须从人的灵魂开始,因为我们的全部知识都依赖它"①。

从认识自我与认识上帝的关系看,有关上帝的知识是从我们对心灵本性的思考中得来的。如"我们在认识上帝的完满性之前能认识到自己的不完满性,这是因为我们在注意到上帝之前已能注意自身"②。反过来说,"当我反省自身时我不仅知道我是某种依赖他物的不完满的东西,而且我知道我所依赖的上帝具有我所期求的一切伟大之处"③。

从认识自我与认识形体的关系看,前者先于后者并且是后者的条件,前者易于后者并且比后者更为确定。在《哲学原理》中,笛卡尔说:"我们对自己的思维所具有的知识先于有形物的知识并且更为确定。"④在《第一哲学沉思集》的后半部分笛卡尔还具体论证了"没有什么比我的心灵更容易、更明白地为我所认识"⑤,"我对我的心灵本性的了解比对任何形体的了解更清楚"⑥。他认为,在认识形体时,我们得用感官,但感官常常骗人,我们通过感官所获得的观念往往是虚妄不实的。而我们在认识心灵时却不会遇到这样的情况,因为心灵从来都是确确实实的,"我们在心灵中见到的性质分明比在任何别的事物中所见到的更多些"⑦。拿蜡来说,我看到的那块蜡有许许多多属性。我

---

① *The Philosophical Works of Descartes*, Vol. 1, eds. and trans. by E. S. Haldane and G. R. T. Ross, Cambridge: Cambridge University Press, 1969, p. 310.
② René Descartes, *Entretien avec Burman : Manuscrit de Göttingen*, Paris: Édition Charles Adam, 1937, p. 26.
③ *The Philosophical Works of Descartes*, Vol. 1, eds. and trans. by E. S. Haldane and G. R. T. Ross, Cambridge: Cambridge University Press, 1969, pp. 156–157.
④ René Descartes, *Principles of Philosophy*, trans. by Valentine Rodger Miller and Reese P. Miller, Dordrecht: D. Reidel Publishing Company, 1982, p. 5.
⑤ *The Philosophical Works of Descartes*, Vol. 1, eds. and trans. by E. S. Haldane and G. R. T. Ross, Cambridge: Cambridge University Press, 1969, p. 156.
⑥ 同上书,第157页。
⑦ René Descartes, *Principles of Philosophy*, trans. by Valentine Rodger Miller and Reese P. Miller, Dordrecht: D. Reidel Publishing Company, 1982, p. 7.

知道这些属性,这表明我有认识这些属性的能力。我所认识的那些属性不一定真实,而我清清楚楚地知道的那些认识能力却是确确实实的。因此,认识心灵的属性比认识外物的属性更容易①。

从认识自我与认识外界的关系看,前者是后者的前提,因为在认识外部世界之前我们必须考查自我的本性、能力和局限。同时,认识外部世界需要实体、时间和数目等观念,它们是心灵在进行自我反省时得到的,而不是我们认识外物时形成的:"当我知道我此时此刻存在着,并且进一步回忆起我以前存在过,当我记起我拥有我可以了解其数目的各式各样的思想时,我便获得了时间和数目的观念,我后来把它们应用到我愿意应用的那些对象上。"②

但是,笛卡尔的言行似乎是不一致的,一方面,他在理论上主张自我意识先于外部认识,自我认识是外部认识的前提;另一方面他的学术生涯表明,他是从外部认识回到自我认识,而不是从自我认识进展到外部认识的。例如,在《方法谈》中,笛卡尔说自己一生只研究两种学问:一种是从世界这部大书里找到的学问;另一种是在自我本身中找到的学问。鉴于研究自我本身的学问脱离了研究世界的学问就会显得空洞无益,笛卡尔一开始就下决心到各国去游历,去研读世界这本大书;鉴于研究外部世界的学问离不开研究自身的学问,笛卡尔在"花了好几年工夫去研究世界这本大书并取得一些经验之后就下决心来研究自我本身"③。为什么在研究自我之前要去研究外部世界?在《哲学原理》的序言中我们不难找到这一问题的答案,在那里,笛卡尔深有感触地说,研究外部世界不仅可以满足人们在"支配行为""适应人生"方面的需要,而且为人心提供了真正的"营养品"。与把自己终身关闭在高楼深院的经院哲学家相反,笛卡尔选择了研究外部世界作为自己学术生涯的开端。笛卡尔意识到,过去的经院哲学家始终停留

---

① *Oeuvres de Descartes*, Tome 7, Publiée par C. Adam & P. Tannery, Paris: J. Vrin, 1964, p. 360.
② *The Philosophical Works of Descartes*, Vol. 1, eds. and trans. by E. S. Haldane and G. R. T. Ross, Cambridge: Cambridge University Press, 1969, p. 165.
③ 同上书,第85页。

在空洞的思辨中,这些思辨不会产生任何实际的效果,而只能把人束缚于概念的藩篱中,使人养成了对现实世界漠不关心的习惯,结果造成了无数的偏见和无休止的纷争。然而,自文艺复兴以来,许多哲学家纷纷走出自我这个狭小的天地,把研究外部世界作为自己的首要任务,从而不仅使自己获得了富贵与尊荣,而且增进了人类的幸福与完美。如"数学满足了人的好奇心,又促进了各种技艺,还减轻了人的劳动",其他科学则"给研究它们的人带来了荣誉与财富"①。正是这种研究外部世界的紧迫感与使命感使笛卡尔一改经院哲学家的沉闷习气,独开面向现实之风。

然而,提倡研究外部世界并不等于不要研究自我,恰恰相反,随着研究外部世界的深入,对自我的研究也势在必行。虽然经院哲学也曾主张研究自我,但他们的"自我"是处于信仰枷锁中的"自我",是寄居于天国中的"自我",因而是幻想的"自我"。笛卡尔要恢复自我的主体地位,因此他必须让自我从天国回到尘世。那么,笛卡尔为什么在研究外部世界之后要下决心来研究自我呢?对于这个问题,笛卡尔作了不太明确但极富有启发意义的回答。他认为,在研究外部世界的过程中,我自觉或不自觉地受到一些偏见的影响,那些暗中潜入我的信仰的意见常常干扰我的理智,掩盖我的灵明,妨碍我继续认识外部世界的真理。因此,要更好地认识外部世界,我就必须"把一切坏的意见从心灵中排除干净"②。但是,要排除这些坏的意见,我必须找出产生它的根源,这个根源不在别处,正是在自身之内。鉴于这一点,我必须进行自我反省、自我怀疑,同时又自我确信。

此外,为了更好地认识外部世界,我们必须认识自己的本性,因而要下决心研究自我本身。就我的本性具有某种完满性来说,如果我对于许多在我之外的那些事物的思想是真的,那么它们都依附于我的本性③。研究外部世界必须有一套可靠的方法,正确的方法犹如我们的

---

① *The Philosophical Works of Descartes*, Vol. 1, eds. and trans. by E. S. Haldane and G. R. T. Ross, Cambridge: Cambridge University Press, 1969, p. 84.
② 同上书,第 94 页。
③ 同上。

向导,而错误的方法从来就使人误入歧途。为此,笛卡尔首先要制定"指导心灵的规则",要寻求"正确运用理性的方法",他觉得那些偏离了认识真理的正确轨道的人之所以会犯错误,就在于他们不了解心灵的本性,特别是不理解心灵的缺陷。因此,了解心灵的本性,把握它的特点,乃是寻找正确方法的关键。笛卡尔宣称,"为了完整地把握真理而开辟一条达到这一目的的更为简捷的道路"①,他一度沉迷于对心灵本性的沉思,并"把它当作生活的唯一乐趣"②。针对人们只重视认识外物而不重视认识自己的风气,笛卡尔写道:"要这么多的人去潜心研究人的习惯、植物的功效、天体的运行、金属的变形和科学的诸如此类的许多对象,而同时又没有人去思考这种良好的理智或普遍的智慧本身,对此,我的确觉得十分奇怪"③。

基于这些认识,笛卡尔决心打破过去的哲学只注重外部认识而不注重自我认识的局面,主张哲学不但要以自我为主体,而且要实现主客体的统一。由于作为认识对象的认识主体的确立,笛卡尔进一步拓展了哲学思维的空间,调整了哲学发展的去向,从此哲学担负了认识外部世界和认识自我的双重任务。新的任务带来了新的方法,新的方法产生了新的理论。近代哲学就是在这样的"连锁反应"中发展起来的。笛卡尔的自我意识理论的提出无疑加速了这种"连锁反应"的进程。

笛卡尔通过对自我概念的规定使自我从天上回到了人间,从幻想回到了现实,从信仰的奴仆变成了独立的人格。把思维作为自我的本质是笛卡尔顺应时代潮流对理性的礼赞与讴歌,把自我看成实体则表现了以笛卡尔为代表的新兴的资产阶级在哲学上对自由的向往与追求。综观人类认识史,我们不难发现,从笛卡尔开始自我才真正成为哲学思考的对象。近代哲学,尤其是德国古典哲学的许多争论都是围绕自我问题展开的。仅就自觉提出自我和自我意识问题而言,笛卡尔

---

① *Oeuvres de Descartes*, Tome 10, Publiée par C. Adam & P. Tannery, Paris: J. Vrin, 1964, p. 3.
② 同上书,第2页。
③ 同上。

就足以成为近代哲学的开创者。

近代哲学以人的自我反省为特征。这种反省是哲学家静观自然、透视历史、洞察社会的一面镜子。在这里,我们看到了人对自己的尊崇,看到了人的自身价值的提高。一开始是笛卡尔所倡导的理性主义和温和的启蒙,它使人意识到自己的自由的天性,意识到自己在旧的制度和旧的文化氛围下的屈辱的地位,与之并行的是经验主义对人的现实性的强调,它使人由经院哲学的空洞玄想的世界回到了现实的感觉世界。随后法国启蒙思想家把笛卡尔对自我自由的冷静思索变成了呼唤自由的热烈激情,与此相应,他们需要更多地强调自我的感性方面,而力避对自我做过分抽象的思辨。追求行动自由的热情在德国哲学家那里冷却了,他们恢复了笛卡尔对主体的冷静思考。在这种总的哲学背景之下,我们会发现,由笛卡尔肇始的自我意识理论的发展基本上体现了主体性地位在近代哲学中的上升过程。在这一过程中,由笛卡尔提出的自我概念的含义在不断改变,自我意识的规定在不断丰富。

第二节 实体性自我的解体

把自我理解为实体不仅是笛卡尔的观点,而且是近代早期几乎所有哲学家的基本观点。所不同的是,有人把自我理解为心灵,有人把自我理解为单子,还有人把自我理解为物质性的东西,不管他们采取何种立场,有一点是共同的:他们都把自我作为认识论的中心概念,并从这个概念出发去探讨知识的起源,论证知识的确实性,说明人与自然、主体与客体的相互关系。

然而,把自我理解为精神实体至少有两个基本缺陷。

第一,把自我理解为精神实体必然导致二元论。因为按照对实体的传统定义,所谓实体仅仅是指依赖自身而不依赖他物的东西,因而说自我是精神实体就等于说精神可以离开物质而独立存在。一旦承认精神可以独立存在,精神与肉体的关系自然成了相互分离、相互并列的关系,这样,不仅古老的灵魂不死的观念重新找到了它的避难所,而且精神现象的起源更加成了问题。笛卡尔就曾因把精神视为独立于肉体的东西,而违背了起码的常识,遭到了各方面的攻击,以致他本人也觉得难以自圆其说,不得不假定精神必须靠松果腺与肉体相互作用。

第二,把自我理解为精神实体不过是重蹈亚里士多德的实体主义传统的覆辙。按照亚里士多德的实体观,世界是一个拥有无限多实体的世界,这些实体各自独立并且是一切属性的载体或依托。一旦把实体作为属性的载体或依托,实体则成了"容器",假如撇开了那些属性,实体就成了一个空无内容的东西,它的所谓独立存在性也变得毫无意义。再者,把精神或自我作为实体无异于把自我作为万物中的一物,这既无助于我们对世界统一性的说明也无法解释精神为什么具有优越性,更无法说明自我如何与外界相沟通,因为沟通必须有中介,把自我与物质的东西分别作为实体实际上等于否认了它们之间有一个中介。正因如此,马勒伯朗士(Malebranche)才要指出上帝作为联系心灵与物质的中介。

实体性自我概念所带来的这些困难引起了休谟的极大不安。他从极端经验主义立场出发对实体主义进行了无情的批判,以期克服自我的实体化倾向。值得一提的是,休谟并不是要否认"自我"存在的合法性及其功用,而只是要消解自我之"体",使之成为"知觉之流",这种知觉之流不但是认识的出发点而且界定了思想所及的范围。因此,休谟在《人性论》中指出:"我们纵然尽可能把注意力转移到我们的身外,把我们的想象推移到天际,或者一直到宇宙的尽处,我们实际上一步也超不出自我之外,而且我们除了出现在那个狭窄范围以内的那些知觉以外,也不能想象任何一种存在。"①

休谟对自我所持的上述立场标志着实体主义自我观的破产。实体性自我的解体为自我的功能化准备了条件。就像休谟的怀疑论使康德从独断论的迷梦中惊醒一样,他对自我实体的批判也为康德的先

---

① 休谟:《人性论》,关文运译,郑之骧校,北京:商务印书馆,1980年,第83页。

验哲学的自我观的产生扫清了道路,而胡塞尔的先验自我学说又直接得益于休谟和康德两个人的工作。当胡塞尔说先验主体性是纯粹意识的"赫拉克利特之流"时,他的看法与休谟把自我还原为川流不息的知觉没有实质性的区别。尽管休谟在胡塞尔眼里仍然没有跳出心理主义的窠臼,但他对实体主义的批判在主体性哲学的转向中发挥了极其重要的作用。因此,考察休谟瓦解实体性自我的过程不仅有助于我们了解休谟哲学的总体意义,而且有助于我们了解先验自我学说出现的历史原因。

现在,我们必须追问的是,休谟是如何瓦解自我实体的?瓦解自我实体对康德和胡塞尔的工作究竟有什么意义?为什么说休谟的自我观是笛卡尔的主体学说到康德和胡塞尔的先验主体论的中间环节?

总的说来,休谟对实体性自我的瓦解是分两步进行的。第一步,他力图从经验论立场出发论证实体观念本身是站不住脚的,因为一旦确认实体观念本身不能成立,笛卡尔等人把自我看成精神实体的做法也就不攻自破了。第二步,他力图论证自我同一性问题是个伪问题,自我同一性概念是个伪概念,从而说明把自我作为实体的不合理性,因为自我同一性观念不仅是以笛卡尔为代表的所有实体主义者的共同主张,而且是实体性自我观的主要依据,一旦自我同一性成了假象,实体性自我观就会土崩瓦解。

先让我们看第一步,休谟哲学的一个基本前提是,人心只能停留在感觉经验的范围内。感觉经验统称知觉。知觉则被分成印象与观念两种。所谓印象是指人心因受内外物的激动而对内外物的感觉。所谓观念"只是我们印象的摹本,换言之,任何东西我们如果以前不曾借外部感官或内部感官感觉过,那我们便不能来思想它"[①]。观念与印象没有实质性的区别,而只有程度上的不同。如果说印象是指较活跃的知觉,那么,观念就是指较不活跃的知觉。因此,我们要考察一种观念是否成立,只要审查一下这种观念所依据的印象是否存在就够了。就实体而言,只要我们证明心灵根本就不会产生实体的印象,实体观

---

① 休谟:《人类理解研究》,关文运译,郑之骧校,北京:商务印书馆,1982年,第57页。

念自然就没有立足之地。

那么,我们究竟有没有实体的印象呢?休谟的回答是绝对否定的。为论证这一点,休谟指出,如果说实体观念必须来自某种印象,这种印象要么是外部的印象,要么是内部的印象,所谓外部的印象是指感官印象,所谓内部的印象是指反省印象。休谟首先证明实体观念不可能来自感觉印象。他问道,如果实体观念是从我们的感官传给我们的,请问是从哪一个感官传来的,并以什么方式传来的?如果它是被眼睛所知觉的,那么,这种观念必然是一种颜色;如果是被耳朵所知觉,那么,它必然是一种声音;如果是被味觉所知觉,那么它必然是一种滋味;其他感官也是如此。但是休谟相信,没有人会说实体是一种颜色,或是一个声音,或是一种滋味。因此,实体如果确实存在,它必然是从反省印象得来的。但反省印象可以归结为情感和情绪;两者之中没有一个能够表象实体。

在休谟看来,我们只能知觉到事物性质的不断的流迁,而根本知觉不到各种性质的背后还有什么被称为实体的支撑者。按照洛克的说法,实体是我不知其为何物的支撑者。对此,休谟反问道,既然你不知其为何物,那么,你有什么根据说它就是一个支撑者呢?感觉经验只能向我们报道各种各样的特殊性质,出现在我们心灵的只是一束又一束的知觉,我们的确无法感知那些性质的依托或载体是什么。几乎没有一个哲学家可以指出产生实体观念的印象来,并且清楚地说出那种印象是以什么方式发生作用,是由什么对象得来的。既然我们无从获得实体的印象,那么,按照没有相应的印象就没有相应的观念的经验论原则,我们也就无从获得实体的观念;而没有关于实体的观念,我们也就理所当然不能得到自我实体的观念了。因为一个印象若非类似于一个实体,它如何能表象那个实体呢?一个印象既然不是一个实体,并且没有一个实体的任何特性,它又如何能类似那个实体呢?

问题的关键是,自亚里士多德的时代以来,实体概念就一直存在着并且成了哲学思考的题材与基础。如果说没有实体印象就没有实体观念,那么,哲学史上的这些实体观念怎么可能存在呢?对此,休谟解释说,所有实体观念都不过是人心的虚构,自我实体或心灵实体观念也是如此。根据休谟的归类,观念有简单与复合之分,有些复合观念可以还原为简单观念和印象,有些则完全是人心想象出来的,我们根本找不到它的经验来源,凡是纯粹的人心想象出来的观念都是没有实在性的,因而是应予抛弃的不合法的东西。"实体"观念就是如此,它只是一些特殊性质的集合体观念,而当我们论证实体或用实体进行推理时,我们也没有其他的意义。实体观念不过是一些简单观念的集合,我们通过想象而把这些简单观念结合起来,并给它一个特殊的名称,以便我们可以向自己或别人提到那个集合体。因此,实体观念只是人们出于方便上的需要而捏造出来的,并不直接反映以前的印象。因而在现实的经验中找不到它的存在。我们之所以一听到"实体"这个词,就产生出那个相应的实体观念,只是由于人心的习惯使然。一旦想象在语词和观念中建立了一种恒常的联系,心灵就可以直接由语词推移到这种观念。从这种意义上说,我们不能根据"实体"一词来判定实体的实际存在。

具体到自我实体观念上,休谟认为我们同样有理由说,笛卡尔等人把自我看作实体,不管在理论上还是在实践上都是站不住脚的。首先,心灵或自我是一连串变化不定而又前后相继的知觉,或用他本人的话说,是"处于永远流动和运动之中的知觉的集合体或一束知觉"①。知觉本身独往独来,并不需要其他东西来支撑它的存在,因此,它根本就不需要以实体为依托。其次,说自我是实体本质上是自相矛盾的。因为自我是一连串的知觉,这些知觉不仅与外在的东西相区别,而且自身之内互有区别,它们彼此间断,互相分离,各个部分独立自存,而不是相互依赖,因而我们从中找不出实在的联系。如果根据笛卡尔等人对实体的定义,我们就只能说,每种知觉都是一个实体,这样一来,一个自我就成了无限多样的实体了,因为实体主义者们都一致认为,实体是依托自身而不依赖他物的东西,凡独立自存者都可称为实体,因此,休谟眼里的知觉也就被迫成为孤立的一个又一个的实体了。最

---

① 休谟:《人性论》,关文运译,郑之骧校,北京:商务印书馆,1980年,第283页。

后,心灵或自我仿佛是个舞台,各种知觉在上面来来去去,演出了一幕又一幕互不相干的戏剧。"这里只有连续出现的知觉构成了心灵,对于表演这些场景的那个地方,或对于构成这个地方的种种材料,我们连一点概念都没有。"①因此,我们不可能知道除了知觉以外,这里还有什么实体存在。既然我们对知觉以外的东西(如实体)一无所知,我们也就不能武断地说自我是一种实体。

仅从论证过程看,休谟对实体主义自我观的批判几乎无懈可击,他的分析环环相扣,层层推进,有着很强的逻辑力量,以致我们不得不说只要我们承认了它的前提,我们就不得不接受他的结论。让我们暂时撇开对休谟的逻辑前提正确与否的讨论,而把目光转向休谟瓦解实体性自我的第二个步骤。

按照休谟的想法,自我同一性观念是自我实体观念的重要支柱,因而只要摧毁了自我同一性观念,自我实体观念也就自然而然地瓦解了。那么,如何证明自我同一性的不合理性呢? 休谟认为,要证明自我同一性的不合理性,我们先得证明同一性本身纯属虚构,而要证明同一性本身纯属虚构,我们又得说明"联系"观念是一种虚构,因为我们通常所说的同一性是指一个东西在不同时间里能保持前后的一致性和恒常性,也就是说,一个东西在可变性中必须有不变性,在间断性中必须有连续性,而连续性往往意味着一个东西在时间上有一种前后的联系。

那么,站在休谟的立场上看,"联系"现象是否有某种实在性呢? 休谟断言,"如果知觉是个别的存在物,那么,它们只有在被联系起来时,才形成一个整体,但是,人类知性绝不能发现个别存在物之间的任何联系,我们只是感觉到思想由这个对象转到那个对象的一种联系或倾向"②。休谟的观点很明显,我们无法知觉到事物间的联系,而只能发现一个事件与另一个事件的前后相继。比如,当我们擦火柴,火柴亮了时,我们根本就看不到擦火柴与火柴亮这两个事件之间的联系,

---

① 休谟:《人性论》,关文运译,郑之骧校,北京:商务印书馆,1980年,第283页。
② 同上书,第673页。

而只能看到它们一前一后相继出现。人们之所以误以为它们之间有一种联系,只是因为人心受了习惯的影响。在一件事情出现后,就来期待它的恒常的伴随,并且相信那种伴随的存在。

其实,全部自然中并没有任何一个联系的例证是我们可以想象得出的。一切事情似乎都是完全松散而分离的。一件事情虽然跟着另一件事情而来,可是,我们永远看不到它们中间有任何纽带。它们似乎是"会合"在一块的,而不是"联系"在一起的,凡不曾呈现于我们的外部感官或内部感官的任何东西,我们就不会有它的任何观念。"联系"不能呈现于我们的感官。因此,我们就完全没有"联系"的观念①。人心之所以要虚构一个"联系"的观念,只是为了使自己从一个知觉转移到另一个知觉变得顺利些,加之习惯势力的作用,人们往往有意无意地忽略了事件之间的间断性,并以"联系"的观念来掩盖它们的变化。

既然联系是不真实的,那么,以事件的前后联系为基础的同一性也就不可能存在;既然同一性不可能存在,那么,断言自我是同一的也就变得毫无意义;既然断言自我是同一的毫无意义,那么,以同一性为依据的自我实体也就丧失了存在的合理性。休谟在论人格的同一性时指出,那些以为我们每一刹那都意识到所谓我们的自我并确信自我同一性的人,实际上无法找到为这种自我观念进行辩护的经验依据,由于产生每一种实在观念的必定是某种印象,自我或人格同一性的观念必定来自同类的印象。但自我或人格并不是一种印象,而是我们假设的与有些印象或观念发生联系的东西。如果有什么印象可以产生自我同一性的观念,那么,这种印象在我们一生中必然是同一不变的东西,因为自我被认为是以同一不变的方式而存在的。但是,根本就不存在恒定不变的印象。痛苦与快乐、悲伤与喜悦、情感和感觉,互相接续而来,从来不会同时存在。因此,自我观念是不能由这些印象中任何一个或从任何别的印象得来的;因此,也就没有那样一个观念。

再者,当我切身体会到我自己时,我总是碰到这样或那样的特殊

---

① 参见休谟:《人性论》,关文运译,郑之骧校,北京:商务印书馆,1980年,第68页。

知觉,"任何时候,我总不能抓住一个没有知觉的我自己"①。当我失去知觉时,我就停止了存在,当我死亡时,我也就被消灭了。我是互相分离而又可以"汇合"起来的知觉,这些知觉根本不需要什么始终同一的东西来支撑它们,心灵也没有能力始终维持同一不变,哪怕只有一刹那。在同一时间里,心灵没有单纯性,在不同时间里也没有同一性。由于人们混淆了同一性与关系性,他们往往想象在各部分间的关系之外还有一种始终不变的神秘的东西联系着这些部分,从而形成了同一性概念。灵魂、自我、实体概念均是以这种同一性概念为基础的。

在本章第一节中,我们早就看到,坚持自我同一性学说是笛卡尔、洛克、贝克莱、巴特勒等近代哲学家的共同立场,他们之所以要坚持这一立场,正是因为它合乎实体性自我观念的逻辑要求,一旦自我失去了同一性,它就不可能有恒常性,也不可能有实体性,更不可能产生对自我的确实性知识以及以自我概念为基础的关于外部世界的确实性知识。这样一来,今天的自我就无法保证明天的自我是同一个自我,他人也无法确认今天的我是否真是昨天的我。如果真是这样,法律上的判决就会无效,一切日常交往也会变得不可能。休谟敢于冒违反常识的危险来攻击自我同一性学说,的确显示了他在理论上的勇气。但是休谟是乞怜于一种常识来攻击另一种常识,因为他比任何人都更重视感觉习惯与联想。在他看来,"我们归之于人类心灵的那种同一性只是一种虚构的同一性,是与我们归之于植物或动物的那种同一性属于同样种类的。因此,这种同一性一定不可能有另一个来源,而是发生于想象在相似对象上的相似作用"②。也就是说,休谟最终把自我同一性看成了习惯性联想的结果,对他来说,自我本无"体",自我在自身中绝对知觉不到任何实在的联系,因而也不会获得自我同一性的印象。人心或自我被假设为以同一性的方式而存在纯然是为了理解的方便,人们赋予川流不息的知觉系列以单一性和同一性,并由此构造出自我实体的概念,旨在以知觉的连续性来掩饰知觉的间断性,从而

---

① 休谟:《人性论》,关文运译,郑之骧校,北京:商务印书馆,1980年,第282页。
② 同上书,第289页。

使想象从一个知觉向另一个知觉的推移变得更加顺当。休谟完全停留在经验主义的范围内看问题,他把自我还原成知觉之流不折不扣地反映了他仅以知觉为真,只以眼见为实的狭隘的经验主义观点。

诚然,休谟对实体主义自我观的批判的确在相当大的程度上切中了要害。不管休谟哲学的出发点多么脆弱,不管他把自我还原为一束知觉会产生什么样的理论后果,我们都得承认,他已从根本上动摇了以实体性概念为基础的形而上学独断论,动摇了素朴的实体主义的思考方式,同时也使哲学家们进一步研究自我立即成为必要。然而,我们也十分遗憾地发现,休谟的理论一方面给人以启迪,另一方面又缺乏建设性的成果。因为他既没有寻求更加深入的自我理解,又没有以真正的认识论去代替实体主义的认识论,也没有走出怀疑主义的魔圈,更没有像后来的康德和胡塞尔那样继续承担起为知识奠基的任务。相反,他只是在对自我作心理主义的说明中聊以自慰。正因如此,胡塞尔说,我们越是惊叹休谟的天才,就越是为他缺乏相应的伟大的哲学气质而感到惋惜。当休谟把一切联系,一切因果必然性都归结为人心的虚构时,当他把自身归结为相互分离而又不断流动的知觉时,当他把自己难以说明的东西归结为习惯性的联想时,他实际上已经宣告了科学与哲学的破产,因为科学与哲学一直以追求确实性为目标,以追求普遍性必然性为目标,一旦把认识归结为知觉,而知觉又被认为是相互分离、互不联系的原子,一旦因果必然性被视为人心的虚构,知识的客观有效性根本就无法保证。

第三节 自我功能化倾向的产生

休谟的工作之所以在自笛卡尔到胡塞尔的西方主体主义传统的转向中显得格外重要,是因为他推翻了实体主义的思考方式,从而结束了对自我的实体化理解,并促使后人在探讨主体性问题方面另辟蹊径。但是休谟的工作只有破坏性、启迪性而缺乏相应的建设性,一方面他使我们认识到理性的真理与形而上学客观性之间还存在不可理解的鸿沟,另一方面他又无法保证知识的确实性、客观性和客观有效性。为此,被休谟从独断论的迷梦中惊醒的康德历史地承担起了后一方面的工作,他试图通过对主体性的重新理解来为科学知识的真理性寻找证据。正是在这一点上,康德成了笛卡尔与胡塞尔的中间环节。

在休谟的启发下,康德看到了传统实体主义自我观的矛盾和困难,但他并不因此像休谟那样把自我看作人心的虚构。相反,他从精神活动的多样性中存在着统一性这一事实中发现了人心的综合功能,并由此提出了他的先验自我学说。通过对先验自我和经验自我的区分,他揭示了自我的层次性并首次使自我成了一种功能化的东西。如果说笛卡尔是从实体论的角度来理解自我,那么,康德就是从功能论的角度来理解自我。离开了这种功能化的自我,康德的纯粹理性批判将无从进行。正如梯利所说,"康德全部的认识论是建立在这样一个自我思想上的:统觉的综合统一性,无非是有自我意识的自我。没有自我意识和有统一作用的自我就不可能有知识"①。

作为统觉的综合统一性的自我,即是通常所说的思维之我。这种"思维之我并不是一单纯的实体"②而是先验的逻辑功能,它并不是一种独立的存在物,而是规整对象并给对象赋予统一性和意义的原始形式。康德意义上的自我有一个根本特征,这就是,它具有综合统一的能力。正是这种能力使一切认识得以实现,因为认识是一个整体,它包含着杂多的表象,如果每个表象与其他表象互不相干、互相孤立,就不可能有认识这种事情发生。通过对自我的综合能力的分析,康德把综合归结为三种,即直观中把握的综合、想象中再现的综合、概念中认知的综合。

直观中把握的综合形成了空间和时间表象,进而形成整体性事物的表象。没有这种综合,我们的感觉就只能是一种分离而杂乱的东西,我们的知觉就无从发生。想象中再现的综合,则把先天的东西与

---

① 梯利:《西方哲学史》下册,葛力译,北京:商务印书馆,1979年,第173页。
② 康德:《纯粹理性批判》,蓝公武译,北京:商务印书馆,1982年,第273页。

后天的东西联结起来,没有这种联结,知觉根本不可能上升为知识。这里所说的先天的东西是指我们的知性范畴,后天的东西是指感性的经验材料。想象的功用就在于使感性材料统摄在范畴之下,从而将杂多性统一成一个完整的表象。所以,康德指出:"为一切先天的知识之条件的纯粹想象力,为人类心灵的根本能力之一。我们由想象力开始,使一方直观之杂多与我方纯粹统觉之必然的统一条件相联结,感性与悟性之两极必须由想象力的先验机能为媒介,互相必然的联结,因为若不这样,那么感性虽产生现象,但不能提供经验的知识之对象,因而不能提供经验。"① 认识中概念的综合是自我的最高综合。在这种综合中,自我作为统一的意识将相继直观到的和再现出来的杂多,联结在一个概念中。概念是自我所特有的,它能给想象的东西以统一。在人类感知活动开始时,概念就起着一定的综合作用,如果说人的感知与其他动物的感知有什么区别的话,那么,这种区别首先在于人的感知受一定的概念框架的引导。在很多时候,概念往往在先天地规定着感知活动的方式与方法。比如,当你在实验中进行观察时,你的感知并不是漫无目的的,而是在一定概念的指导下进行,你清楚地知道你要观察什么并为自己的观察设计了一套程序。概念能使当下的表象系列与以前感知的和想象的杂多印象成为同一个认识对象。如果没有概念的综合,我们就不可能获得对象的同一性,没有这种对象的同一性,一切表象系列的再现就变得毫无意义,一切科学知识的客观有效性也将无从谈起。

康德对自我的三种综合活动的强调落实到一点,这就是,认为所有的认识对象并不是一堆现成的东西,而是需要意识加以构造并赋予内在统一性的杂多。而一切直观中的杂多,在它们被把握的同一主体里,与"我思"有着必然的关系。但这种"我思"是一种主动性的活动。康德把这种活动称为"统觉"②。"统觉"本是莱布尼兹的一个哲学概念。不过,在莱布尼兹那里,它仅指对单子的内部状态的反思,而在康

---

① 康德:《纯粹理性批判》,蓝公武译,北京:商务印书馆,1982年,第135页。
② 同上书,第100—101页。

德这里它是指先验的反思或纯粹的自我意识,其功能恰恰是构造经验对象,使表象成为普遍者。因此,康德所说的"统觉"使对象与主体的关系不是一种机械反映的关系,而是一种能动的构造关系。在构造过程中,对象获得了统一性,而对象的统一性根源于自我意识的统一性。没有自我意识的统一性,一切综合活动都不可能进行,所有零乱的感性材料将无法保持连续性和同一性,从而成为统一的认识对象。由此可见,一个常住不变的自我的存在是认识对象得以形成的基础,因而也是知识得以产生的基础。

康德的上述论证显然重新肯定了被休谟加以激烈批评的自我同一性概念。在自我同一性问题上,康德的观念与笛卡尔的观点不无一致之处。所不同的是,康德的论证更加精致一些。他对先验统觉的综合统一性的分析表明,自我既能将同时出现的多个表象在空间上统一起来,又能通过回忆、想象和概念将前后相继的各种表象在时间上统一起来。如果没有在不同时间和不同空间保持同一性的自我,也就不可能有一种统一的认识对象。否则,不同感性内容就不能为同一个自我所把握,因而也无法形成整体性的知识。

然而,休谟对实体性自我概念的攻击不仅让康德看到了实体主义的缺陷,而且看到了从新的方向探讨自我的可能性。在康德看来,以笛卡尔哲学为代表的理性的心理学的通病在于,它们都是从尚待规定的实体概念出发推演出其他概念,比如,当它们把实体视为内感对象时就得到非物质概念,把实体视为单纯性时就得到了不朽概念,把实体视为同一性时就得到了人格概念,等等。它们从不追问实体概念本身是如何可能的?实体概念的适用范围究竟有多大?在这方面,笛卡尔的观点及其失误最有典型意义。他所提出的"我思故我在"的命题表面上是从"我思"推出"我在",事实上从前者根本推不出后者,这不仅是因为"我思"与"我在"属于两个完全不同的层次,而且是因为自我作为自我意识的先验统一只有通过对象意识才能被认识。用康德本人的话说,自我"这种主体仅由作为其宾辞之思维知之"[①]。况且,笛卡

[①] 康德:《纯粹理性批判》,蓝公武译,北京:商务印书馆,1982年,第274页。

尔犯了偷运概念和循环论证的错误,因为在"我思故我在"的命题中,我思之我已被预先假设为思维着的实体。而"我在"也无非是说"我"是作为实体而在,因此,尽管笛卡尔也根据"思"来说明自我实体,但他最终不过是用实体来规定实体。

康德和休谟都攻击自我实体概念,但他们采取了完全不同的方式。休谟采取釜底抽薪的办法,干脆宣布实体概念不合法,康德则认为"实体"概念应予保留,只是不能用它来规定自我,因为第一,自我是一切知性范畴得以可能的先天条件,"实体"则只是一个知性范畴,我们不能用它本身是其先天条件的东西来规定"自我";第二,"自我"本身不是经验事实,不是感性的杂多,用"实体"范畴来规定"自我"是站不住脚的,因为"实体"范畴作为综合统一的形式只能用来统摄和规定感性杂多;第三,实体范畴只能运用于有限的感性直观而不能用来说明无限者,自我则是无限者。我们所能认识的只是我自身的显现,至于那个自在之我或我自体,我们实际上一无所知,如果用"实体"这个有限的知性范畴去说明无限,就会导致二律背反,要么,就会把无限下降成有限。

那么,自我对康德来说意味着什么呢?对这个问题,人们已经谈得很多。在此,我只想强调,康德在受到休谟的启发瓦解实体性自我概念之后,渐渐把对自我的理解引上了功能化的道路。康德所关注的并不是"我"如何在,而是"我"如何思。尽管这两个问题有着内在的关联,因为没有无我之思,也没有无思之我,我通过思来显现,思则由我启动、由我发源、由我规整。但是,要关注我如何思,就得知道"思"何以可能。

思何以可能的问题实际上是康德哲学的中心问题。要回答这个问题,我们就必须进一步揭示自我的基本特征。康德认为,"我"是纯粹意识,而不是通过直观而被确认的实体。由于我意识到自身是一切经验的可能性的条件,因此,我又被称为先验的自我意识,由于我作为先天的形式伴随我的一切表象并为自我对象的规定性及其关系提供统一的基础,我又被称为自我意识的先验统一;由于自我是一切表象、一切知觉的杂多性的前提并使它们呈现出某种秩序或把它们统摄在先天的结构里,我又被称为统觉的原始综合。但是,不管是把我叫作先验的自我意识,或者叫作自我意识的先验统一,还是叫作统觉的原始综合,康德都要突出自我的这样一个至关重要的特点:自我绝不是一个现成的事物,不是一个实体化的存在,而仅仅是意识的先验功能或一切知识的可能性的根据,也就是说,笛卡尔的实体化的自我在康德这里变成了功能化的自我。因此,康德特别强调说:"思维,就其自身言,仅为逻辑的机能,因而纯为联结一'可能的直观所有之杂多'之纯粹的自发力,并且表现意识的主体决不是现象。"①

在康德眼里,我伴随一切表象,但他本身并不是表象,而是这些现象得以存在的一般形式;我伴随一切概念,但他本身并非一个具体概念,而是这些概念得以存在的逻辑前提;我伴随一切经验,但他本身并非个别经验,而是先于经验并使经验得以可能的先天结构。由此观之,康德所说的自我只有逻辑意义,而没有经验事实的意义,或者说,只有功能性意义而没有实体性意义。因此,康德有时把"自我"称为"逻辑主体"或"逻辑自我"。从语言哲学的角度看,自我则是语法和逻辑意义上的主辞,这个主辞有他自身的谓辞,即通过思维而显现出来的规定性。由此规定性,自我知道自己是能思者并认识到思是自我之思。作为主体,自我拥有自己的客体或对象。

为了表明自己的"自我"观不同于传统的实体主义的自我观,康德进一步区分了经验自我和先验自我,前者也被称为经验的"我思"或经验的自我意识,后者则被称为先验的我思或先验的自我意识。在康德的心目中,笛卡尔的"自我"还只是一种经验自我,因为笛卡尔把自我作为实体性存在,作为经验反省的对象。作为自然事实,作为众多事物中的一个特殊事物,尽管他认识到自我与外物有严格区别,甚至不惜把自我与肉体截然割裂,但他依然把自我看成一个实际存在的心理状态,因此,他才说自我是一个进行感觉、知觉、表象、肯定、否定和意欲的东西,用一个词来概括,就是"思维的东西"。应该指出,自我当然

---

① 康德:《纯粹理性批判》,蓝公武译,北京:商务印书馆,1982年,第287页。

是一种思维的东西,但如果仅仅从笛卡尔的角度去理解自我、理解思维,我们非但不能穷尽自我概念的丰富内涵,而且根本无法说明知识与科学何以可能,更谈不上保证知识的普遍必然性和最终确实性。笛卡尔等人仍然停留在对自我的心理过程的描述上,他们并没有进一步追问,感觉、知觉、表象、肯定、否定、意欲这样一些思维活动本身何以可能?

事实上,我们要回答这些思维活动本身何以可能还需要一个逻辑前提,这个逻辑前提就是康德所说的先验自我。先验自我在逻辑上先于经验,先于一切个别的思的活动,同时又贯穿于这些思的活动中,作为它们统一的基础并且决定它们的意义。所以,先验自我是一种决定的自我或规定的自我。对这种自我,我们所能认识到的仅仅是"我思",我们只知道它是一种逻辑功能,是一种普遍形式,是所有直观和思维活动得以可能的基本前提。至于这个先验的自我本身是什么样子,我们既没有必要过问也无法过问,因为这个自我本身是无限的东西,它不是有限的经验对象,不是感性直观和知性范畴,而是它们的先天条件,因而我们也无法用那些有限的东西来规定它、说明它。

与先验自我相比,经验自我不过是被决定的东西,因而又可称为被决定的自我,我们之所以说它是被决定的自我,是因为它的活动需要先验自我给它以统一。经验自我是在认识活动中通过心理学反思而被发现的现存对象。经验自我是以先验自我为条件的,前者只有在后者的基础上才能有所表象并且认识自己。与先验自我不同的是,经验自我必须有感性直观材料,它本身就是经验的对象。离开外在的和内在的经验,我们无法理解经验的自我,而经验自我的自我性显现在现象的统一性中,经验自我也包含各种内感觉和具体的心理过程,作为可经验的实际存在必定有时空特性,并且成为实证科学特别是心理学的对象。所以,经验自我又被称为心理学的自我,与此相反,先验自我只是一种先验的形式功能,是超时空的东西,因而用来描述感性直观的东西对它都不适用,即便是我们归之于内感觉的东西也不适用于它。从这一点上看,笛卡尔的"我思"还是一种经验的自我意识,是像感性直观材料那样生灭不已的东西。

然而,我们切不要因为区分了先验自我与经验自我而误以为人心中有两种独立存在的自我。事实上,它们属于同一过程的两个层次或两个方面。先验自我是一切认识的最高条件,虽然它在逻辑上是在先的,但它并不能游离于经验活动的自我之外,因为先验自我是常存于个别的意识活动中的普遍形式和综合能力,而形式离开了具体内容也无所谓形式,能力脱离了表现能力的机会将变得毫无意义,况且,先验自我是作为普遍的认识形式而"附着于"经验认识的,并通过它们来显现自己、印证自己,否则,先验自我就是一个空无内容的虚无。

至此,我们对先验自我与经验自我各自的特点及其相互关系有了基本的了解。通过这种了解,我们看到康德认识自我的根本动机仍然是要解决笛卡尔早就提出的问题,即知识的最终确实性如何可能的问题。与笛卡尔不同的是,康德认识到,个别的经验的"我思"并不足以解决知识的最终确实性问题,相反,只有求助适用于一切经验认识的普遍必然的形式,知识的最终确实性才有着落。不过,对自我作先验的理解并非康德哲学的最高目的。只有把握了道德人格意义上的自我,一切自我意识才有依归之处。

胡塞尔接受了康德对先验自我与经验自我的区分,并出于现象学的需要对康德的主体性理论进行了全面的改造,正是在这种意义上说,康德是笛卡尔与胡塞尔的中间环节。尽管胡塞尔批评康德从来没有进入笛卡尔研究的最深处,尽管胡塞尔指斥康德的主体性哲学缺乏彻底性,但他通过康德的先验哲学了解到,一切认识论问题只有在透彻地理解作为最初源泉起作用的主体时才可能得到解决,在下一节中我们将会看到,胡塞尔的先验自我学说受到康德的明显影响。

第四节 先验自我的确立

笛卡尔通过向自我的回归展示了哲学研究的全新方式,其新颖之处在于,他试图到主体性中去寻找哲学乃至全部知识的最终根据。不管笛卡尔的自我概念中蕴含着多少矛盾、混乱和错误,不管笛卡尔的后继者们在多大程度上偏离了笛卡尔所指引的方向,回到自我的新的动机始终都是近代哲学的基调并且日益显示出它的内在力量。

笛卡尔所提出的自我实体概念被休谟所消解,康德则在休谟的启发下对自我进行功能化的理解,胡塞尔看到了康德哲学的先验动机并试图克服康德哲学的不彻底性。尽管胡塞尔接受了康德的先验自我概念,但他认为康德所说的先验自我仍是十分空洞的东西,因为康德不仅对先验自我采取不可知论的消极态度,而且常常是用超验的东西来解释先验的东西。康德一方面批评公理主义,另一方面又在不自觉地贯彻公理主义的基本原则。当他说自我是自在之物时,他并没有将笛卡尔的主体性原则贯彻到底。

胡塞尔通过现象学的还原发现了先验的自我性领域。随着这一领域的发现,胡塞尔建立了先验的主体性原则以及与之相关的先验的现象世界。这个世界不是外在于自我的自在的世界,否则我们就会重新回到早已被悬置起来的自然主义立场上去,这个现象世界也不完全等同于康德的现象世界,因为康德的"现象世界"背后总少不了自在之物,而胡塞尔并不承认现象与自在之物的区分,相反,他认为这种区分也是应予悬置的东西。在现象学家眼里,唯一剩下的就是纯粹意识和作为纯粹意识相关物的为我的世界。为使我们始终站在现象学的领域里进行工作,胡塞尔主张一刻也不能放弃先验的立场和现象学的还原。

然而,先验现象学之所以可能,不仅是因为它始终坚持了现象学的还原,而且因为它最清楚地把自己理解为作为最初源泉起作用的主体,这个主体获得了"我自己"(Ich-selbst)这样的称呼,它包括我的实际的和可能的认识生活。一切先验的问题首先都围绕自我的关系而旋转,其次要围绕我的意识生活与世界的关系而旋转。这里所说的世界不是指外在客观世界,而是指内在于我的经验世界,是指我所意识的世界,这个世界的真实存在是通过我自己的认识结构而被认识的存在。这样,自我的体认和反思在很大程度也就成了对内在于我的经验世界的认识。我与我的世界不可分割,我与世界的同一规定了我自身的同一,唯其如此,先验的经验世界的结构问题,也就可以转化为先验自我的基本结构问题,对经验世界的描述也就可以转化成对先验自我及其认识结构的描述。

那么,对先验自我的描述究竟如何进行呢?先验自我作为先验的主体性究竟有哪些基本特征呢?

总括起来,先验自我具有先验性、意向性、单子性、生成性和同一性这样一些基本特征。正是这些特征把胡塞尔的"自我"与笛卡尔的"自我"区分开来,也正是这些特征规定了先验现象学的内容和方向。为方便起见,我将在以下的篇幅里对这些特征分别进行讨论,不过,必须记住的是,这些特征本质上不可分割地交织在一起。

一、自我的先验性

这里所说的先验性是指自我不再是笛卡尔意义上的封闭的实体,而是一切认识的无可置疑的最后根源和绝对基础;先验自我的存在先于现象世界的存在并且构造现象世界;先验自我不是万物中的一物,相反,它要在先验的领域中给万物赋予意义。不过,这里所说的万物不是指实在之物,而是指现象之物。因为经过现象学还原,那些实在之物已经退出了我们的视野,不再成为我们的题材。胡塞尔提出的口号"回到事物本身"(Zurück zu den Sachen selbst)实质上就是指回到现象,回到"在直接经验中间意识呈现出来的东西",而不是指回到现实的个别事物。

根据胡塞尔本人的解释,他在最宽泛的意义上使用"先验的"这个词,来表示一种原初的动机,这是一种经笛卡尔而给近代一切哲学赋予意义的动机,这是一种使所有哲学都回到自身的动机;这是寻求获得真正的和纯粹的任务形式和它的系统发展的动机;这是一种追求一切知识形成的最终源泉的动机;这是一种认知者对自身进行反省,对自己的认知生活进行反省的动机,当这种动机被彻底地发挥出来时,自我也就自然被看作普遍哲学得以确立的最终根据。然而,仅凭这一点还不足以说明自我的先验性的意义。

首先,自我的先验性表现在,纯粹自我及其诸思维活动的存在作为本质上在先的存在而先于这个世界上的自然存在,自然的存在则是这样一个领域,它的存在地位是第二性的,它不断以先验存在的领域为前提。对胡塞尔来说,这里的"自然存在"仍是指意识领域中的存在或现象性的存在,说纯粹自我先于它并不是指在时间上先于它,而仅仅是指在认识的顺序上,在确实性和明证性的程度上先于它。不管个别事物是否存在,我可以确实无疑地意识到我自身的意识生活的存在。离开了意识生活,客观世界当然可以存在,但它无法向我显现。既然我们现在是在意识领域里谈问题,我们当然可以说没有自我就没有现象、没有先验的经验领域。从这种意义上说,自我是现象界的根据,是现实的和可能的经验领域的轴心。

其次,自我的先验性表现在,整个客观意义的世界是在自我中,在我的纯粹意识生活中并通过这种意识生活为我而存在。简言之,自我是一切意义的赋予者:"属于世界的一切东西,任何时空的存在物,都为我而存在——也就是说,为我所接受——在此,我经验它、感知它、记忆它、思考它、判断它、评价它、欲求它,等等。众所周知,笛卡尔用'我思'这一名称来表示所有这些活动。"[①]对我来说,世界正是在这种我思中为我而存在并且为我所接受,也正是在这种我思中,它获得了它的全部意义和存在价值。脱离了我思,我的科学研究,我的安身立命的活动都不可能进行。而我则通过我的生活、经验、思维、评价和行为进入从我这里获得意义和存在价值的世界。这是人所特有的世界。只要我把目光转向对这个世界的意识,我就可以把握我的纯粹自我及其意识之流。胡塞尔把自我的这种纯粹性称为"先验的纯粹性",正因为自我给世界赋予意义并时时处处作为这种意义的前提而出现,"它就被合法地称为现象学意义上的先验自我"。

[①] Edmund Husserl, *Cartesian Meditations: An Introduction to Phenomenology*, trans. by Dorion Cairns, The Hague: Martinus Nijhoff, 1960, p.21.

再次,自我的先验性表现在,它是一切知识的先验根据。对我来说,自我的存在在认识的顺序上先于一切客观的存在,或者说,它是一切客观认识得以发生的潜在基础。我们可以设想不以客观世界为对象的认识,比如,我们可以"切己自反",体认自我从而形成自我认识。但是,我们不能设想无自我的知识,因为没有自我主体的存在,一切知识都是不可思议的。从这种意义上说,自我的存在在形成知识的过程中具有决定性作用。所以,胡塞尔说,我们并不打算抛弃试图到先验主体性中去寻求一切科学甚至客观世界的存在的最深刻根据这一笛卡尔的伟大思想,如果我们抛弃了那种思想,我们就不会遵循笛卡尔的沉思之路。随着笛卡尔对自我的发现,关于知识根据的新观点,即把自我作为先验根据的观点,已被揭示出来,新型的经验领域——先验的经验领域也被揭示出来。虽然自我存在的无可置疑性并不等于先验的经验领域的无可置疑性,但自我存在的明证性可以扩展到各种各样的自我体验,自我的先验生活及其习惯性质正是在这种自我体验中给予的。换言之,"我在"的同一性并不是在先验的自我体验中唯一被给予的无可置疑的东西,自我的无可置疑的普遍结构要扩展到一切自我体验的个别材料中去。在此,自我存在的明证性显然成了其他经验的明证性的源泉,先验的自我体验或自我认识成了其他知识的前提和条件。正因如此,胡塞尔说,先验现象学的研究首先要对先验的自我体验进行批判,然后才谈得上对所有的先验知识进行批判。就此而言,胡塞尔与笛卡尔的思路是一致的。

最后,自我的先验性表现在,它不仅构造自身的对象,构造现象世界,而且要构造客观意义的统一性,并通过这些构造进一步地构造它自身。关于自我的构造功能,我已在上一章"主体的意向性"部分中详细论述过,因为"现象学的构造在我们看来一直是对任何意向对象的构造"①。在此,我们必须了解的是,强调自我的构造性是胡塞尔的先验自我概念不同于笛卡尔自我概念的关键所在。尽管笛卡尔和胡塞

---

① Edmund Husserl, *Cartesian Meditations: An Introduction to Phenomenology*, trans. by Dorion Cairns, The Hague: Martinus Nijhoff, 1960, p. 56.

尔都用理性来规定自我,但前者只是把理性作为一种把握普遍性、必然性的认识能力或认识的一个阶段,后者则强调理性是一切先验主体性的无所不包的本质的必然形式,它的最大功能在于构造知识的客观有效性。从这种意义上说,作为主体的自我是知识的客观有效性的源泉,由于没有一种客观有效性不是在主体性中构造出来的,因而知识的客观内容的不断增长必然要求主体性的构造活动不断从简单走向复杂,主体性本身也由此渐渐变得复杂起来。

二、自我的意向性

意向性是先验自我的基本特征,其他特征都要经过这一特征而起作用。现象学在很大程度上就是关于意识的意向性结构的理论,这一理论的基本立足点就是认为一切意识都是对某物的意识。不管这个"某物"是否实际存在,自我均以特定的方式意指它、涵盖它。这样,自我的基本结构就展现为一种意向性结构。胡塞尔常用"自我—我思—我思对象"(Ego-Cogito-Cogitum)这个一般程式来表示意识的意向性结构,并认为笛卡尔已经接近发现这一结构,因为他指出自我作为我思在自身中拥有自己的"我思对象"。

但笛卡尔并未明确指出意识过程就是意向性过程,也没有指出意向性是与先验的自我不可分割的根本特性,更没有指出对自我的基本结构的分析本质上就是对意向结构的分析。因此,笛卡尔的"自我"必然是缺乏生气的东西。特别需要指出的是,一方面,笛卡尔把自我规定为实体,而实体又被看作"只依赖自身而不依赖他物的东西",这就使得自我成了自我封闭的原子;另一方面,笛卡尔又说自我与思维共始终,思维包括怀疑、肯定、否定、意愿等意识活动,这些活动均有其活动的对象,或者说,每一种思均有其所思。这样,笛卡尔实际上又否认了自我是自身封闭的东西。由此看来,笛卡尔对自我的规定实际上是自相矛盾的。胡塞尔抛弃了笛卡尔对自我的前一种规定,而采纳并发挥了笛卡尔对自我的后一种规定,从而使自我成了一种开放的意识领域。胡塞尔用"意向性"来规定自我有一个根本的意图,这就是强调自我之思与其所思的内容是不可分割的。它具体体现为意向与意向对象的不可分割性、客观意义与主观过程的不可分割性，从这里我们可以清楚地看到，胡塞尔强调思想内容与思想本身的不可分割性，归根到底是为了克服自笛卡尔以来近代哲学所制造的主观性与客观性的分裂。不管这种分裂在现象学的范围内是否真能被克服，我们毕竟看到了这一体现现代哲学基本倾向的新的动机。只要这一动机没有从现代哲学中消失，哲学家的本体论努力永远不会中止。在此，我只想指出，意向性是胡塞尔先验自我的一个基本特征。在下一章中，读者将可以进一步看到笔者对这一特征的更深一层的分析。

三、自我的单子性

为了说明自我是具体的先验规定，胡塞尔借用了莱布尼兹的"单子"概念来表示"自我"。他认为具体的单子性的自我是一个整体，这个整体包括所有现实的和可能的意识活动，因此，对于单子性自我的自我构造的现象学阐述必定包括所有关于构造的一般性问题。从这种意义上说，关于自我的现象学与一般意义上的现象学是同一的。从意向性的角度看，自我只有在意向生活的流动着的多样性中才是具体的。

然而，胡塞尔用"单子"来表示自我还有更深刻的意义。"单子"在莱布尼兹那里是充满活力的独立的精神实体，它没有广延、形状和部分，因而是不可分的、单纯的。胡塞尔尽管不同意把先验自我作为实体，但他认为先验自我就像单子一样单纯，像单子一样不能用形相、因果关系和物理的运动来说明。单子在莱布尼兹那里是自足的、完满的，单子的自然变化服从内在的原则，而丝毫不是由外在的原因所引起。胡塞尔同样认为，先验自我是独立的，不依赖任何外在前提的单一主体性，他不仅不以其他自我的现实性和可能性为前提，而且能自由自决地进行各种活动，如果说他的纯粹性决定了他的单一性，那么，他的单一性实际上规定了他是最具体、最丰富的东西，因而也是最完满的东西，他的存在的自明性是无可置疑的自明性。

在莱布尼兹那里,"单子没有可供事物出入的窗子"[①],但单子是全宇宙的一面永恒的活的镜子。就像一滴水珠能反映太阳的光辉一样,一个单子能反映宇宙全体的面貌。在胡塞尔那里,具有单子特征的先验自我虽然独立于世界并且与客观世界相隔绝,但他并没有丧失这个世界,相反,他在观念中蕴含着世界的奥秘,因为他通过他的意识构造着自己的世界。从这种意义上讲,一个自我就是一个世界,尽管这个世界不过是观念中的世界,但它保留着世界的内容,照映着宇宙的面貌。即使先验自我只能设想他自身,而不能设想他人以及自我与他人的区别,他仍能使我们清楚地看到一切先验自我的共同本质,因为单子性的自我中本来就包含一种先天的普遍性,它是使不同的自我心有灵犀、悠然神会的无所不包的"全景",这也就是胡塞尔经常提到的"移情"(empathy)现象的最终基础。从这一点上看,把先验自我规定为单子已经为主体间性理论的出台准备了条件。

四、自我的生成性

先验自我并不是一切意识活动的静态的现存中心,而是生成着的主体性。就此而论,胡塞尔的自我概念与笛卡尔的自我概念有着重大的差别。在笛卡尔那里,自我是与生俱来的现存实体,他是确定的、一成不变的东西。作为观念,自我是上帝赋予的;作为灵魂,自我甚至是不死的。显而易见,笛卡尔的自我最终仍需要一个超越的东西来保证。由于缺乏发生学的原则,笛卡尔的自我始终不能随着客观经验的发展而活跃起来。笛卡尔没有看到主体性的发展或生成与客观知识的发展是平行的,同步的,他也没有看到客观性的发展可以丰富主体性本身。

胡塞尔把"生成"概念引入了先验主体性的研究并借此建立了发生现象学,从而使主体性研究不再只是一种共时性研究,而且成了一种历时性研究。根据这种研究,先验自我服从普遍生成的规律,具体

---

① 莱布尼兹:《单子论》,见北京大学哲学系外国哲学史教研室编译:《十六—十八世纪西欧各国哲学》,北京:商务印书馆,1975年,第292页。

的主观过程不仅构造它的对象,而且构成自我的普遍生成的统一性。自我在一种"历史"的统一中构造着自身。但自我的构造包含着一切客观性的构造,不管这些构造是内在的还是超越的,是观念的还是现实的。必须补充的是,可以通过自我而实现的构造系统只有在自我生成的过程中才可能存在,因为只有生成着的自我才能构造生成着的客观性,只有丰富的自我才能构造丰富的客观性,只有源源不断地涌动着的意识之流才能构造不断增长的知识王国。静态地看待主体性就像静态地看待客观性一样荒谬。既然现象学认为先验主体性是客观性的源泉,那么,追索主体性的生成史也就是追索客观性的生成史。如果说主体性的生成发展是客观性的生成和发展的前提,那么,随着客观性的复杂化和知识的客观内容的不断增长,主体性也必须相应地发展自己和丰富自己。

通过对意识的意向性结构的主观方面和客观方面的发生学分析,我们可以揭示主观性和客观性的生成规律。客观性是理解主观性的"索引",而对客观性的把握则有助于我们把握主观性。在整个意识生活中,意向行为(noesis)的结构与意向内容(noema)的结构是相互对应的,后者并不是认识内容的一点一滴的累积,而是不断的生成。"既然客观性的全部意义并不包含在人们所意指的具体的个别对象中,而是包括在被意指者的客观'意义'中,那么,谈到客观方面的生成构造也就是谈到本质。"①客观意义具有观念的性质,它只有通过构造才可能产生,因为观念的统一性并不是现成的,它具有意向性的根源,这个根源能使客观意义成为一种有序的系列。

从主观的方面看,主体性在构造客观性时也构造着自身,但这种构造毕竟不等于客观性的构造,否则,我们根本就没有必要进行自我反思和自我认识,先验主体性的构造总是具体的,它与意识的具体统一不可分割。这种不可分割性首先表现为主体与它的行为不可分割,其次表现为主体与其行为的相关物不可分割。因此,客观性只有相对

---

① Quentin Lauer, *The Triumph of Subjectivity: An Introduction to Transcendental Phenomenology*, New York: Fordham University Press, 1978, p.105.

于主体而言才是客观性,它们只有与主体相关才被构造出来。而主体之所以成为主体,就在于他要通过构造来拥有自己的对象,他只有在构造对象时才成为主体,他只有通过与对象相关才能呈现给意识。在此,意识的流动秩序与它对客观性的构造秩序是一致的。客观的构造是主体的"生活"本身,而主体正是在这种生活中并通过这种生活而被构造为主体。

通过这种方式而被构造出来的主体并不是意向关系的客观化,也不是笛卡尔所说的实体,而是与流动着的意识生活相同一的自我,是通过各种经验而展现出来的自我,因而是有着丰富的具体内容的自我。在"第四沉思"中,胡塞尔把主体性的生成分为能动的生成和被动的生成。所谓能动的生成是指主体通过构造客观性的活动而把自身展现为一个过程;所谓被动的生成就是让各种综合形式自发地进入意识,从而使主体性形成了一种习惯性(habitualitaten)。不过,被动的生成只是相对于能动地把握对象的行为而言的。联想(association)是被动生成的基本原则,依靠这种原则,主体可以展开它的综合活动。不问是能动的生成还是被动的生成都有一个共同特点,即主体性在生成的每一个阶段上都必须服从支配整个生成过程的一般规律。

总之,主体性在生成过程中蕴涵着一切客观性的可能性,同时也必须依赖对客观性的构造来显示自身。正因为这一点,先验自我既同一又不同一。说他同一,是因为他在时间的绵延中有着共同的基质;说他不同一,是因为他通过构造客观性而不断获得新的内容。

五、自我的同一性

像笛卡尔一样,胡塞尔认为自我是同一的,不过先验自我的同一不是僵死的、抽象的同一,而是具体的、生动的同一。在"第四沉思"中胡塞尔宣称自我是主观过程的同一极,但它不仅把自身作为流动着的生命,而且把自身作为主观过程的能动构造者。作为同一极,它包含着各种各样的我思活动并把这些多样性的活动综合成前后相继的系列。我在这种系列中一直是持存着的自我。比如,我可以不断下判断或做决定,我进行判断或决定的行为是短暂的、易逝的,但我并不随这些个别行为的停止而消失,相反,自我是它们的基质。从总体上看,没有判断、决定、意愿等经验活动,自我当然不成其为自我。尽管我的经验是相对持续的并有自身的改变方式,但自我作为贯穿于其中的同一性把自身构造为固定的、持存着的人格。因此,胡塞尔认为我们必须区分具有完整的具体内容的自我和作为同一极的自我、作为习惯的基质的自我。

现在,我们必须追问的是,自我的同一是如何可能的?既然自我并不是笛卡尔意义上的不变的实体,既然自我处于不断的流变之中,自我的同一靠什么来保证,并通过什么体现出来?胡塞尔认为时间是理解自我同一性的关键,因为自我中的一切要通过意向过程,要通过构造的统一性,要通过自我习惯而出现,而所有这一切都有它们的时间性,并且都有属于那种无所不包的时间性的先天形式。

由于这种时间性,每一种可以想象的自我、自我的每一种变形都把自身构造为连续的、统一的形式。所以,胡塞尔说,时间是一切自我生成过程的普遍形式。

然而,不同的人可以对时间作不同的理解,在哲学史上,几乎每一个思考本体论问题的哲学家都不得不思考时间问题,因为时间是理解存在和意识的相互关系的枢纽。在康德之前,人们大多从自然主义的观点出发来理解时间,并且把时间性与因果性联系在一起。当休谟的怀疑论对传统的因果观和时间观进行挑战时,人们都感到惊慌失措,康德看出了休谟的用意,并把时间归为内感觉,从而向解决时间的主观性和客观性的矛盾迈出了第一步[①]。但康德把时间归为内感觉仅仅是肯定了时间的相对性,他无法把时间的相对性和绝对性统一起来,他无法回答作为感性直观形式的时间怎样规定自我本身这种问题。胡塞尔发现,康德从自我本身去寻求时间根源的做法具有一定的合理性,并在此基础上提出了"内在时间"概念。这使他能站在新的起点上

[①] 康德说:"时间是内现象的直接条件,从而便是外现象的间接条件。"见康德:《纯粹理性批判》,蓝公武译,北京:商务印书馆,1982年,第57页。

去解决笛卡尔和其他近代哲学家提出的同一性问题。

我们知道,笛卡尔对自我同一性的理解建立在绝对的时间观的基础上。在他那里,时间是均匀流逝的,这一点保证了自我能在过去、现在和将来的变化中保持不变性或同一性。但是如此理解的同一性不过是僵死的同一性。而且,由于"笛卡尔对时间作了原子主义的解释,这就势必使他相信时间是一点一滴的积累,只要他把时间理解为一点一滴的积累,他就不得不说明时间是分离的,每时每刻都独立存在"①。这无异于宣布持存于时间中的自我是间断的,以后出现的东西根本不必依赖以前的东西。很显然,笛卡尔只能摇摆于时间的间断性与连续性之间,而不能将两者统一起来,因而也不能真正解决自我的同一性问题。

胡塞尔感到,笛卡尔之所以不能解决自我的同一性问题,最根本的原因在于他缺乏内在时间观念,这使得他不得不用宇宙的客观时间来解释自我,从而陷入了心理主义的泥坑。在胡塞尔看来,自我的同一本质上即是时间的同一,但这里所说的时间并不是宇宙的时间,而是内在的时间。由海德格尔编辑并作序的胡塞尔的重要著作《内在时间意识的现象学》对这两种时间作了严格区分。胡塞尔指出,内在时间并不像客观时间那样要以太阳的位置、钟表和任何物理手段来度量,它本身就是意识的存在方式,是意识的流动过程本身。因此,并不是意识存在于时间中,相反,内在时间的绵延即是先验自我的延续性和同一性的表现。如果说宇宙的运动规定着客观的时间,那么,意识之流就规定着内在的时间,胡塞尔甚至说,主体性即时间性本身,时间的流逝总有开端,这个开端被称为现在,而现在源于绝对的主体性②。过去是通过现在而不断伸展,因为过去是通过记忆而与现在相关的。将来则是现在的构造和投射。主体通过现在而进行的预期即是内在

---

① 参见 The Philosophical Works of Descartes, eds. and trans. by E. S. Haldane and G. R. T. Ross, Cambridge: Cambridge University Press, 1969, Vol. 1, p. 168; Vol. 2, p. 14。
② Edmund Husserl, The Phenomenology of Internal Time-Consciousness, trans. by James S. Churchill, The Hague: Martinus Nijhoff, 1964, p. 100.

时间的将来。从这种意义上说,过去是现在的不断沉没,将来是现在的向前推移。过去、现在和将来的延续性乃是意识的不断的流动,并且构成了自我的同一性。

由上可见,对自我同一性的新的理解必然有赖于对时间性的重新认识。胡塞尔通过对内在时间的现象学分析不仅改变了自亚里士多德以来的传统时间观念,而且加深了对主体性的内在构造的理解,特别是加深了对主体同一性的理解,同时也有助于对先验主体性的其他方面的理解,因为主体性的存在与时间性息息相关,自我的延续性与时间的绵延相互规定。胡塞尔的内在时间学说为海德格尔、梅洛-庞蒂和萨特所继承,对当代存在主义给予强有力的推动。尽管他们的学说大大超出了胡塞尔哲学的范围,甚至在很多方面与胡塞尔的愿望背道而驰,但是他们从胡塞尔那里吸收了很多养料,至少接受了许多问题。

第四章　从主体性到主体间性

自笛卡尔开始,近代哲学步入了主体主义的历史阶段。在这一历史阶段中,哲学家们一直致力于自我的反观自照工作,从自我实体概念的产生到先验自我概念的确立均是这一工作的具体成果。令人遗憾的是,不问是自我实体概念还是先验自我概念都仅仅着眼于个别的主体性,而没有突破原子主义的框框,这样,以主体性概念为基础的近代认识论就无法解决不同自我的沟通问题,也无法保证知识的普遍有效性。后期的胡塞尔为克服唯我论的困境提出了主体间性概念,并力图通过对自我的意向性结构的分析重新认识主体与客体的关系。

第一节　从"我思故我在"到"我生即我思"

"我思故我在"是西方哲学中争论最多的命题之一。这一命题蕴含着近代哲学的开端,并在很大程度上推动了现象学运动的发展。在近现代西方哲学中,几乎每个探讨主体性问题的哲学家都或多或少地对这个问题发表过意见。这从一个侧面反映了这一命题的复杂性,同时也体现了它与主体性问题的深刻联系。

一、"我思故我在"是一个推论吗?

在我国学术界有一种观点认为,"我思故我在"是一个推论。其理由是,"我思故我在"是从思维推出存在。

从表面上看,"我思故我在"似乎是个推论,因为笛卡尔在"我思"

(Cogito)与"我在"(Sum)之间用了"所以"(ergo)一词。而且,在有些地方,笛卡尔也常常喜欢用推理形式来谈论"我存在"。例如,在《致Colvius 的信》中,他说:"从一个人在怀疑这一事实推出这个人存在,这本质上是十分清楚明白的事情。"①在《方法谈》中,笛卡尔也说:"从我在想着怀疑他物的真理性这一事实可以非常清楚、非常确实地推出'我存在'。"②于是,许多人据此断定笛卡尔的"我在"是从"我思"中推论出来的,并认为,"我思故我在"是一个推论。

"我思故我在"真是一个推论吗?还是让我们来看看笛卡尔本人对这个问题的回答。在《对诘难的第二个答复》中,笛卡尔明确指出:

> 当我们注意到我们是思维的东西时(这是首要的概念),我们不是从三段论中把它推论出来的,因为当有人说"我思维,所以有我或我存在"时,他并不是通过三段论从思维中演绎出存在的,而是把它看成对心灵的简单直觉,就好像它是一个本来已知的东西。显而易见,它是基于这样一个事实:如果他是通过三段论把它演绎出来的,那么,他就必须事先知道"凡思维的东西都存在"这样一个大前提。然而,他是从自身的经验中了解到他思维而不存在是不可能的。③

当然,笛卡尔在这段话中已经否认了"我思故我在"需要一个大前提,否认了"我思故我在"是"所有 S 都是 P,M 是 S,所以 M 是 P"这种形式的推论。诚如费尔巴哈所说:"'我思故我在'这个命题不是推论,因为推论要求一个 Terminus(中项),即把大前提联起来的第三者,中间者……但是,在本质和存在之间没有第三者;它们是通过自身同一

---

① *Oeuvres de Descartes*, Tome 3, Publiée par C. Adam & P. Tannery, Paris: J. Vrin, 1964, p. 248.
② *The Philosophical Works of Descartes*, Vol. 1, eds. and trans. by E. S. Haldane and G. R. T. Ross, Cambridge: Cambridge University Press, 1969, p. 101.
③ *Oeuvres de Descartes*, Tome 7, Publiée par C. Adam & P. Tannery, Paris: J. Vrin, 1964, p. 140.

的,即直接同一的。"①

当然,说"我思故我在"不是三段论,并不等于说它不是其他形式的推论。比如,它有可能是直接推论。但我们不能仅从表面上看问题,在这里,推论并不单纯是个逻辑形式问题,它与笛卡尔哲学的思想内容不可分割。

从笛卡尔的思想体系看,"我思故我在"是否是其他形式的推论呢?从上述引证的那段文字中,可以发现这种可能性是不存在的,因为笛卡尔把它看成本来已知的东西,看成心灵简单直观的结果。笛卡尔认为,"他存在,他思维"这类命题是通过直观而不是通过推理提出来的。所谓直观,并不是逻辑推理,而是心灵对对象的直接认识,在一瞬间完整地把握一个对象。凡是被直观把握的东西都是最简单、最确实的东西,同时也是最清楚明白的东西。它不需要别的东西给它提供证明,因为它提供的仅仅是关于存在的不证自明的知识,它自身即是自身的证明和依据。

在《哲学原理》中,笛卡尔甚至认为"我思故我在"表达了一种永恒真理,具有严格的必然性,而有严格必然性的真理是不能靠推论得出来的。推论本身不能保证真理的必然性和普遍性,正确的推理充其量不过是保证推理过程不犯错误,而不能保证推论的结果一定正确。

说"我思故我在"中有一个前提,实际上否认了它是笛卡尔哲学的第一原理。按照笛卡尔的观点,第一原理本身是没有前提的。在《方法谈》中,笛卡尔指出:"'我思故我在'这条真理这样真实可靠,以至怀疑派的任何一种最狂妄的假设都不能动摇它,于是我立即断定,我可以毫不犹豫地接受它,把它作为我所研求的哲学的第一原理。"②笛卡尔说,作为首要的最确实的知识的第一原理必然满足两个基本要求:第一,必须是清楚明白的无可怀疑的真理;第二,必须是没有前提的,

---

① 《费尔巴哈哲学史著作选》第1卷,涂纪亮译,北京:商务印书馆,1978年,第174—175页。
② *The Philosophical Works of Descartes*, Vol. 1, eds. and trans. by E. S. Haldane and G. R. T. Ross, Cambridge: Cambridge University Press, 1969, p. 101.

它不依赖其他知识,其他知识则完全依赖它,以至于我们可以离开其他知识单独理解这个原理,而离开了这个原理我们则无从理解其他知识。这两个条件相辅相成,缺一不可。既然"我思故我在"是笛卡尔哲学的第一原理,那么,它必然是没有前提的前提,必须是其他知识赖以产生的基础和根据。说"我思故我在"有一个前提,显然不符合作为第一原理的第二个要求。

再者,说"我思故我在"是一个命题,同时又是一个推论,那是自相矛盾的。既是命题,它就不可能同时也是推论;既是公理,它就不是靠推论得出来的,它必须不证自明,否则就不成其为公理。

由上可见,"我思故我在"既然不是推论,也就不能说笛卡尔是从思维推出存在。

二、"我思故我在"的基本内涵

"我思故我在"是一个简单明了的命题,但包含着深刻的思想内容,那么,究竟如何理解"我思故我在"的命题呢?"我思"与"我在"是什么关系呢?

首先,应该了解。这一命题是笛卡尔十余年苦苦思索的结果。1628年,他在写他的第一部哲学著作《指导心灵的规则》时,仅仅提出了"他思想""他存在"的命题,而且,把"他存在"放在"他思想"之前,中间未加任何联结词。时隔九年,当《方法谈》问世时,这两个用第三人称表示的独立命题才改成"我思故我在"这个命题。笛卡尔为了突出主体的地位,强调自我的能动性,把"他"改为"我",把"我思"放在"我在"之前。

同时,在形成这一命题的过程中,笛卡尔明显受到了奥古斯丁的影响。在《上帝之城》第11卷第26章里,奥古斯丁提出了"如果我受骗,那么我存在"(si fallor ergo sum)的命题。从形式上看,这一命题与笛卡尔的"我思故我在"(Cogito ergo sum)极为相似。笛卡尔曾用我怀疑、我受骗这类事实来说明我存在,这在奥古斯丁的《论自由意志》中同样可以找到。笛卡尔直言不讳地承认:"我非常高兴地发现自己与奥古斯丁相一致",因为奥古斯丁也认为,"在我们身上有某种类似三位一体的东西,即我们存在,我们知道我们存在,我们爱这个存在和我们所有的知识"①。笛卡尔还承认,他之所以提出这个命题,并不是为了效仿奥古斯丁以人的智慧来论证神的智慧,而是为了重新确立理性的地位,高扬思想的能动性,表明思维与存在的同一,揭示我思维与我存在之间的直接联系。黑格尔认为,Cogito(我思)与 Sum(我在)之间的 ergo(所以)一词就是在这种意义上使用的。用黑格尔本人的话说:"这里的'所以'不是推论的'所以',这只是思维与存在之间的直接联系。"②

早在《指导心灵的规则》中,笛卡尔就指出,在自我中思维与存在之间存在着直接的联系,只不过在日常生活中那些缺乏反省的人往往不会意识到这种联系,他们注意的要么是产生者与被产生者之间的联系,要么是外在的因果关系。但是,"我思故我在"中的思维与存在的关系恰恰不能理解为产生者与被产生者之间的关系。如果说在"我思故我在"里思维产生出存在(我),那实际上是说有一个不存在的产生者。思维只是一种活动,活动必有主体;思维只是属性,属性必有依托。没有主体,没有依托,思维是不可能存在的。因此,说没有依托的思维会产生出存在(我),实质上是说不存在的东西会产生出存在③。

"我思故我在"中的思维与存在的关系应当理解为双向的因果关系。也就是说,"我思"是"我在"的原因,反过来"我在"也是"我思"的原因。但对笛卡尔所说的后一方面,人们是忽视的。实际上,笛卡尔至少有两处提到我不存在就不可能思想。例如,笛卡尔在《方法谈》中说:"我发现在'我思故我在'这个命题里并没有别的东西使我确信我说的是真理,而是我非常清楚地见到,必须存在才能思想。"④在《哲学

---

① *Oeuvres de Descartes*, Tome 3, Publiée par C. Adam & P. Tannery, Paris: J. Vrin, 1964, p. 248.
② 黑格尔:《哲学史讲演录》第 4 卷,贺麟、王太庆译,北京:商务印书馆,1978 年,第 71 页。
③ René Descartes, *Principles of Philosophy*, trans. by Valentine Rodger Miller and Reese P. Miller, Dordrecht: D. Reidel Publishing Company, 1982, pp. 6 – 7.
④ *The Philosophical Works of Descartes*, Vol. 1, eds. and trans. by E. S. Haldane and G. R. T. Ross, Cambridge: Cambridge University Press, 1969, p. 102.

原理》中笛卡尔还宣称"不存在就不可能思想"是一个真理①。由此可见,笛卡尔并未把思想看作游离存在的东西或主张思维先于存在。所以,我思维与存在之间并不存在时间的先后关系,也不存在逻辑的先后关系,两者在时间和逻辑上都是同在的。

对我思维与我存在之间的这种同一性,笛卡尔在不少地方都曾做过论述。在《形而上学的沉思》中笛卡尔写道:"我思想多久我就存在多久……如果我完全停止思想,我也就完全停止存在。"②在《真理的探求》中也有类似的说法:"只有思想具有这样的特性,我不能把它与我相分离。……如果我一旦停止了思想,我同时也可能停止存在。"③因此,按照笛卡尔的观点,我们可以得出这样的结论:我思维与我存在是直接同一的。关于这一点,黑格尔和费尔巴哈都作过详细说明。黑格尔认为,在"我思故我在"里,"作为主体的思维就是思维者,这就是'我'","存在只是与纯粹的思维同一,不管内容如何;我就等于思维"④。费尔巴哈也指出,"不可能设想我的思维与存在之间存在着区别;我的思维就是我的存在,两者是完全同一的"⑤。一方面,我必须存在才能思维,我的存在离不开思维。因为我不仅通过思维发现了我,而且通过这种发现我证实了我在思维。如果说我存在是因为我思维,那么,我思维同样是因为我存在。因此,我就是活生生的我思过程本身,而不应当把"我在"看作"我思"过程的结果。另一方面,我思维着我就存在着,我停止了思维我就不再存在。如果我存在却不思维,我就不成其为我,而与动物无异。我和动物的最大区别就在于我是思维的东西,在于我能意识到自己的思想和行动。因此,我是以思维为本质的东西,思维就是我的生命。笛卡尔说,"我思故我在"中的"我"是

---

① René Descartes, *Principles of Philosophy*, trans. by Valentine Rodger Miller and Reese P. Miller, Dordrecht: D. Reidel Publishing Company, 1982, pp. 6-7.
② *The philosophical Works of Descartes*, Vol. 1, eds. and trans. by E. S. Haldane and G. R. T. Ross, Cambridge: Cambridge University Press, 1969, p. 102.
③ 同上书,第151页。
④ 黑格尔:《哲学史讲演录》第4卷,贺麟、王太庆译,北京:商务印书馆,1978年,第72页。
⑤ 《费尔巴哈哲学史著作选》第1卷,涂纪亮译,北京:商务印书馆,1978年,第170页。

一个思维的实体,这里所说的"思"不仅指理性思考,而且包括感觉、记忆、想象、意志、情感等心理活动。正是通过这些心理活动,我获得了我的现实性,我也正是在这种现实性中展开我的思维。比如,在怀疑中——在笛卡尔看来即是在思维中——我否定了外部世界以及肉体的实在性。然而这种否定正好是对自身存在的肯定,是自身存在的确证,因为只要我在怀疑,就说明我是存在的。

正因如此,笛卡尔认为,我的非思想性的行为,如"我呼吸""我走路"都不能成为我存在的证据,因为我是不同于肉体的东西,呼吸、走路都不过是动物也具有的肉体的活动,它们是不确实的,因而不能成为我存在的标志。"我必须先意识到我在呼吸,这就是说,思维在这里仍然比呼吸更基本,因为我的思维不能成为我思维的内容。在这种意义上,说'我呼吸,所以我存在'不过是说'我思维所以我存在'。"①

由上看来,我思维与我存在的确是直接同一的:思之在在于在之思,在之思证明了思之在。在并非思的逻辑演绎,而是思之体现;思并非在的某一属性,而是在之本质,在之确证,以致是在之大全或在本身。就这样,笛卡尔自以为保证了我思的绝对确实性,从而为哲学找到了一个新的可靠的基地。然而,事实可能正如海德格尔指出的那样,笛卡尔仅仅通过"思"并未将"我"这个能思之物规定清楚,或者说,"我在"的存在意义仍然没有被揭示出来。仅从这一点出发,我们就不难发现"我思故我在"这一命题在现象学运动中的命运。

三、"我生即我思"

像其他哲学家一样,胡塞尔从自己的现象学立场出发对笛卡尔的"我思故我在"的命题进行了批判改造。这种批判改造不仅意味着对主体性的重新认识,特别是对主体的意识和自我意识的关系的重新认识,而且意味着对思维与存在的关系的重新认识。胡塞尔之所以不止

---

① *Oeuvres de Descartes*,Tome 2,Publiée par C. Adam & P. Tannery,Paris: J. Vrin,1964,p. 97.

一次地把自己的学说称为新笛卡尔主义,在很大程度上是因为它是在改造笛卡尔的"我思"的基础上发展起来的。因此,与"我思"密切相关,同时又作为笛卡尔第一原理的"我思故我在"这一命题,自然成了胡塞尔关注的热点之一。

在《观念Ⅰ》中,胡塞尔把"我思故我在"改为"我生即我思"(Ich lebe: cogito)[①],这一意味深长的改变充分反映了胡塞尔与笛卡尔的分歧。如果把它与胡塞尔的基本思想联系起来考察,我们就不难找到这种分歧的根源。现象学无疑承认笛卡尔的这样一种观点:我在和思维者在是无可置疑的存在基础;我怀疑必须以我在为前提;我是绝对内在的第一领域。虽然笛卡尔还没有达到先验自我概念,但他的思想逻辑已经预示着:只有我对先验自我的经验是无可置疑的,先验主体性的存在才可能成为无可置疑的判断的根据和基础,只有那时才会产生由无可置疑的知识所构成的科学体系,也只有那时才会有哲学的前途。然而,"我思"对笛卡尔意味着什么呢?它无非表明"我"是作为一个思维着的实体"在那里",我怎样在那里呢?我在那里怀疑、肯定、否定、判断、评价、欲求,等等。这些活动当然不是同时发生的,但都是同质的,因为它们都源于同一实体,是同一实体之"功用",并能用"我思"来表示。因此,从"我在"能知"我思"。

反过来说,从我思能否知我在呢?为回答这个问题,先让我们分别对"我在"和"我思"的含义及其关系作一番说明。

胡塞尔肯定了先验自我之在无条件地涵盖了先验自我之思,这里的思不单单是现实的思,而且包括任何可能的思或潜在的思。在先验的自我经验中,自我可以为他本身所把握,但他只提供了一种可以经验到的活生生的现在。对胡塞尔来说,"'我在'这个句子的语法含义就表达了这种活生生的现在"[②]。它包括严格的非经验的东西,包括自我的过去、自我的先验能力和特殊的习惯。因此,胡塞尔对"我在"的

---

① Edmund Husserl, *Ideen zu einer reinen Phänomenologie und phänomenologischen Philosophie*, Tübingen: Niemeyer, 1980, p. 85.

② Edmund Husserl, *Cartesian Meditations*, *An Introduction to Phenomenology*, trans. by Dorion Cairns, The Hague: Martinus Nijhoff, 1960, pp. 22-23.

理解与笛卡尔对"我在"的理解迥然不同。

像笛卡尔一样,胡塞尔认为自我并不是作为一个肉身、并不是作为一个物质性的东西而存在的。但是,笛卡尔的"我在"最终没有摆脱与物质世界之在的纠葛,这一点首先表现在自我与物质具有相同的存在方式,即它们都是作为实体而在,并且从属于最高的实体——上帝。当笛卡尔把自我作为思维着的实体或作为与自然物并列的心灵时,他仍是以自然主义的方式来对待自我;当笛卡尔把自我看成了按因果性原则进行推理的起点时,他同样将自我之在自然化了;当笛卡尔断言自我通过松果腺而与肉体相互作用时,他仍然是把自我作为世界的一个片断,作为一种偶然的事实,而不是作为绝对的存在;当笛卡尔以客观的时间观念来解释自我的同一性时,他仍然没有超越感性直观的范围,仍然没有超越一般心理学的考察方式。胡塞尔甚至断言,作为笛卡尔的哲学基础的最初几个沉思"只是心理学的一部分。因为他"用心灵的自我取代绝对的自我,用心理学的内在性取代自我学的内在性(die egologische Immanenze),用心理'内在的'或'自然知觉的'自明性取代自我学的自我知觉"①。在回到自我之后,尽管笛卡尔也提出过"我是什么"的问题,但他把自我要么理解为灵魂,要么理解为心灵,要么理解为理智,而灵魂、心灵或理智都是与传统心理主义密切相关的,应予悬置的概念,它们都在不同程度上起源于自然科学家或心理学家或物理学家事先给定的、以自然界为基础的观察事物的方式。在笛卡尔那里,自我是一个简单的思维之物,虽然笛卡尔将它排除在怀疑之外,并特别给它赋予了理性的意义,但他所说的理性的自我意识实质上与心理学所说的自我反省没有多大差别。

从现象学的立场上看,由于笛卡尔缺乏"构造"概念,他的"自我"与世界的关系始终是机械的相互作用关系,这使得他的"自我"始终与世界处于对峙状态,从而导致了笛卡尔难以克服的二元论,这也使得

---

① Edmund Husserl, *The Crisis of European Sciences and Transcendental Phenomenology: An Introduction to Phenomenological Philosophy*, trans. by David Carr, Evanston: Northwestern University Press, 1970, p. 81.

"如何以自我意识的无可置疑性来保证外部世界的无可置疑性"的问题成了地地道道的悖论。由于笛卡尔缺乏"内在时间"概念,他就不得不用"客观的时间"或"宇宙的时间"来描述那个刚刚发现的自我。虽然笛卡尔正确地看到,没有时间规定的自我是不可思议的,但他不了解作为自我本身的活动的内在时间。由于笛卡尔缺乏明确的"意向性"概念,他对自我的理解还相当素朴和模糊。尽管他正确地指出每一种思均有其所思(cogitum),但他没有真正理解思与所思的关系,也没有理解自我本身即是一种意向性结构,更没有理解"所思"中的客观意义如何显现并与现象世界相切合。由于笛卡尔缺乏"先验"与"超越"这两个概念,他在确立自我的存在地位时,常常把超越的存在领域误认作先验的存在领域,从而不合法地从自我推出超越的存在。由于笛卡尔缺乏彻底的悬置与还原,他没有达到先验的自我,他的全部形而上学在胡塞尔看来实际上已经半途而废。虽然笛卡尔把自我作为一切思维活动的总体,但他的"自我"不过是自然统觉的产物,它没有从根本上摆脱一般人性的纠缠,没有对自我采取先验的态度,结果,自我的存在只是一种自然存在,自我之思并非纯思,而是各种因素的大杂烩。

与此相反,胡塞尔严格区分了心理学的自我与先验的自我,并且特别强调自我及其生活并不是世界的一部分,自我也不是孤立地加以考察的心灵,不是以自然的方式来感知的个别事实或自然事件,不是通常意义上的实证科学(如生物学、人类学、心理学)的对象。如果我说"我存在,我思想",那并不表明我这个人存在,甚至不表示我的灵魂或理智存在,因为那些说法都还带有自然主义色彩。照胡塞尔的解释,当我说"我存在"时,我完全是处在一种思想的关系中,在这里,"在"被思想化了、意识化了,在与思的关系并不是物与思的关系,而是思所构造的意义与思自身的关系。所以"在"在"思"中实际上就是指"思"在自身中。这样一来,我也就是纯思或绝对的思,是意识的活生生的流程,是一条奔腾不息的赫拉克利特的河流。正因如此,胡塞尔经常称"我"是活的经验,或者说"我"是"意识之流",是纯粹的"精神过程"。从这种意义上说,历史上的哲学家对"我在"的解释都是常识性的解释,是缺乏洞察力的浅薄的解释,因为那些解释根本就没有从自然的思维态度进展到哲学的思维态度。

对"我在"采取哲学的思维态度意味着什么呢?对胡塞尔来说,这除了摒弃"我作为实体而在"这一历史的成见之外,还意味着我生活在经验里,或者说我过着纯思的生活。胡塞尔之所以把"我思故我在"改为"我生即我思",一个根本性的原因就是,他想强调"我在"本身即意味着我过着思想的生活,我活在思中,思活在我中;说"我因思想而活着"比说"我在"更为纯粹、更为根本、更符合回到"绝对的开始"这一现象学的要求。现象学的精要就是,自我的生活就是纯思,一切都要统一到纯思的基础上来;只要我活着我就不能不思,因此,思并不是外在于我的东西,而是与我同在的内在性,是我的生命本身。"我生即我思"这一命题集中体现了胡塞尔的这些思想。

胡塞尔用"我生即我思"来代替"我思故我在"的一个原因是,在"我思故我在"中,"故"这个词会导致人们对"自我"的自然主义曲解,因为"故"容易使人把"我思"作为"我在"的原因,或把"我在"看成是从"我思"中推论出来的。从现象学的立场上看,适合于自然界的那种因果律不能运用于纯思的领域,否则就会重新陷入心理主义并且导致对自我的歪曲。此外,"我在"根本不是从"我思"中推论而来,而是自我进行先验反思的结果,是纯粹直观的结果。胡塞尔反复申明,直观是不能推论或论证的,它本身可以为推论提供前提,但它自己不需要前提。因此,用"故"(ergo)来联结"我思"与"我在"本身就不合法,因为这样做既与心理主义相通,又与直观的要求相矛盾。就此而言,"Ich lebe: cogito"严格说来不应译作"我生故我思",因为在胡塞尔眼里,"我生"与"我思"之间不存在"故"的关系,即使从字面上看,cogito 也只是对 Ich lebe 的进一步说明和解释。

当然,胡塞尔用"我生即我思"来代替"我思故我在",还有一个不可忽视的原因,这就是从"我思"无法推知我在。康德早就指出,笛卡尔的"我思故我在"是个荒谬命题,如果硬要说它是一个推理,它肯定犯了四名词的错误。笛卡尔的错误在于混淆了逻辑主体和非实在的主体、自我的形式同一性与内容的同一性①。胡塞尔基本同意康德的分析，但他采取了新的角度，他认为，"我思"与"我在"是属于两个层次的问题，"我思"属于前反思的层次，而"我在"属于反思的层次。"我思"意向地直指现象界，而不直接指向自身，也就是说，在进行先验反思之前，"我思"仅仅思其所思，这个所思是思的相关物，它是由思直接构造出来的并与思不可分割。而"我在"是思我的成果，是反思的成果，是对"我思"进行再思的成果。笛卡尔的错误就在于他把"我思"与"我在"放在同一层次上，在于把思与反思等同起来，把我思与思我等同起来。用近代哲学的语言说，笛卡尔的错误根源在于他把意识与自我意识看成一回事，把只有通过自我意识才能发现的东西（我在）与通过意识发现的东西混为一谈。实际上正如莱布尼兹早就指出过的，当我意识到一个东西时我并不能同时意识到这种意识本身，否则，我就会陷入无穷的倒退中，也就是说，我就会陷于对意识的意识的意识……②在胡塞尔眼里，自我意识并不与意识同时发生，思我并不与我思同时发生。思是反思的前提，但不必然引起反思。自我意识无论是在时间上还是在逻辑上都是在意识之后发生的。"我在"是通过反思而确认的，而不是从"我思"推知的。

总之，我思与我在在胡塞尔看来并不是等值的，我在并不预先包含在我思中，我思并不引起我对我在的意识。我通过我思而发现和认识的东西不是心理学意义上的内在性，也不是感觉与其自身的盲目结合，更不是思想对其自身的单纯占有，而是我对对象的构造，是我对现象界的意向性占有。梅洛-庞蒂的一番评论基本上反映了胡塞尔的思想："不是我思非凡地包含我在，不是我的存在归结为我所具有的意识，相反，是我思把我在这一超验的运动重新结合在一起，或者说意识把存在重新结合在一起。"③不过，胡塞尔的现象学更加强调，我生于"思"，长于"思"，

---

① 参见康德：《纯粹理性批判》，蓝公武译，北京：商务印书馆，1982年，第270—273页。
② 参见莱布尼茨：《人类理智新论》上卷，陈修斋译，北京：商务印书馆，1982年，第90页。
③ Maurice Merleau-Ponty, *Phénoménologie de la perception*, Paris: Gallimard, 1945, p. 439.

"思"与思的对象具有"同构"关系,意识像赫拉克利特之流一样把我和我的对象这一河流的两岸连接在一起。"我生即我思"这一命题从根本上肯定了思即我的生命,我是生动活泼的纯思本身。

第二节 我思与我思对象:主体的意向性结构

笛卡尔早就发现一切思均有所指,我思(cogito)离不开我思对象(cogitum)。胡塞尔认为,笛卡尔的这一思想明确地突出了最有意义而又未加发挥的因素:意向性。笛卡尔虽然没有使用过"意向性"概念,但他试图把新的普遍哲学完全建立在自我的基础上,这一过程显然具有认识论特征,这种认识论是研究自我如何在理性的意向性中产生客观知识的理论。

意向性不仅是理性的基本特征,而且是所有意识活动的基本特征。从宽泛的意义上讲,现象学既是意识的哲学理论,又是对意识的各种特殊形式的应用描述。"意向性"这个名称则"恰恰表达了意识的基本性质。一切现象学问题,甚至质料问题,都在其中占有一席之地。因此,现象学必须从意向性问题开始"[①]。

然而,现象学对意向性问题的解决是以西方哲学的传统为基础的,这种传统确认意向性是人类经验的基本性质。比如,胡塞尔经常使用的 Intentionalitäte 这个词就源于中世纪经院哲学家经常使用的 intendere,基本意思是"指向""朝向""趋向"。中世纪的哲学家早就认识到一切意识活动都是意向活动,其基本标志是,它们都以这样或那样的方式指向某物。因此,人们常把意向性解释为意识的指向性。不过,经院哲学使用"intentio"(意向)一词通常表示灵魂在获得知识的过程中所形成的影像或相似性,它一般与"种"或"形式"概念相联系。阿奎那对感性意向(intentio sensibilis)和理智意向(intentio

---

[①] Edmund Husserl, *Ideas Pertaining to a Pure Phenomenology and to a Phenomenological Philosophy*, First Book, *General Introduction to a Pure Phenomenology*, trans. by Fred Kersten, The Hague: Martinus Nijhoff, 1982, p. 349.

intelligibilis)的区分则进一步把认识的意向过程明朗化,特别是当他提出第一意向(prima intentio)和第二意向(secunda intentio)之后,认识的意向性质被更加突出来。虽然他还没有明确指出意向性是意识对对象的指向,但他已初步把意向与对象联系在一起,因为他认为"第一意向"涉及具体事物,"第二意向"涉及逻辑范畴。

在《欧洲科学的危机与先验现象学》中,胡塞尔专门讨论了笛卡尔的意向性思想。尽管这种讨论过于简单,但他的确把握了笛卡尔思想的精髓。胡塞尔认为,在笛卡尔那里,我们虽然看不到"意向性"这样的词汇,而只能看到从中世纪继承下来的"意向"(intendere)一词,但笛卡尔在使用这个词时已经触及现象学的意向性思想,因为他常把"意向"与目的性联系在一起并认为人的认识就是把自己的目的加诸对象。在笛卡尔那里,与其说意向是意识的指向,还不如说是意识对某物的期待和占有。胡塞尔不无夸张地宣布,笛卡尔所说的思(cogitatio)实际上是意向性的第一种表达方式,因为它既包括通常意义上的思考,又包括体验、情感、意愿等意识活动,而这些意识活动又被看成意识对某物的拥有(etwas Bewußthaben)。每一种思在广义上都是一种 vermeinen(相信),因而都有一定的确实性。比如,有的是直接确定的,有的是推测的,有的被认为是可能的,有的则被认为是可疑的,如此等等。与此相关联,还存在确证与否证、真与假的区别。但我们不要忘记,无论是确证还是否证,无论是真还是假首先都与意识所指的对象发生关系。

在胡塞尔看来,笛卡尔虽然没有把"意向性"当作一个主题加以说明和探讨,更没有系统阐述有关意向性的思想,但他所说的思都有其指向的对象并且他把思视为自我的本质,因而自我的存在实质上被看成了意向存在,因为笛卡尔早就发现,思并不是空疏的无对象的活动,一切思都是充实的有对象的活动。即便我们有时不能确定思的具体对象,我们的思也并不是毫无所指,至少我们在进行思时能意识到这种思的活动本身。因为"意识既是思又是对那个人思的反思……这是由于灵魂可以同时想到的东西不只一个并且可以想到它所具有的特殊思想的连续"①。思总是与思的对象同时出现,没有对象的思是不可能的,就像没有思想者的思是不可能的一样。

笛卡尔的这种想法被胡塞尔继承和发挥,并且成了现象学的意向性理论的第一笔遗产。

何谓意向性?按胡塞尔的说法,所谓意向性是一切意识过程的基本特征和"无所不包的现象学结构的总称"②。"通过意向性,我们把心理过程自身的特征理解为'对某物的意识'。我们首先在明晰的我思中碰到了这种神奇的特性,一切理性-理论之谜和形而上学之谜都要回溯到这种特性。"③就对某物的意识而言,每一种意向活动都要"指向"某物。因此,人们常把意向性解释为意识的"指向性"。在《逻辑研究》中,胡塞尔指出:"意向经验具有以各种方式与被呈现的对象相关联的特征……就在这些经验中,对象被念及(gemeint)或被意指(abgezielt)。"④

意向性具有两大功能,一是对象化功能,二是构造功能,这两种功能决定了意向性的其他功能,并且充分体现了自我的主观能动性。

一、意向的对象化功能

所谓意向的对象化首先是指意义或意向内容所念及的东西得以实现,其次是指主体使意识的材料成为意向对象。胡塞尔又把意义实现的过程称为意义的现实化过程或意义充实过程。一般说来,意向对象是通过质料或感觉材料而被给予的,意向活动的一个根本任务是"诠释"(interpret)这些材料,使它们与一个并不属于行为本身而是超越了这种行为的对象发生关系。任何意义,不问它是简单的还是复杂的,都必须对象化、现实化,因为只有这样,一种意向才会实现,否则意

---

① René Descartes, *Descartes' Conversation with Burman*, translated with introduction and commentary by John Cottinoham, Oxford: Clarendon Press, 1976, p. 7.
② Edmund Husserl, *Ideas Pertaining to a Pure Phenomenology and to a Phenomenological Philosophy*, First Book, *General Introduction to a Pure Phenomenology*, trans. by Fred Kersten, The Hague: Martinus Nijhoff, 1982, p. 200.
③ 同上。
④ 同上。

向就会落空。直观是意义对象化的基本方式,简单意义的对象化要通过感性直观来实现,复合意义的对象化要通过范畴直观来实现,本质意义的对象化要通过本质直观来实现。为了便于理解,让我们看一个例子:

> 当我寻找钢笔时,我心里自然想到了那支笔,我的意识与那支笔之间具有某种意向关系,我的意向内容或意义,如"那支笔能用来写字"等,便有待实现。如果我找到了那支笔,我的意向便得到了充实,得到了实现。我以前想到的那支笔作为现实的意指对象而直接呈现在我的感性直观里。如果我一直找不到那支笔,我的意向就会落空,即没有被充实、没有被对象化。

以上事实表明,意向的对象化是通过直观而实现的,因为正是在直观里,观念的东西转变成了直接呈现的东西,后者不仅是前者的真正体现者,而且划定了意向行为的范围,显示了意向行为的内容,规定了意向性的现实结构。意向行为与超验的对象也由此连接起来,并且形成了双向的肯定关系。如果意向不能被对象化,它就只能是单向的东西,它的特定意义就不能表现出来,意向就会落空。然而,意向的落空并不等于它毫无实现的可能性,而只是意味着它尚未在当下的直观中找到相应的对象,或者说,它只是在另外一种直观中否定地显示了自身。

意向的对象化的第二种形式,是使意向内容或意识材料成为意向对象。如果说意向对象化的第一种形式是外向性的,那么,意向对象化的第二种形式就是内向性的。我们之所以说它是内向性的,主要是因为它经常出现在各种反思活动中。由于反思分为不同的层次,意向的对象化也分成不同的层次。其中,"每一个意向内容的层次都是对下一个层次的材料的对象化。然而,这里的'对象化'并不表示这个对象化过程,这里的'关于……的'也不表示意识与意识对象的关系,它似乎是一种与意识活动的意向性相对照的意向内容的对象化,后者把前者作为它的意识的相关物包含在自身之内,它的意向性则以某种方式显现在意识内容的意向性的整个过程中"①。

二、意向的构造功能

"构造"(Konstitution)概念在胡塞尔现象学中起着极为重要的作用,并且这种作用随着胡塞尔思想的发展而日益增强。尽管胡塞尔常常是在不同的意义上使用这个词,但如果对其构造性思想进行前后对比,我们就会发现他一开始常把"构造"一词与反身代词连用,以此说明现象本身的自我形成过程。后来,他渐渐把它与意向性问题,特别是与内在时间意识的意向性问题联系起来,并明确地把"构造"作为意向行为的一大功能。在1901年发表的《逻辑研究》第二卷里我们还找不到胡塞尔对构造性问题的系统论述,而在1904—1905年冬季学期的哥廷根讲演(这篇讲演稿由海德格尔于1928年编辑出版,书名为《关于内在时间意识的现象学》)中,构造问题一跃成为意向性理论的中心问题。1913年发表的《观念Ⅰ》和在1912年写成而未能在胡塞尔生前发表的《观念Ⅱ》(《对于构造的现象学研究》),则勾勒了现象学的构造理论的基本轮廓。1929年发表的《形式的和先验的逻辑》则试图追溯被构造的客观性的起源,并由此揭示逻辑世界的结构。

在胡塞尔看来,现象学的构造首先是对对象的构造,它包含思和所思的对象。就意向行为而言,它的对象绝不是自在的对象,而是由各种意向方式加以显示的对象,因而是一种被构造出来的对象。从意向方式的角度看,构造可以分为主动构造与被动构造两种。一切判断活动均属前者,一切知觉经验均属后者。由于知觉不可避免地依赖前给予的材料,它的构造活动就必须涉及自我之外的因素。这就意味着我们必须超出意向行为的领域,但现象学的精神恰恰要求我们不要走出这一领域。为了克服这种矛盾,胡塞尔把目光转向了内在时间意识

---

① Edmund Husserl, *Ideas Pertaining to a Pure Phenomenology and to a Phenomenological Philosophy*, First Book, *General Introduction to a Pure Phenomenology*, trans. by Fred Kersten, The Hague: Martinus Nijhoff, 1982, p.247.

的意向性。他发现意向行为所涉及的一切客观性的构造都可以在内在时间意识的构造中找到说明。

胡塞尔强调,"每一客观的领域都是以意识所特有的方式构造出来的"①。构造可以分为不同的层次,第一个层次是对经验事物或物理的东西的构造;第二个层次是对前经验的内在统一性的构造;第三个层次是绝对的意识之流本身的构造。在这三个层次中,最后一个层次具有优先地位,因为它是作为绝对的主体性而出现的,这种绝对主体性具有构造之流的特征,它不仅是活生生的现实经验的来源,而且是一切意向内容的客观性的根据。从原则上讲,在时间中构造的现象是一些意向领域的客观性,这些客观性不同于在时间中被构造出来的个别事物和个别过程。胡塞尔说:"意识之流也是在作为统一性的意识中被构造出来的。比如,在意识之流中,声音的绵延的统一性被构造出来。然而,这种意识之流本身也被构造为对声音绵延的意识的统一性。"②因此当我们听到声音时,我们的意向性是双重的,我们的意识构造活动也是双重的。

一方面,意识把声音的各个片段综合起来,把它摄入意识之流中,使之成为意向行为的材料,这一过程既是超验对象的显现过程,又是内在对象的构造过程,胡塞尔把它称为"原始记忆过程"。

另一方面,我们的意识把通过原始记忆而保留下来的东西加以进一步综合,使之成为连续性的过程。这一过程显然是对原始记忆的再记忆过程,是对思过的东西进行再思的过程,是对意识材料的进一步意识过程(Noch-Bewlisstsein)。在这一过程中,意识本身同样保持一种连续性,而这种连续性又保证了意向内容并不随意识之流的各个阶段的隐没而消失,相反,暂存的各个阶段的新的连续性通过记忆而贯穿于整个意识之流中。胡塞尔把指向这一连续过程的意向性称为"纵

---

① Edmund Husserl, *Ideas Pertaining to a Pure Phenomenology and to a Phenomenological Philosophy*, First Book, *General Introduction to a Pure Phenomenology*, trans. by Fred Kersten, The Hague: Martinus Nijhoff, 1982, p. 335.
② Edmund Husserl, *The Phenomenology of Internal Time-Consciousness*, trans. by James S. Churchill, The Hague: Martinus Nijhoff, 1964, p. 110.

向的意向性"(Längs-intentionalität)。在一般情况下,我们可以把纵向的意向性转换成横向的意向性,即在意识中把前后相继的东西转换成同时出现的东西。或者说把历时性转换成同时性。在胡塞尔那里,这种转换是通过记忆而实现的,因为记忆把过去的东西保留下来,并能把它变为现在的东西,从而使我们能直观到它们,并把它们构成意向的统一体。就像同一事物均有两个方面一样,统一的意识之流总有两个不可分割的意向性,即纵向的意向性与横向的意向性,前者构造了内在的时间,后者构造了前内在的时间。但那个在内在的时间中构造的意识之流本身可以自我显现,并把自身构造为现象。

由于第三个层次的意向构造,即意识之流的构造,既是第二个层次的意向构造的源泉,又要通过第二个层次的构造来体现自己,胡塞尔一直把第二层次的意向构造问题即意向内容的问题摆在十分重要的地位。他把意向内容称为"内在内容",并认为"对它的构造是绝对的意识之流的工作"①。

第一个层次的构造是意向性对物象(Dingercheinungen)的构造,这种构造是在原始的意识中进行的,知觉则是原始意识的典型形式。既然知觉能将某物或某个过程突现出来,那么,它就不仅要显现自身,而且必定是一种表象,其中,物的各种印象,物的所有原始因素,包括意识到某物时的活的经验本身,都被完整地构造出来。这就是说,知觉本身和被知觉的东西均出现在表象的统一性中,知觉的多样性的内容被统一成内在的内容。因此,胡塞尔说:"感觉的内容被构造为可感觉的印象的统一体……知觉作为被构造出来的现象乃是对物的知觉。"①

现象学对意向性的构造功能的发现,进一步说明了主体与对象的统一性。不管意识之外的东西如何存在,凡是在意向领域之内的东西都是被构造出来的东西。但这不等于说,凡构造出来的东西都是主观自生的。现象学试图表明,主体是有对象的主体,对象是主体的对象,

---

① Edmund Husserl, *The Phenomenology of Internal Time-Consciousness*, trans. by James S. Churchill, The Hague: Martinus Nijhoff, 1964, p. 118.

没有无对象的主体，就像没有无主体的对象。然而，对象并不等于外物。一物只有被意识所意指时，我们才可以把它叫作对象。

意向性包括相关的两极，一是主观极，一是客观极，前者指意识行为，后者指意向内容。意识的意向内容始终是某种意义或意谓，被意指的东西或被意识的东西。意识行为则使意义显现出来。值得注意的是，尽管意向分析可以着眼于意向关系的某个方面，但真正的现象学描述必须考虑意识行为与意识对象的关系及其内部结构。为揭示这种结构，胡塞尔详细分析了意识行为的实在（realle）内容和意向内容。

然而，《逻辑研究》和《观念Ⅰ》对行为的意向内容的理解不尽相同，为了反映胡塞尔思想的真实面貌，特别是反映胡塞尔对意向内容的看法的微妙变化，我们有必要对它们分别进行考察。

在《逻辑研究》第五部分中，胡塞尔首次使用了"意向内容"这一概念，并明确区分了行为的实在内容（又称描述内容）和意向内容，现象学内容则是它们的总称。一般说来，行为的内容仅仅是指在行为中并使那种行为成为意向经验的东西。在任何意义上，行为的内容都不同于行为的对象。尽管行为的内容在现象学的反思中可以成为新的行为的对象，但在前反思的层次上这两者是不能混淆的。因此，胡塞尔说："我们首先必须区分意向内容的三种概念：行为的意向对象，它的意向质料（与意向性质相对），最后还有它的本质。"[①]

意向对象很容易理解，这里主要讨论意向性质、意向质料和意向本质。

每一种行为都是特定的行为，比如，它可以是知觉，也可以是欲求、期望、判断等。但是，这种行为之所以是这种行为而不是其他行为，乃是由行为的内在要素决定的。所谓行为的内在要素主要是指行为的性质和行为的质料。那么，什么是行为的性质和行为的质料呢？

[①] Edmund Husserl, *Logical Investigations*, Vol. 2, trans. by J. N. Findlay, London: Routledge and Kegan Paul, 1982, p. 578.

行为的性质是行为内容的必要因素,正是这种因素把行为分为不同的种类。胡塞尔指出:"如果我们称一种经验是'判断'的经验,那么,必定有某种内在规定,而不是某种纯粹从外面贴上去的标志,把它作为判断而与祝愿、希望和其他行为区别开来。这种规定是它与一切判断共同具有的。"①这里所说的内在规定就是行为的性质。比如,我看见墙上有幅画的行为与我看见一棵树的行为是同质的行为,因为它们都是知觉,尽管它们意指不同的对象,而"2×2=4"与"易卜生是现代戏剧的现实主义的主要奠基者",也属同质行为,因为它们都具有判断性质。这些判断行为显然不同于知觉行为,但两个同质的行为可以具有完全不同的意向关系。比如"看见画"毕竟不同于"看见树"。这一点表明,仅仅根据行为的性质还不足以把两种行为完全区别开来。为此,胡塞尔引入了行为的"质料"这一概念。如果说根据行为的性质只能把不同种类或不同层次(如知觉和判断)的行为区别开来,那么,根据行为的质料就可以把属于同一种类或同一层次的不同行为区别开来(如把不同的知觉区别开来)。有鉴于此,胡塞尔指出,每一种行为都有两个方面,即性质方面和质料方面,前者规定一种行为是表象、判断,还是其他活动,后者规定行为以何种方式指向某个对象。

在意向活动中,质料是行为内容的关键因素,"它能给行为以完全确定的指称,以致它不仅决定了一般方式所意指的对象,而且决定了用来意指这个对象的特定方式"②。换句话说,正是"质料"把意向方式固定下来。所以,在某些时候,胡塞尔所说的"内容"仅仅是指"质料"。

具有相同质料的行为必定指向相同的对象,具有不同对象的行为则具有不同的质料,即使它们的性质相同,它们的内容仍可以不同。但质料与性质也有统一性:一方面,行为的性质是行为的抽象方面,离开了质料,行为的性质是不可思议的,比如,判断总是对某种内容的

---

① Edmund Husserl, *Logical Investigations*, Vol. 2, trans. by J. N. Findlay, London: Routledge and Kegan Paul, 1982, p. 579.
② 同上书,第589页。

判断,知觉总是对某种内容的知觉;另一方面,质料本身是杂乱的,它必须在性质中统一起来。在意向行为中质料无法单独存在,它要么是表象的质料,要么是判断的质料,要么是其他行为的质料。离开了行为的特定性质,质料不可能向我们显明自身。在任何时候我们都不能忽视一个重要事实,意指相同对象的行为并不一定具有相同的质料。由于意向关系始终是主体与对象的关系,这种关系的内在结构就不仅取决于我们的行为意指什么样的对象,而且主要取决于我们以什么方式意指这种对象,取决于行为意指对象的哪个方面。因此,即使我们的意向行为相同,并且具有相同的对象,如果这些行为是以不同的方式意指相同的对象,行为的意向性质仍是不同的。对胡塞尔来说,行为意向方式的差别主要表现在行为质料的差别上。意指"耶拿的战胜者"的行为与意指"滑铁卢的战败者"的行为,虽然都指向相同的对象——拿破仑,但它们具有不同的质料,因而也具有不同的内容。所以,胡塞尔写道:

> 质料……是行为的现象学内容的特殊方面,这个方面不仅决定着行为对对象的把握,而且决定着它要把对象把握为它把握的那个样子,决定着行为本身要把哪些性质、关系、范畴形式归于它。正是行为的质料使它的对象成为这种对象而不是别的对象,正是行为的客观的诠释性意义(Sinn den gegenstandlichen Auffassung)成了行为性质的基础。①

行为性质和行为质料是相互依赖的,它们的统一构成了行为的意向本质,并且正是这种本质保证了同一个人可以在不同的时候、不同的人可以在同时或在不同时候获得相同的表象、记忆、希望、知觉、判断等。如果我们可以对被呈现的对象作出完全相同的陈述,那么,两种表象在本质上就是相同的。同样,如果把两种判断的性

---

① Edmund Husserl, *Logical Investigations*, Vol. 2, trans. by J. N. Findlay, London: Routledge and Kegan Paul, 1982, p. 589.

质和质料统一起来的意向本质是相同的，那么，这两种判断也就是相同的，它们的真值也是相同的。所有这些分析也适用于其他的意向行为。

但是，"意向本质并未在现象学的意义上穷尽行为的一切"①，直观行为的特殊差别就不取决于它们的意向本质。比如，如果许多人具有相同的知觉或重复以前的知觉，他们还只是具有质料的同一性、意向本质的同一性，但这丝毫不排除经验内容的变化。因此，仅仅考察意向本质还不足以使我们认识到不同意向关系的特殊差别。为了揭示这种差别，我们有必要对行为的内容进行更深一层的分析。

胡塞尔把行为内容进一步分为实在内容与意向内容。胡塞尔在《逻辑研究》中说，"我们所说的行为的现象学的实在内容是指其具体的或抽象的部分的总和，换言之，是指实在地构成它的部分经验的总和"②。在描述行为的"实在"内容时，胡塞尔使用的限定词是 reele 而不是 real。在现象学的词汇中，reele 和 real 这两个词的意思完全不同，前者与"意向的"(intentional)相对，后者则与"观念的"(ideal)相对。比如，行为的对象可以分为实际(real)对象与观念(ideal)对象，实际对象是具有时空性质的物理对象或心理-物理对象，而观念对象则仅仅是指内在时间意义上的(纯意识领域的)抽象对象，如数、概念等。行为的实在(reele)内容是指意识之流及其内在材料本身，它与意识所念及的对象及其显现方式有着明显区别。然而，行为的实在内容只有在观念的意向结构中才能实现，这种观念的意向结构就是胡塞尔所说的行为的意向内容。如果说，描述行为的实在内容主要是自然科学的工作，特别是心理学的工作，那么，描述行为的意向内容则是观念科学和现象学的工作，因为对意向内容的描述纯粹是观念性的，它摆脱了"经验"，即实际存在的前提，研究实在内容的心理学要以研究意向内

---

① Edmund Husserl, *Logical Investigations*, Vol. 2, trans. by J. N. Findlay, London: Routledge and Kegan Paul, 1982, p. 591.
② 同上书，第 576 页。

容的现象学为前提。

的确,当我们说不同的人具有相同的意向时,其行为的实在内容可以不同,但其意向内容都是相同的。这表明意向内容并不像实在内容那样处于行为本身中。假如说实在内容仅仅是作为行为本身的一部分而存在的,那么,意向内容就是行为所念及而又不同于行为本身的东西,因而也不可能是行为的内在要素,但它要通过行为的实在内容体现出来。行为意指的对象则既不同于行为的实在内容,又不同于行为的意向内容,因为它既不像实在内容那样是行为本身的一部分,又不像意向内容那样要通过行为体现出来。

胡塞尔常常认为,意向内容就是人们通常所说的意义(sinn)或意思(Bedeutung),尽管他并未像弗雷格(Frege)那样把意义与意思严格区别开来,从而导致了弗雷格和其他一些哲学家的批评[1]。在胡塞尔眼里,一种行为正是通过意向内容,或者意义来意指它的对象,就像语言表达式要通过它的意义才能与它的指称(referent)相关一样。意向内容或意义决定并体现了意向对象的给予方式或显现方式,主体对对象的把握程度也由此得到反映。由于意义常被称为意向质料,所以胡塞尔又说:"质料仿佛告诉我们,在行为中有什么样的对象被意指,该对象就在什么样的意义上被意指。"[2]

在《观念Ⅰ》中,胡塞尔对意向内容的看法发生了重大变化。他不仅重新审视了意向内容的本体论地位,而且重新考察了行为的实在内容与意向内容的相互关系。首先,我们可以从《观念Ⅰ》中看到,行为的意向内容不再被看作本质或类型,而是被看作实在内容的相关物(correlate);其次,胡塞尔所用的术语也发生了重大变化。他引入了Noesis 和 Noema 这两个新的概念,并用前者来表示行为的实在内容,用后者来表示行为的意向内容。

把握 Noesis 和 Noema 是理解现象学的意向性理论的关键。正如

---

[1] 关于弗雷格的思想,特别是关于意义与意思的区分思想,笔者已撰文做过介绍,故不赘述。读者可参见汪堂家:《弗雷格哲学思想述论》,载《哲学研究》1986 年第 6 期。

[2] Edmund Husserl, *Logical Investigations*, Vol. 2, trans. by J. N. Findlay, London: Routledge and Kegan Paul, 1982, p. 652.

胡塞尔在《观念Ⅰ》中所说:"正是行为的实在内容(Noesis)产生了意识的意向性特征,这些 Noesis 构成了最广泛意义上的心灵所特有的东西。"①而行为的意向内容(Noema)或其包含的客观意义则是一切意向性的基础。因此,揭示意向性的结构在很大程度上就是揭示 Noesis-Noema 的结构。值是注意的是,Noema 可以成为意向对象,但决不等于意向对象,把它译为"意向对象"不能反映 Noema 一词的丰富内涵。从词源学上看,Noesis 和 Noema 是希腊文 Voεsls 和 voεud 的拉丁文拼法,它们均与 nous(心灵)有关。前者是从"noein"中派生出来的,意思是"认知"或"思维",后者的意思是"所思的内容"或"意谓的东西"。noesis 所赋予的意义是意向内容(noema)的核心部分。"完整的 noema 是由意向内容的各种因素的复合体构成的,在那种复合体中,特殊的意义因素仅仅形成了一种必要的核心层(core-stratum),后来的因素本质上是通过这种核心层而确立起来的。"②然而,胡塞尔在《观念Ⅰ》和其他著作中,不再把意向内容作为本质来看待,因而,行为的实在内容与意向内容之间的关系也必须重新认识。

首先,我们必须了解,行为的意向内容(noema)要通过行为的内在经验来体现,并且要通过对行为本身的现象学的反思才能显示出来。没有意向行为,当然就谈不上意向内容。但意向内容并不是行为本身的一部分,意向内容在行为中被给予我们,但必须作为行为的实在内容的意向相关物而给予我们。意向内容与意向对象是不同的。意向内容并不直接呈现给我们,而意向对象则要直接呈现给我们。例如,如果我们要把握知觉的意向内容,我们就必须把注意力从被感知的对象转向知觉过程及其内在结构本身。

从现象学还原的角度看,当我们感知一棵树时,我们知觉的对象是应予悬置的超越(transcendent)对象,但意向活动的意向内容(noema)和实在内容(noesis)却是内在于(immanent)意向活动的、先

---

① Edmund Husserl, *Ideas Pertaining to a Pure Phenomenology and to a Phenomenological Philosophy*, First Book, *General Introduction to a Pure Phenomenology*, trans. by Fred Kersten, The Hague: Martinus Nijhoff, 1982, p.205.
② 同上书,第218页。

验的(transcendental)东西。用胡塞尔的话说,"noema 不受对树本身以及整个世界的现实性的悬置的影响,它本质上确实属于知觉经验的本质"①。在知觉中,noema 及其要素是不能感知的抽象的东西,或者说是"观念的东西"(Ideell),而知觉的意向对象却是可以感知的具体的东西。这进一步说明意向内容(noema)与意向对象之间有着不容否认的重大差别,因此,把 noema 等同于对象或把它译作"意向对象"是站不住脚的。

如果我们仔细考察 noema 的核心部分——意义,意向内容与意向对象的这种区别就会更加明显地体现出来。在一篇未发表的手稿中,胡塞尔写道:"意义是非现实的对象,它们不是存在于时间中的对象","意义……是通过它出现于其中的行为而与时间间隔相关联,但它本身并不具有现实的存在(Dasein),与时间和绵延没有特殊的联系"②。在1929年出版的《形式的与先验的逻辑》以及在他死后出版的《经验与判断》中,胡塞尔进一步阐述了意义的观念性质以及它与意向对象的区别,把握这种区别是正确理解意识的意向性结构的先决条件。

胡塞尔在《逻辑研究》中把行为的意向内容看作意向本质,在《观念Ⅰ》中他不再把意向内容与意向本质等同起来,而认为意向内容仅仅是一种观念性的东西。在《观念Ⅲ》第16节中,胡塞尔开宗明义地指出:"我们不应该把意向内容(noema)与本质混淆起来,甚至对物理对象的明晰直观的意向内容,或指向同一个物理对象的连续而和谐的直观系列(intuition-series)的意向内容,都不是物理对象的本质,它也不包含这种本质,对一个的把握并不是对另一个的把握,尽管可以根据本质来改变态度和把握的方向,尽管在任何情况下对意向内容的把

---

① Edmund Husserl, *Ideas Pertaining to a Pure Phenomenology and to a Phenomenological Philosophy*, First Book, *General Introduction to a Pure Phenomenology*, trans. by Fred Kersten, The Hague: Martinus Nijhoff, 1982, p. 237.

② Edmund Husserl, "Noema und Sinn", 引自 Dagfinn Føllesdal, "Husserl's Notion of Noema", in *The Journal of Philosophy*, 1969(66), p. 684。

握可以由此而过渡到对相应的存在本质的把握。"①

因此,设定(posit)意向内容的存在并不意味着设定与意向内容相应的意向本质或客观性的存在,虽然这种客观性是在意向内容中被意指的客观性,并且这种客观性能够把不同的意向内容的成分统一起来。就像被意指的东西不同于意义本身一样,被意指的东西的本质也不同于意义本身。比如"圆的四边形"可以成为意向内容,但我们找不到这种东西,因而也找不到这样的本质,尽管我们一开始可能假定了这种东西的存在。这一点表明,意向内容与意向本质并不相同,把它们等同起来只能导致意向理论的混乱。

不过,指出意向内容与意向本质的区别,并不意味着它们之间毫无关联。实际上,意向内容本身也是有本质的,就像无本质本身也是一种本质一样。只不过我们只有经过现象学的反思才能把握意向内容的本质。在此,我们的讨论仅限于前反思的层次。即便是在这个层次上,意向内容与意向本质之间也存在着某种联系。这种联系主要表现在,不同的意向内容可以在我们对本质的直观过程中统一起来。前者由行为的性质和赋予意义的方面所构成,后者由设定的因素和意义所构成。

胡塞尔在不同的地方对意义有不同的称呼,他有时称之为"意向内容的意义"(noematic sinn),有时称之为"客观意义",有时又称之为"诠释性意义"(Auffassungssinne)。透过这些不同的称呼,我们可以发现胡塞尔的一个基本思想:意义是主体对意向对象的观念,它不仅使行为以某种方式意指特定的对象,而且把那种对象规定为主体所意识到的那个样子,并把对象的某些性质和规定(Bestimmtheiten)呈现给我们。意指不同对象的行为之所以具有不同的意向内容,主要是因为这些行为显示了不同的意义。即便我们的行为意指相同的对象,只要我们不赋予它们以完全相同的性质,这些行为的意向内容仍然可以

---

① Edmund Husserl, *Ideas Pertaining to a Pure Phenomenology and to a Phenomenological Philosophy*, Third Book, *Phenomenology and the Foundations of the Sciences*, trans. by Ted Klein and William Pohl, The Hague: Martinus Nijhoff, 1980, p. 73.

有不同的意义。但是,不同行为的意向内容也可以具有相同的意义,条件是,这些行为的意向对象必须完全相同,并且我们必须在每个方面都以同样的方式对对象进行把握。

具体地说,意义究竟是什么呢?它在意向内容中究竟起些什么作用呢?

在胡塞尔看来,"意义是意向内容的基本部分,一般说来,它是因意向内容而异的部分,但在某些情况下,它是完全类似的,甚至可以看成'同一的'东西"①。意义之所以在意向性结构中占有举足轻重的地位,无疑是因为它是意向行为与意向对象的中介。只有当意向行为包含某种意义并且当意义规定着那个对象时,我们的行为才会与对象发生意向关系。但意义并不是意识行为的直接对象,也不像图画反映外在事物那样反映外在的对象。说意向行为包含某种意义并不等于说它要意指这种意义。实际上,意义是否存在与主体对意义的直接意识无关。这一点体现了胡塞尔的现象学与心理主义的重大分歧。

意义本身也是一种结构,在胡塞尔那里,意向内容的意义与语言表达式的意义既独立于意识又与意识有着密切的关系。但语言是思想的表达,因而语言表达式的意义也是意向内容的意义。胡塞尔未对意义(Bedeutung)和意思(sinn)严加区分,相反,他认为"sinn……一般被用作'Bedeutung'的对等词"②。任何意向内容的意义都可以通过语言的意义来表达,当意向内容的意义被用语言表达出来时,它也就成了语言的意义。在这种情况下,意向内容的意义既在意向行为中起主导作用,又在语言中起着把人们沟通起来的作用。当然,意向内容的意义可以不必通过语言的意义而存在,比如,你可以对某种事态作出判断而不必把它说出来,这就是说,意向行为(判断)的意义可以不通过语言的意义而存在。但是,每一种语言表达式的意义都是意向内容的意义。如果说《逻辑研究》和《观念Ⅰ》对这个问题的表述不够清楚,

---

① Edmund Husserl, *Ideas Pertaining to a Pure Phenomenology and to a Phenomenological Philosophy*, First Book, *General Introduction to a Pure Phenomenology*, trans. by Fred Kersten, The Hague: Martinus Nijhoff, 1982, p. 315.
② 同上书,第 294 页。

那么,从《形式的与先验的逻辑》中我们就很容易看出胡塞尔的真正意图。他明确指出:"思维包括……一切经验,在这种经验中,被表达出来的意义(Sinn)是以意识所特有的方式构成的——意义如果得到表达就被称为表达式的意义(Bedeutung)。"①

至此,我们已对主体的意向性结构有了一般了解,任何意识活动都有 Noesis 和 Noema 这两个相互关联的方面。Noesis 由决定行为性质的方面和赋予意义的方面所组成,Noema 则相应由观念的性质和意义所组成。意义既是意向内容的核心,又是联系意向行为与意向对象的中介。然而,我们在这里还仅仅是着眼于个别的主体性来分析意向性的结构,如果我们要使这种分析具有普遍意义,就必须考察主体与主体之间的关系,了解他我在自我中的显现方式。因此,胡塞尔最终把目光从主体性转向了主体间性。

第三节 主体间性与他人问题

笛卡尔首先确立了主体性原则。然而,当胡塞尔把这一原则贯彻到底时,他又不得不面对各种各样的理论困境。由于笛卡尔的"自我"是原子性的,他始终无法突破"自我"的框架而将此一自我与彼一自我相贯通,这就等于宣告了他以"自我"作为认识的逻辑起点去建立普遍哲学的企图遭到了失败。胡塞尔认为,笛卡尔的失败并不是因为他提出了主体性原则,而是因为他未能始终一贯地坚持这一原则。基于这种认识,胡塞尔把现象学的根本任务落实到如何坚持主体性原则上。

但是,当胡塞尔通过对笛卡尔的自我概念的全面改造而提出先验自我概念,并由此把现象世界确立为主体性的意向构造时,当胡塞尔通过现象学的悬置将世界的客观性还原为先验主体性,还原为纯粹的意识领域时,当胡塞尔宣称他的先验唯心论可以为一切知识提供绝对的基础时,他最终不得不考虑应当如何摆脱唯我论的困境,他不得不

---

① Edmund Husserl, *Formal and Transcendental Logic*, trans. by Dorion Cairns, The Hague: Martinus Nijhoff, 1969, p. 23.

寻求走出我的自我而达到其他自我的可能性。尽管他认为现象学并不是一门关于客观性的科学，这门科学一开始就将外部世界悬置起来，将对其他主体存在的信念悬置起来，将自我与他人的区别悬置起来，从而使现象学成为一门纯粹的自我学，成为一种先验的唯我论，但是，胡塞尔不得不解决这样的问题：既然现象学要为一切知识提供绝对的基础，那么，它就必须具有普遍的有效性，这样，它就不可能只适用于当下的我的自我，而且必须适用于所有的自我。可是，先验现象学一开始仅仅停留在先验自我的范围内，它如何能保证它自身也适用于其他自我呢？如果它要证明自身具有普遍有效性，它就必须将其他自我看成现成的东西并将它作为现象学的合法主题。一旦其他自我也成了现象学的合法主题，它就不得不考虑此一自我与彼一自我的关系。实质上，他人也的确是一自我，这种自我与我共在并且和我拥有共同的世界——世界不只是我的，世界也是你的，世界是他的，世界是向我们的（ego's）世界。于是，自我与他我通过拥有共同的世界而形成了自我的共同体，单一的主体性也随之过渡到了集体的主体性，这种集体主体性也就是所谓的主体间性。

关于主体间性的现象学是单纯的先验主体性现象学的合乎逻辑的发展。自1910年开始，胡塞尔就试图解决先验自我与他我的关系问题。虽然他断言先验唯我论是现象学的必经阶段，但这毕竟只是初级的阶段。只有解决属于更高层次的问题，即主体间性的问题，现象学才不至于陷入贝克莱式的古典唯我论的困境。因此，在《观念Ⅲ》和《笛卡尔式的沉思》中，胡塞尔就通过对主体间经验的说明，试图将现象学从唯我论的困境中解救出来。他所做的第一个尝试就是向我们表明，先验自我如何将他我构造为主体间共同体中的同等成员，主体间的共同体如何构成了主体间世界的基础，构成了常识和科学的"客观"世界的前提。

主体间的共同体或主体间性是自我和通过自我而共现出来（appresent）的他我所构成，具体地说是由我的单子性自我和他的单子性自我所构成。因此，胡塞尔又把主体间的共同体称为单子的共同体。问题的关键是,他我是如何显现出来的? 自我如何确认他我的存在?

一种现成的也是最为简单的回答是:他我是作为一种单子映现在自我中的,因为单子能反映整个宇宙的面貌,宇宙是放大的自我,自我是浓缩的宇宙,就像一面镜子能照见外面的一切一样,单子性自我也能照见他我,这才是真正的"肝胆相照",是真正的"心照不宣"。但胡塞尔对单子的看法毕竟与莱布尼兹的观点不尽相同,在《笛卡尔式的沉思》的结论部分中,胡塞尔明确指出,"内在的第一存在,先于并且包含世界上的每一种客观性的存在,就是先验的主体间性,即以各种形式进行交流的单子的宇宙"[1]。单子在本来的意义上是自身封闭的,因为它"没有可供出入的窗子"。胡塞尔却说单子与单子能以各种形式进行交流,这不能不说是他个人的一种"别出心裁"的想法。他甚至相信,无可置疑地给予我的单子性自我只有在与他人的交流中才能成为体认世界的自我。他人也是单子共同体的一员,他是从他自身出发而被给予的。就像经验的客观世界不断地显示自身一样,其他的单子也不断地显示自己。

显示本身就是交流。尽管自我和他我都被称为单子,但他们都不是绝对孤立的。相反,包括自我和他我在内的自我共同体(ego-community)是作为相互共存、相互服务、相互参照、相互映现的共同体而存在的。这种自我共同体有一个重要特征,这就是,他们有着共同的意向性。比如,当我们坐在音乐厅里欣赏同一支曲子,坐在礼堂里听同一个报告时,不同的自我与同一个对象发生意向关系,尽管我们的理解力不尽相同,但只要采取相同的意向方式,我们所把握的客观意义必定相同。因此,胡塞尔说,自我共同体是主体们"互为"(for each other)的领域,他们构造着同一的世界,在这个世界中,一切自我都显现自身,并且是在一种具有"人们"这种意义的客观化的统觉中显现自身。

---

[1] Edmund Husserl, *Cartesian Meditations: An Introduction to Phenomenology*, trans. by Dorion Cairns, The Hague: Martinus Nijhoff, 1960, p.156.

"统觉"(apperception)向来具有"统摄"和"综合"的意味，它促进了不同自我的意向性的共同体化，但经过共同体化的意向性不再是个别主体性的意向性，而是主体间的意向性，这种意向性构成了不同自我的共同的自我性领域，它蕴含着主体间的共同意义，如不同自我在欣赏某支曲子时所把握的共同意义。这样，每个我都不采取单独的行动，而是作为共同体的一员采取与他人行动相一致的行动。在此，行动的主体是"我们"，行动的对象是我们共同的世界，这个世界是作为普遍的形式或理念而与主体间性相关的。作为主体间性的构成要素的个别主体性同时分享了那个理念的世界，但这里所说的分享绝不是分享理念世界的一部分，而是分享理念世界的整体（例如，我们在同时欣赏同一支曲子时，并不是你欣赏一部分我欣赏一部分），就像柏拉图眼里的个别事物分有理念一样。不同的只是，此处所说的"理念"（Idea）并不是柏拉图的静态的、外在于自我的理念，而是动态的、通过主体性构造出来的理念。

然而，不同的自我之所以能分享共同的理念世界，把握共同的客观意义，决不仅仅是因为他们"共在"，更重要的是因为这些共在的自我能够"心心相印"，能够"默契配合"，并且具有在构造共同的对象时所形成的共同的认知结构，用莱布尼兹和胡塞尔的话说，世界的构造本质上包含着单子的和谐。唯有和谐方能造就集体。主体间性作为单子共同体，作为集体的主体性之所以可能，也正是因为个别的主体性具有协调一致的和谐的构造系统。当每一自我的行为成为自我们的行为时，单子性自我共同体才算实现了最高的和谐。这种和谐不是莱布尼兹所说的那种"前定的和谐"，而是需要自我去争取的和谐，和谐不在"天定"，而在人定，确切地说，在于心定。

迄今为止，我们还只是指出了主体间性或自我共同体的存在方式，而没有说明自我共同体是如何确立的。为此，我们不得不将以前问过的问题再问一遍：既然自我共同体是由自我和他我所构成，那么，对我来说他我是如何显现出来的？我如何才能确认他我的存在？这是令所有西方哲学家感到棘手的问题，也是我们在讨论主体间性概念时不得不触及的问题。

对胡塞尔来说,自我共同体是在我的自我性领域中被构造出来的。这是胡塞尔为了坚持彻底的主体性原则不得不采取的立场。坚持这一立场表面上使他走出了笛卡尔的二元论困境,实则使他更深地陷入了他试图逃脱但又无法逃脱的唯我论的泥潭。胡塞尔声称,我的认识只能从我自己开始,而我的自我是在把我自己经验为人时被给予的,这是无法改变的事实。当我从我自身出发进行还原时,我所能达到的始终是自我性的领域。那么,对我来说,他人是什么呢?世界是什么呢?它们不过是被构造出来的现象,是纯粹在自我中产生的某个东西,而我的意识生活同样是在这个被构造出来的世界中被构造为人的意识生活的,所以,我决不能将绝对意义上的存在归于他人、归于自然界。但是,胡塞尔无法回避这样的问题:既然在我经验他人时,我把他人构造为现象,那么,我为何能把他人构造为"他人",而不把他人构造为"他物"呢?他人和他物虽然对我来说都是现象,但这毕竟是两种不同的现象。对此,胡塞尔本人也不得不承认。那么,它们为什么是两种不同的现象呢?难道他们的差别仅仅取决于构造方式的不同?如果它们的差别仅仅取决于构造方式的不同,我就可以采取相同的构造方式使它们变成相同的现象。这样一来,知识的客观性岂不变成了主观任意性?胡塞尔显然不愿看到这种结果。

因此,他试图诉诸意向性结构来摆脱上述尴尬局面。尽管胡塞尔认为世界是作为主体性的相关物而存在的,是作为客观意义而存在的,尽管他认为当我们回到自我时我们可以说明客观意义得以确立的基础,我们可以达到绝对的存在和过程,在这一过程中世界可以显示出它的最终真理性,存在问题可以得到最终的解决,但是,当他触及他人的存在问题,特别是他人的显现方式时,他就不可能完全坚持自我中心的立场,至少他必须改变惯有的思考方式,设身处地"为他人着想"。

在对他人的意向经验中,我无法直接抵达他我,因为显现给我的只是他人的肉体,尽管这个肉体在我看来仅仅是我的现象。不过,这种现象可以成为我们理解他我的"线索"(clue),通过这个线索,我们能间接得知他我的存在。从这种意义上说,他我永远不能被直接经验到,因为对我来说,他我始终隐而不显,藏而不露,因而只有通过一种中介过程才能给予我的自我。这种中介过程就是胡塞尔常说的共现和统觉。

那么,何为共现和统觉呢?让我们先看统觉。所谓统觉归根到底是由部分而知全体、由"显"而知"隐"、由在场者而知不在场者的能力。在统觉中,事物总是作为一个整体而出现,它的各个部分都被统摄于其中,综合于其中,以至于我根本用不着等到把一个东西的各个片断感知一遍之后才能断定这个东西是这个东西而不是别的东西。比如,当我感知一棵树时,我只看到树的前面而看不到树的背面,但我并不因此断定这不是一棵树。相反,我直观到的仿佛是树的全体。因为,当我看到树的前面时已经"联想到"树的背面,"预知到"树的背面,仿佛树的前面已经潜在地蕴涵着树的背面。胡塞尔把这一过程称为"共现"(Appresentation)过程。不过,对他人的统觉毕竟不同于对一棵树的统觉。在感知一棵树时,尽管我同时只能直观到树的前面,而不能直观到树的背面,但我对树的背面的意向性可以得到充实或证实,并且这在原则上是必要的。因为我可以绕到树的背面去看一看。在对他人进行统觉时,我始终无法直接证实我对他人的意向性,也就是说,我对他人的意向是空的意向或间接的意向,因为我所能接触的只是作为现象的他人的肉体。它像一道帷幕挡住了我的"视线"。这是否表明我永远无法认知他人的存在呢?

胡塞尔断言,当我感知到一个不同于我的肉体的其他肉体时,我感到它"在那里"而不"在这里"。这时,我把他人的肉体构造为现象,他人的肉体也据此从我的活生生地显现着的肉体中获得了意义。于是,我联想到,如果我走到"那里",站在它的位置上,我也会有那样的空间显现方式。但我可以通过动作的自由变化把任何"那里"变成"这里"。因此,我可以联想到其他肉体像我的肉体一样是一个生命有机体。

确认了其他生命有机体的存在还只是"共现"的第一个成果,它还不等于我们已经确认了他我的存在。因为如果他我也是"一个我"的话,他就必定是一个不同于肉体的纯粹意识。现在的问题是,我是怎样通过共现出来的他人的肉体来认定他我的存在的?

胡塞尔认为我们是通过"配对"(Paarung)而得知他我的。首先,我从我的意向活动中了解到我的肉体与我的纯粹自我是配对的。尽管现象学将实际的肉体悬置起来,但肉体仍以现象的形式保留下来。这样一来,我就可以从我的肉体与他的肉体的配对中,从我的自我与我的肉体的配对中,了解到我的"自我和他我总是在并且必然是在原始的配对中被给予的"。虽然他我绝不能获得现实的显现,因而也不能成为直接的知觉对象,但我可以通过与我的自我的类比来了解他我。这里所说的类比并不指类比推理,而指通过对我的纯粹自我的变形(modification)来理解他我。变形意味着什么呢?意味着将他我看作与我相似的另一个自我,意味着把他人想象成我自身。这就要求我们把他人看作自我的"投影"(projection),仿佛我就处在他人的位置上。胡塞尔绕了半天弯子,还不如中国的一句俗话讲得明白,这就是,只要设身处地"将心比心",我们就能理解他人。按照胡塞尔的思想,"用小人之心度君子之腹"是合情合理的,但"小人之心"与"君子之腹"毕竟有所区别,站在胡塞尔的框架中,我们显然无法得知这种区别,因为尽管胡塞尔说他人并不是我的复制品,但他一直认为他我是作为我自身的变形而存在的,他我通过"配对"而获得了自我的各种特征。

上述"将心比心"的过程在胡塞尔那里也被称为"移情"(Einfühlung,empathy),同情(sympathy)是以移情为基础的,而移情本身则建立在配对性的联想的基础上。在此,自我与他我"成双成对",我能在联想中实现对他们的意义的转换,我就可以根据自我的意义去统觉他人的意义,根据自身的喜怒哀乐去设想他人的喜怒哀乐,根据自身的生活风格去理解他人的生活风格。胡塞尔指出,对他人行为的每一种成功的理解都开辟了新的联想和新的理解的可能性。然而,通过以联想为基础的移情所理解的他人不过是纯粹自我的对象化而已,只要我仅仅停留在移情的范围内去了解他人,这个他人就不可能不是我的投影。这样,我就不可能不把自我的内容强加给他人,我也不能真正了解自我与他人的区别,因为我只有站在自我与他人之外才能了解自我与他人的区别。

为了摆脱这种困境,胡塞尔在《观念Ⅲ》中认为,主体经验的对象化,他我的确立和主体间经验的形成不仅需要移情,而且需要相互的理解以及以相互理解为基础的思维,即使各种经验会随着主体的不同而不同,我们仍可以通过相互的理解把这些经验统一成主体间的经验,统一成对同一种东西的经验①,把"相互理解"引入对主体间性的研究,使胡塞尔向解决他人问题迈出了重要的一步。现在他开始意识到,自我与他人是相互规定的,因为他人也是一种自我。自我与他人的共存、我所构造的自然与他人所构造的自然的一致决定了我的意向生活与他人的意向生活的一致性。自我与他人本来是相互分离的,这种相互分离首先表现为空间上的分离,表现为我的心理过程与他人的心理过程的分离,表现为我的心理-物理的存在与他人的心理-物理的存在的分离。但是,自我与他人处于不断的意向交流中。意向交流是自我与他人的唯一联结方式,正是通过这种方式,自我与他我构成了单子共同体,个别的主体性构成了主体间性。

对主体间性的考察最终是为了说明自我的社会性是如何形成的。胡塞尔感到,仅从自我去规定他我,而不从他我去规定自我,自我就无法"平衡",因而也无法使自己共同体化。自我进入了共同体就意味着自我具有社会性,而自我具有社会性的一个显著标志是,自我与他人作为共同体的成员必须是互为的存在,这种互为的存在客观上要求自我与他人的平等,要求自我与他人的协调,要求自我与他人的相互开放,要求自我和他人作为一个整体向对象化的自然开放。当我通过对他人的理解更深入地进入他人、进入他人的自我性的视野(horizon)

---

① Edmund Husserl, *Ideas Pertaining to a Pure Phenomenology and to a Phenomenological Philosophy*, Third Book, *Phenomenology and the Foundations of the Sciences*, trans. by Ted Klein and William Pohl, The Hague: Martinus Nijhoff, 1980, p.114.

时，我马上就会发现，正如他的生命有机体存在于我的视觉领域一样，我的生命机体也存在于他的视觉领域，并且他也把我经验为为他而在的他人，就像我把他经验为为我而在的他人一样。

没有主体性，当然谈不上主体间性，没自我当然谈不上自我共同体，就像没有细胞就无法设想有机体一样。但是，在共同体的基础上我们很容易理解自我活动的可能性①，理解自我活动的社会特征，理解每个人的文化环境的构造以及自我所创造的生活世界的客观性。每个人都生活在同一个自然中，这个自然是主体间的自然，是自我共同体确立的第一种客观性，它随着自我和他人生活的共同体化而变成了文化的世界，变成了富有人味的世界，变成了意义的世界，当然，这并不排除以下的事实：属于同一个世界的人可以生活在松散的文化共同体中，并且构造着不同的文化环境。任何人一开始总是作为历史地形成的共同体的成员去理解他的具体环境或他人的文化。当他所处的社会共同体与其他社会共同体发生关系时，他也随之进入了那种关系，并为自己创造了进一步理解他人和自己的可能性。

至此，胡塞尔似乎把对他人的理解引向了对人的社会性和文化性的理解。如果他沿着此路走下去，他也许会得出这样的结论：自我的自我性、人的人性只有在社会关系中才能得到真正的理解。然而，我们不要忘记胡塞尔的主体性理论的基本前提，即强调一切东西归根到底都出自我的意向性结构。按照他的思路，外来的文化（alien culture）只有通过对他人的经验，只有通过一种移情才能得以理解，我们也正是借移情把自己投射到外来的文化共同体及其文化上②。从认识的角度看，我总是从自己的文化出发去理解外来的文化。就此而言，我自己的文化具有本源性和优先性。但我的文化又出自我的构造，正是我赋予它以意义，从这种意义上说，我的文化又是以我为圆心的，唯有我才具有最终的本源性。在这里，我们可以看到，胡塞尔绕了

---

① Edmund Husserl, *Cartesian Meditations: An Introduction to Phenomenology*, trans. by Dorion Cairns, The Hague: Martinus Nijhoff, 1960, p. 132.
② 同上书，第 135 页。

半天的圈子最终仍回到了他原来的出发点,这是这个心怀远大抱负的哲人的莫大悲哀,以致他晚年不无自嘲地说,他一生的工作就是不断"从头开始"。

也许,正是出于对自己的主体间性理论的不满,胡塞尔一直拒绝全文发表《笛卡尔式的沉思》的法文原文,他打算对这部著作特别是对其中的"第三沉思"进行改写。由耿宁(Iso Kern)汇编的《胡塞尔文库》第十五卷收集了许多论及主体间问题的文稿,从这些文稿中不难看出,胡塞尔在解决他人问题时已经放弃了早年的观点。他不再赋予自我在构造他我时的优先地位,相反,他认为,自我相互构造、相互蕴涵,他甚至把主体间的相互理解推广到儿童、精神变态者和一些高等动物。尽管那些观点没有充分展开,但这已经暴露了胡塞尔的主体间性理论的内部矛盾,同时也预示着这一理论即将面临来自各方面的挑战。

第五章　主体主义传统的消解与中西哲学的合流

　　起始于笛卡尔、终结于胡塞尔的西方主体主义传统是西方近代形而上学的历史产物。它的形成不但改变了西方人的思维方式、推动了知识的分工过程，而且建立了人与自然的新型关系，促进了人的自觉和解放。然而，主体主义传统也带来了它自身难以克服的理论困难和不良后果。它所制造的主客体的二元分裂使近代哲学不可避免地陷入了二元论的窠臼，人与自然的严重分裂则是主客体二元分裂的现实表现。现代西方哲学中出现的形形色色的反主体主义倾向实际上标志着主体主义传统的消解。

　　西方主体主义传统高扬了自然科学的理性，但相对忽视了人生在世的理性；西方主体主义传统强调回到内心，但回到内心仅仅是为了认识自然和控制自然，而相对忽视了人心的守护和保养并由此导致了西方人性的危机。与此相反，中国哲学一向关注人生在世的基本问题，但相对忽视了自然科学的理性；中国哲学一向重视人心的保养与灌溉，但相对忽视了对自然的认识和利用。从这种意义上说，中西哲学可以在更高层次上汇合起来。

第一节　主体主义传统的理论困难和历史后果

　　"主体"这个词来自拉丁文的 subjectum，它是希腊文 hypokejmenon 的翻译，原意指"在前面的东西""作为基础的东西"。在希腊哲学中，至少在亚里斯多德的哲学中,"主体"并不是对人的特殊规定,它在相当大的程度上是泛指万物的"本原""始基",在逻辑意义上是指一个句子的主辞或主辞所指称的东西。因此,人绝不是在逻辑意义上的唯一主体(主辞),他至多只是众多主体中的一种。至于把纯粹意识作为主体的同义语使用,那更是希腊人连做梦也没有想过的事情。就像希腊哲学的许多术语在历史的长河中其外延反而越来越窄一样,"主体"这个词的使用范围也渐渐缩小,以致最终成了自我或纯粹意识的专名。这一历史性的变化导致了几个基本后果。

把自我或纯粹意识作为主体,必然意味着将自我作为认识的出发点,作为一切认识关系和存在关系的基础,作为真理和确实性的根源。"主体"这个词在近代仍在相当大的程度上保留了"基础"这种含义,尽管近代哲学家主要是从认识论的角度看问题,因而他们所说的"主体"自然成了认识得以发生的基础,但是,只要他们将自我视为主体,他们就不可避免要进入实体论的理论框架。这是因为"主体"本来就有核心之意,它能使其他东西围绕自己旋转或将它们集聚于自身之上。这样一来,"主体"便与"实体"合而为一,并且成了知识的太阳。从这一点上看,笛卡尔革命和康德革命确有哥白尼革命的性质。

然而,他们没有想到将自我作为"实体"有着理论上难以克服的矛盾。一方面,将自我作为实体与将自我看成"实质"并没有实质性的区别,实体与实质在西文中是同一个词(substance),其基本特征是它的独立自在性,它可以作为基质决定别的东西,但不为别的东西所决定。强调自我是实体的确突出了自我的独立地位和主观能动作用,并由此打破了经院哲学对人类精神的奴役。从这种意义上说,近代主体主义哲学关于自我主体的学说促进了思想的启蒙和精神的解放。但是,它最终会导致怀疑论和不可知论,休谟哲学就是一个极好的证明。人们当然可以说休谟哲学具有破除迷信的作用,但否定实体性自我是他的最初动机,而实体性自我在他看来之所以不能成立,正是因为实体与流动着的知觉从根本上是互相矛盾的——同一不变的实体不能用来规定变化不定的心灵。休谟的确抓住了实体论自我观的矛盾,但他的结论是消极的。它除了使人从破除成见和摧毁传统中得到某种破坏性的快感之外，除了给那些缺乏批判力的头脑敲敲警钟之外，很难给人以建设性的意见，相反，它最终只能给人带来失望，使精神丧失对自身的自信。这一点在近代科学的凯歌行进声中显得很不合时宜。

另一方面，近代主体论哲学对自我的解释必然导致认识论与本体论的分裂，导致科学知识与人生意义的分裂。众所周知，近代哲学家基本上沿用了亚里士多德对实体的规定，即把实体看成只依赖自身而不依赖他物的东西。当笛卡尔等人对自我进行实体论的解释时，他们一方面肯定了自我的独立自由，另一方面又无法保证个体性自我的知识的普遍有效性，从而把他们向往的那种自由变成了空洞的主观任性。他们天真地以为借助于天赋的原则就可以说明自我如何能够获得普遍必然的真理，殊不知天赋原则本身仍是需要说明的，他们所做的不过是用一种更大的疑问来代替较小的疑问而已。康德的感性直观和先天的知性范畴在没有得到很好的审查的情况下被匆匆忙忙地用来说明认识论的可能性，可是它们自身存在的可能性和合理性并没有被思考。它们仍在很大程度上具有天赋原则的性质，只不过存在的方式不同而已。

休谟第一个看出了将自我实体化的不合理性，康德接受了休谟的设问方式并将自我引上了功能化的道路。就康德反对用规定自然事物的方式来解释自我而言，康德已经把握了部分的真理。但是，把先验自我作为一切经验得以可能的条件是一回事，对先验自我本身的理解又是另一回事。在认识论上规定自我，把自我作为适用于杂多性的，具有综合统一的形式的先天能力是远远不够的。我们必须在本体论上说明先验自我本身是怎么一回事，否则，我们就没有资格说明自我的认识活动何以可能。但对康德来说，这是一个无法穷究甚至是无法回答的问题，因为规定自我得用有限的知性范畴，而自我本身是个无限者，以有限之知去求无限之我必然陷入二律背反。从这一点上看，对自我的本体论思考始终无法深入下去。本体论不曾以一个规定的自我作为认识论的出发点，这种认识论岂不变成了一种无根的、没有着落的认识论？按照康德的思路，我们所能规定的自我只能是经验的自我而不是先验的自我，但一个不确定的自我怎么可能成为确定的知识的基础呢？还有，在康德那里，自我既是心理学的人格，又是先验人格，也是道德人格，可它们并没有被内在地统一起来，这使得自我实质上一直处于分裂状态。脱离心理学人格和道德人格去规定先验人格可能吗？以分裂的自我去设定完整的对象可能吗？尽管康德认为作为心理学人格的自我是作为物、作为客体而被发现的，作为认识主体的只是先验的自我，但先验自我如何与心理学自我相关联呢？如果说前者是决定者，后者是被决定者，那么后者就不可能成为独立的东西，因而不应当成为另外一种人格。康德从来没有并且不可能给我们提供一个有关自我的完整图景。他的本体论思考因对自我的不恰当规定而丧失了认识论的基础地位。

大家也许注意到另外一个事实，即近代主体论哲学是导致科学知识与人生意义发生分裂的形而上学的根源。从笛卡尔的时代开始，人们一直从认识论的角度去看人的意识，而不是从生存论的角度去看意识，所以他们绝少追问人存在的意义问题。即使他们高谈自我意识的自由，他们也只是从认识的角度来谈自由（比如"自由是对必然的认识"就是很多哲学家的共同主张）。事实上，自由绝不只是个认识问题，而是人类的伟大实践。对近代哲学家来说，人似乎要为知识而生，也要为知识而死，这一点当然体现了近代哲学家的崇高品质和崇高的精神境界，但问题的关键不在这里，而在于近代哲学家眼里的知识是以自然科学为模式的知识，对知识的狭隘理解必然导致对自我本身的狭隘理解。当近代人把人归结为自我，然后将自我归结为我思时，他们不可避免地要把人归结为能思之物。人当然是能思之物，但绝不只是能思之物。获取知识并不是人的最终目的，甚至不是人的本质，人只有牢牢把握了自己生存的依据，他的知识才是有价值、有意义的，因为任何知识都有双重性，即它既可以用来为人谋福利，也可以用来毒害人。如果我们听任于知识的摆布，让科学来统治人，而不是让科学服从人类的根本利益，人就会陷入飘荡无根的空虚状态，因此，人类在发展科学、追求知识时一刻也不能忽视自己生存的意义问题。忽视了这一问题，人类必将陷入人性的危机。

近代主体论哲学家从一开始就对人生的意义问题注意不够，当他们使自我从世界中独立出来并且成为傲视世界的主体时，他们仅仅注意到自我与世界的认识关系，而没有确认或很少确认人与世界的生存论关系。一旦人脱离了与世界的生存论关系而完全独立于世界，他的认识就不可避免要成为无根基的东西。笛卡尔和康德本来可以从人与世界的存在关系出发为认识论奠定基础。笛卡尔强调自我即是我思，康德进一步指出了我思与我思对象的不可分割性。然而，他并没有深问那个我思对象的本体论规定，也没有从我思对象出发来进一步规定自我，更没有从我思对象中看到人得以生存的世界并且领悟人生在世的意义。这样，自我与世界的关系是单向的，也就是说，我们只能在这里看到自我在认识关系中拥有世界，而看不到世界如何拥有自我，世界如何成为自我的依恃与归宿。

以主体概念为核心的近代认识论旨在为近代科学提供一个合理的说明，但这种说明仅限于从自我中去寻找认识的起点，从自我中去寻找知识的普遍性、必然性，从自我中去寻找真理的依据。奥古斯丁的名言"真理居于人的内心"实际上已经成了近代哲学家的座右铭。遗憾的是，近代主体论哲学家只是表明了知识的可能性在于自我，而绝少追问自我本身如何可能，自我的存在依据在哪里。只要他们不事先回答这个问题，以自我为核心的近代认识论就只能是一个缺乏坚实基础和说服力的形而上学假设。虽然笛卡尔和康德等人都问过"我是什么"的问题，但他们仍在不同程度地以对待外部事实的方式来对待自我本身。这一方面表明，事实科学（自然科学）的思维模式已经渐渐占领了每一个知识领域；另一方面表明，近代哲学宣称的自我的独立性和自由不过是完全外在的、表面的东西，对自我的研究在近代哲学中实质上服从于对外部事实的研究。这一点已在理论上预示着现代社会中人服从物、人性受制于物性的荒谬现象的出现。一旦人的自我认识完全从属于对外部事实的认识，人类社会中必然产生见物不见人的现象,这就是舍心逐物的开始,是人的失落的开始,是精神危机的开始。

近代主体论哲学有一个基本假设,即自我有一种绝对的同一性,这种同一性从根本上取决于自我有一个恒定不变的本质。所以,当近代人把自我看成主体时,他们也就想当然地把自我看成了现存的东西。无论是笛卡尔,还是费希特、谢林以及其后的黑格尔无不如此。即便是康德也未能从根本上跳出实体论的框框。尽管康德认识到自我主体原本不是"体",而是"用",即自我意识的先验统觉,但他把那些知性范畴本身看成了现成的先天形式,因而根本就不必追问它们的根源。由于缺乏生成论或发生论的观点,包括康德哲学在内的近代主体论被迫把自我的内容与我思对象的内容分割开来,从而使自我成了一种固定不变的、僵死的东西。建立在这种孤零零的、缺乏生气的主体之上的认识论也不可能把握活生生的认识过程。

富有讽刺意味的是,近代主体论哲学家以认识论问题为主题,他们口口声声要使哲学成为一门科学,到头来还找不到自己存在的地位,甚至连自己生存的理由也成了疑问。一方面,他们把自我作为认识论的出发点并由此去探讨认识的起源、认识的过程、认识的真理性标准问题,但他们所说的认识主要是指自然科学的认识,他们把自然科学知识作为知识的最高模式,把自然科学的真理作为真理的最高尺度。他们试图使认识论完全服从自然科学的需要,结果他们不得不跟在自然科学后面亦步亦趋,不得不使精神的自我认识完全服从于对外部自然的认识。另一方面,近代科学却毫不领情,科学家们并不觉得自己从近代认识论中得到了多少益处,相反,他们毫不理会近代认识论就主体本身而进行的喋喋不休的争论。我们当然无法否认近代主体论哲学在解放思想方面所起的积极作用,我们甚至要理直气壮地肯定培根等人所倡导的方法论大大推进了近代实验科学的发展。但是,从总体上看,近代主体论哲学犯了一个根本性的错误:使主体的自我认识完全从属于自然科学的认识。后来的实证主义的知识论一时间甚嚣尘上,与近代主体论有着直接的联系。哲学的独立地位之所以成为疑问亦根源于此,近代主体论的认识论紧步自然科学的后尘,却奢望自己成为自然科学的导引,这可能吗?撇开自我与世界的本体论关系而仅仅着眼于那个孤立的主体,探求知识的根源还有可能吗?

在对待主体性的问题上,一生的绝大部分时间都在近代哲学的传统中工作的现象学家胡塞尔也没能摆脱近代主体主义的困境。虽然他已经意识到近代哲学的许多矛盾,虽然他比近代人有着更多的危机意识,虽然他对主体性的看法确有不少值得称道的地方,但是他认为,近代主体性哲学的矛盾和欧洲人性的危机并不在于人们坚持了主体主义的基本立场,而恰恰在于他们没有把笛卡尔的主体性原则贯彻到底,因此,他的使命就是纠正近代哲学家在通向主体性的道路上所造成的偏离。可是,当他把主体性原则发挥得淋漓尽致时,情况又如何呢?

我们看到,当胡塞尔的认识论达到了主体主义的极致时,它也集中体现了近代主体论哲学的几乎所有的矛盾,并且使得本来尚不明显的矛盾变得更加尖锐,更加突出起来。

首先,由于胡塞尔把那个客观世界悬置起来,主体与世界的关系被还原为纯粹意识与意识所构造的对象的关系,而这种关系还只是一种认识论关系而不是一种生存论关系。但只要我们不触及自我与世界的生存论关系,人生的意义问题就无法解决。因此,尽管胡塞尔比笛卡尔和康德等人更加深刻地体会到,自我只有首先使自己的生存有意义,一切知识和科学才有存在的理由。尽管胡塞尔清楚地看到,近代哲学过多地受到了心理主义的毒害并且不恰当地把自然科学的方法和标准直接搬到哲学中来,尽管胡塞尔亲眼目睹了笛卡尔和康德等人无法看到的欧洲科学的危机和欧洲人性的危机,并且认识到这种危机的根源在于古希腊的普遍理性精神的丧失,但是,他始终没有指出克服欧洲人性危机的正确途径,我们且不论是否真有胡塞尔所说的那种纯而又纯的先验自我的存在,单就自我与世界的关系而言,如果他仅仅是在认识关系中拥有世界,自我如何成为有根基的东西呢?胡塞尔当然有理由说,自我在认识中拥有的世界只是理念的世界、精神的世界,而不是外在的事实世界,但我们不得不进一步追问,理念世界本身是如何出现的?它与自我的关系是由什么决定的?胡塞尔只是说,自我是一切问题的中心,他自身是自身的决定者。可是胡塞尔根本就没有想到,他在这里犯了循环论证的错误,即他一方面说自我的本性就是认识("我生即我思"),自我是一切认识关系的决定者,另一方面又说自我要通过认识来规定。实际上,只有超越自我才能规定自我,只有超越认识才能规定认识。当胡塞尔把自我作为主体并声称自我是一切意义的赋予者时,自我本身的存在意义却没有得到规定。即使胡塞尔说自我通过自身而赋予意义,那种赋意(sense-bestowal)也是十分片面的,因为他眼里的"自我"是以"思"、以认识作为自己的最高本质,似乎自我是因认识而生并且必须为认识而生。这样,人生在世的意义问题根本就没有得到解答。虽然胡塞尔晚年提出了"生活世界"的概念加以补救,但已经为时太晚并且在主体主义传统中完全无济于事。

其次,像近代所有主体论哲学家一样,胡塞尔最终也无法走出自我中心困境。当胡塞尔从客观世界回溯到纯粹意识的领域后,他天真地以为,只要我们停留在这一领域,我们就能保证认识论研究的纯粹性,殊不知,仅从意识着眼并不能解决意识领域的所有问题,特别是不能解决意识的本质问题。就像哥德尔不完全性定理早已表明的那样,任何系统必定存在自身不能说明的因素,对意识或自我的说明同样如此。意识的最终根源是在意识之外。虽然胡塞尔并不关心意识的根源问题,而只对意识自身的形式结构感兴趣,但意识的根源问题绝对不可回避,因为回避这一问题就意味着认识的真理性问题难以解决。也许,人们会说,根据笛卡尔和胡塞尔的思路,主体性本身是真理的唯一基础与尺度,认识的真理性仅仅在于它的无可置疑的自明性,因此,解决认识的真理性问题毋需超出认识领域之外。然而,人们可曾想到,无论是笛卡尔还是胡塞尔都相信,要了解认识正确与否,最终还得看认识是否"切合"它的对象,而要知道认识是否"切合"它的对象,就得站在认识的领域之外。由于胡塞尔的主体性理论把包括对象在内的一切都看成了自我的构造,他始终跳不出自我这个孤岛。

最为关键的是,胡塞尔不仅把认识对象看成自我的构造,而且把他人也看成了自我的构造。他不愿走出并且也不可能走出自我的自我性领域,因为在他看来,一旦走出了自我的自我性领域,主体性原则就无法贯彻到底,现象学的存在理由就要遭到严重的威胁,更何况,他人在我的意向关系中不过是一种对象,经过现象学还原之后,他人也不过是我的现象。如果说他人也是一个自我,那么,这个自我对我的自我始终是隐而不显,藏而不露的,因为我无法直接指认他我的存在,我无法窥见他人的心,我只能与他我建立一种间接的意向性关系,这种关系是以自我的移情为特征的。但是,自我的移情乃是自我的对象化,当你将心比心时,你只是把自己放在他人的位置上而已。不管你如何设身处地"为他人着想",他人终归还是他人,你心目中的那个他我依然是自我的对象化。因此,通过把自我设定为主体而把他人作为客体,他人问题始终不能解决。"自我"在笛卡尔那里是个孤立的原子,在康德那里是一种普遍的形式结构和功能,在胡塞尔那里则成了构造包括他人在内的现象世界的源泉。笛卡尔和康德并不关心他人问题。胡塞尔虽然关心他人问题并由此提出了"主体间性"的概念,但认为主体间性最终根源于主体性,因为就认识关系而言,他人的他人性意义是在自我中构造出来的。这样一来,胡塞尔就陷入了十分矛盾的境地:一方面,他不能否认他我的存在的事实;另一方面,他为了坚持彻底的主体性原则又不得不说他我的存在只能显现于自我中并且是在自我的意向性活动中被构造出来的。胡塞尔所面临的这一矛盾是近代主体主义哲学所蕴涵的各种矛盾的综合反映和主要表征。

起始于笛卡尔而终结于胡塞尔的近代主体主义传统还带来了一个影响至今的历史性后果,这就是,它提供并且推广了主客体二分的思维模式,二元论是这一思维模式在理论上的极端表现,人与自然的分裂和对立是这种思维模式被运用于实践的必然结果。

无论是笛卡尔、康德还是胡塞尔都是在主客体二分的思维模式中工作的。笛卡尔以"我思故我在"的命题宣告了主体主义时代的开始,这一时代的基本标志是：世界的存在物被归为两类，一类是思维的东西，一类是广延的东西，连人本身也被分为心灵和肉体两个部分。当自我被宣布为主体时，世界上一切有广延性的东西也就同时成了对象。对象（object，Gegenstand）在西文中原本就有"对立""对置"之意，对象性思维首先就是一种对置性思维，它事先设定了意识对存在物的对立关系及其占有意向和统摄意向。自我的主体地位的确立，既是自我的基础地位和优先地位的确立，又是自我的统治地位的确立。也是自我对世界进行肆意控制、利用和奴役的开始。这一点对近代社会具有决定意义，因为它不但培养了近代人对自身力量的确信，而且建立了自我与世界的新型关系，近代科学乃至整个近代文明都建立在这种关系的基础上。

然而，这是一种什么样的关系呢？这是自我与世界的对抗关系，是自我对世界进行发现、占领、盘剥和掠夺的关系，是自我在自己的对方那里，即在世界中印证自己的能力并按照自己的意图来实现自己的本质的关系。在这种关系中，意识成了一切存在物的中心，他的最高目的是使世界服从自己的意志。意识惊叹世界的神奇，但更坚信自身的神奇。奇在哪里？奇就奇在意识来自世界却居然想高高在上地支配世界。当人把自己确立为世界的主体时，他成了地地道道的征服者。"征服"是近代西方社会的旗帜，世界被无情地分割和肢解。于是，希腊人眼里的那个完整的世界不见了，现在出现在人们面前的只是破碎了的世界，是作为仓库、作为矿藏、作为竞技场、作为实验场的世界，是供人随意享用、随意役使的世界，一句话，是作为被动性而出现的对象世界。

近代主体论哲学家还没有深刻领悟一个关系到人的生存意义的道理：当自我把世界完全对象化时，他也在某种程度上对象化了自身。因为一方面人生在世界中，人把世界对象化也就意味着把自己存在的基础对象化，因而也在一定范围内将自身对象化了；另一方面，人在把世界作为对象时，世界成了满足人的欲望的工具，这样，自我又进一步被迫成为深渊，成为侵吞世界的"无"。在此，世界不仅刺激而且制约了人的意欲,至少它暗中牵着人放心外逐。但是,近代主体主义哲学恰恰忽视了世界对自我的制约作用,忽视了世界在成为对象时也潜在地规定着自我的活动范围和深度,甚至决定了自我存在的可能性。正因如此,以主体主义哲学作为思维模式的近代人片面地强调自我的主动性,强调自我与世界的对立而忽视了自我与世界的统一。结果,人们只知道到世界中去索取,而不知世界本身也是一种生命,一种需要通过悉心保护和倍加珍爱才能获得再生力的生命。在近代主体主义思想的指导下,人们一直把世界的开发作为自己的唯一任务,而"开发"意味着让世界自己释放自己,如果世界只有释放而无补充,这个世界还能成为世界吗?世界不成为世界,人还能成为人吗?

为什么近代哲学一直未能真正克服这种主客体的二元对立、人与自然的严重分裂呢?这一方面固然是因为近代哲学本身缺乏克服这种分裂的内在动力和能力,另一方面更是因为现实生活缺乏克服这种分裂的要求和根据。近代人生活在人与自然发生普遍分裂的时代,而且只要他们不愿过一种顺从自然的生活而是过一种征服自然的生活,他们就不得不生活在这样的时代。也就是说,人成为主体与世界成为对象是同时发生的,它们是同一事件的两个方面,人为了自己的独立发展,一开始就不得不将自然对象化、异己化,并在思想上和行动上保持自己对自然的绝对支配地位,科学则为人对自然的统治提供了强有力的手段。随着近代科学的凯歌行进,自然界的面貌发生了空前的改变,人也由此获得了从未有过的福利。一方面把人从自然中解放出来并把人确立为自然的主人,另一方面又培养了人的盲目自负和对科学的与日俱增的迷信,其后果是,自然被置于与人截然对立的地位,人与自然和睦相处的时代被人对自然的全面侵戕的时代所代替。在这样的时代里,人对自然的敌意不断加深,人与自然的鸿沟不断拉大,并且这种敌意和鸿沟由于人在自然面前的节节胜利而被近代文明所认可。在这种条件下,人们在理论上强调人与自然的分裂,进而在哲学有意无意地默认主客体的分裂似乎成了天经地义的事情。

然而,近代人远远没有想到,把人与自然的分裂强调到极致就会走向事情的反面。如果说在近代历史条件下,肯定人与自然的分裂是不可避免的,因为这不仅是科学的独立发展的前提,而且是人自身的独立发展的前提,那么在现代生活中继续固守人与自然的分裂并在哲学上坚持主客体的分裂就会变得令人难以接受甚至难以容忍。不管如何回避在自然遭到人的长期侵戕后所产生的可怕后果,我们总不能对这样的事实视而不见:对自然的控制和利用正在变成对自然的盘剥和掠夺,人类将面对自然资源的匮乏和自然本身的失衡。尽管这一点在今人看来并不显得十分可怕,因为随着新能源的开发和利用,自然资源的匮乏问题必将得到解决,但它引出了另一个正在危害人类生存的严重后果,即大量工业废渣、废水和废气的排放,森林面积的日趋缩小以及随之而来的水土流失和土地的沙化,正使人类的生存环境日趋恶化,如不尽快加以制止,人类终将面临灭顶之灾。这就是人的生存意义的危机。

第二节 主体主义传统的消解与中西哲学的合流

西方主体主义传统所制造的主客体的分裂在整个社会生活中表现为人与自然的分裂,这种分裂与普遍理性的分裂紧密联系在一起。普遍理性又称逻各斯(logos)理性,它曾是西方精神生活的内在依据和智慧源泉。如果说西方主体主义传统本质上是一种狭隘的理性主义的传统,那么,随着这一传统的改造,西方理性主义将会呈现全新的面貌。

诚如胡塞尔所说,在古希腊人那里,理性曾是永恒的理念和理想的称号。如果人的问题成了特殊的哲学问题,那不过表明他成了真正的理性生物;如果人的问题成了特殊的哲学问题,那也不过表明它所涉及的必定是历史中的理性和意义。神的问题、灵魂不朽和意志自由问题都涵盖在理性的问题之内。逻各斯"理性"蕴涵了思维与存在的统一、主体与客体的统一,它既是宇宙万物生生不息的内在原则,又是一种普遍的智慧,赫拉克利特曾把我们对宇宙的内在秩序和运动分寸的思想看作这种智慧的特殊形式。斯多葛派哲学家则不仅认为世界本质上是一个合乎理性的精神体系,而且认为人也分有了宇宙的普遍理性,从此,人心与理性建立了特殊的关系。

在近代西方哲学中,理性本身的微妙变化一方面表现为理性被狭隘地理解为主体的认识能力或认识的一个阶段从而使理性概念的外延变得越来越狭小起来;另一方面表现为世界被看成了可以用数学的计量方法加以描述的理性统一体,与此相应,那种从少数公理性概念和命题出发进行推论和证明的方法被作为统一的理性方法而得到广泛的接受和推广。希腊人眼里的普遍理性被近代人的数学逻辑理性所代替,涉及上帝、灵魂不朽和自由意志的绝对理性与作为人的认识能力的理性被截然割裂开来并且渐渐从历史舞台上退出。与此同时,随着人日益意识到自己与自然界的本质区别,他终于把自己上升为主体,上升为理性的唯一承担者,世界的理性秩序被认为只有凭借主体的理性秩序才能显示自己和启明自己。这样,作为主体的认识能力的理性不仅排挤了神的理性而独步天下,而且把希腊人的逻各斯变成了只有靠人的理性才能加以认识的、缺乏内在生命原则的客观必然性。现代许多人把逻各斯主要理解成"规律",在很大程度上正是受到了这种影响的结果,同时也是这种倾向的外在表现。

主体性从一开始就与理性结下了不解之缘。普遍理性的解体与主客体的分裂是同一过程的两个方面。随着近代自然科学的产生,人从自然界中独立出来并把自身置于自然的对立面,从此,普遍的逻各斯理性分裂为神的理性和人的理性。由于亚里士多德关于"人是理性的动物"的定义得到普遍的认同,理性渐渐成了主体性概念的核心。一方面,神性与人性的分离以及由此带来的神的理性与人的理性的分离使得人能自由自决地拥有自己的世界,因为神作为理性的最高原则渐渐失去了效力,这意味着人的理性、自然的理性相应地凸显出来;另一方面,既然在数学的普遍运用取得惊人的成功之后,人们相信世界本身是理性的世界,这种理性是在数学或数学化的自然中所获得的新的意义上的理性。那么,人们就非常自然地把数学化的理性,或者宽泛地说，把自然科学的理性作为无所不包的理性。因而，他们就势必在此基础上建立起全新的理性主义哲学，并谋求把这种哲学精神贯彻到各个知识领域。实际上，近代"每一门特殊科学的建立的确受到了相应的理性理论或理性领域的观念的指导。因而，哲学分解为各门特殊科学就有一种跟近代人的心态相联系的、更加深刻的意义"①。近代科学的专业化之所以可能，恰恰是由于被新的自然科学激发出来的理性哲学观念发挥了积极的推动作用，因为新的理性哲学观念不仅确定了世界的可入性，而且指出了数理方法作为研究自然现象的普遍方法的可行性，最为关键的是，近代人从世界是一个可以用精确的计量方法加以研究的理性统一体这一理性哲学观念中获得了征服新领域的信心和动力。我们只要看看笛卡尔和牛顿的工作就不难理解这一点。即使那些似乎远离哲学领域的科学家，也都有一个从当时流行的理性哲学观念中素朴地接受过来的哲学预设。

然而，近代理性哲学的基本预设都根植于主体主义的传统之中。这种传统不仅把人与自然严格分离开来，而且将精神与肉体严格分离开来，而精神则被分割为经验与理性，理性又被狭隘地理解为自然科学的理性，并且成了人的主体性的最终基础。于是，对主体性的高扬也就自然而然地成了自然科学理性的扩张。这是西方近代化过程的先决条件，同时也潜存着对理性，对人的主体性加以自然科学化的危险。其基本后果是，人们试图在近代片面的理性主义的引导下用自然科学的理性去代替一切理性，并用自然科学的方法去对待人和人的主体性本身，人的精神和历史被作为单纯的事实或逻辑程序来处理。人的存在价值和意义被排除在科学的领域之外。因此，在近代主体主义传统中的人是残缺不全的人，他们只见事实不见精神，只知自然科学的理性而不知人生在世的理性，更不知统一的逻各斯理性，他们抛弃了希腊人用普遍的理性来认识整个存在的普遍科学的理想，而只承认

---

① Edmund Husserl, *The Crisis of European Sciences and Transcendental Phenomenology: An Introduction to Phenomenological Philosophy*, trans. by David Carr, Evanston: Northwestern University Press, 1970, p. 62.

事实科学的有效性，仿佛只有它们才是达到真理的唯一可能的方式。

不仅如此，近代主体主义传统还导致了一种难以解脱的困境，一方面，人们主张将心理世界严格区别开来；另一方面，他们又不得不以对待物理世界的方式去对待心理世界。在开发物理世界的呼声一浪高过一浪之后，人们又在大谈特谈如何开发心理世界。现在，开发大脑，开发人的潜能已经成为或正在成为一种新的时尚，因为大家普遍相信，人的主体性不仅体现在对物理世界的开发上，而且体现在对心理世界的开发上，开发人心当然很有必要，但只知开发而不知保护将给人类带来灾难性的后果。就像人类只知疯狂地开发自然而不懂得保护自然带来了今天的环境危机一样，如果人们一味地把人心作为自然物来开发，利用而不对人心加以仔细的浇灌与培养，那么，人所面对的必将是心力的枯竭、思想的荒漠和精神的飘荡无根。

以坚持片面的理性主义为特征的近代主体主义传统一直没有真正解决经验与理性、主体与客体、人与自然、自然科学与人文科学的统一问题。康德首次预感到将理性归结为自然科学理性（理论理性）的潜在危险，并且正确地看到，仅以理论理性并不足以说明整个人类的存在状况。因此，他引入了实践理性和历史理性的概念，但是在他那里，这些"理性"之间缺乏内在的统一性。随着人的理性被分割为互不相干的条条块块，主体性本身也成了四分五裂的东西。狄尔泰对历史理性的批判，萨特对辩证理性的批判，以及人们对其他形形色色的理性如"工具理性""逻辑理性""价值理性"的批判，不但表明希腊人所倡导的普遍理性已经陷入了严重的分裂，而且表明人们尚未在以理性为基础的主体性问题上取得共识，同时也表明近代主体主义传统已经消解。

应当承认，理性只有经过分裂才能展开自己的丰富性，只有当理性展开了自己的丰富性时主体才能达到全面的自觉。但是，那些分裂的理性应该并且能够在更深的层次上统一起来。如果说没有多样性的理性是单调乏味的理性，因而是僵死的理性，那么，没有获得统一的理性就是缺乏内在依据的理性，因而是无根的理性，以这种无根的理性去引导人类的生活,人类必然处于精神分裂的状态,处于无家可归的状态,处于无所凭依的状态。因此,人要过一种真正属人的有依归的生活,就必须从一种普遍的理性精神去规范人自身。这种普遍的理性精神在古希腊表现为对"逻各斯"的尊重,在先秦时代的中国表现为对"道"的尊重。然而,中西文明在往后的历史发展中都不同程度地偏离了它们的固有目标,即按普遍的理性去生活的目标。存真与求善本是理性的应有内容,注重对自然的认识和对人的内心体认,重视外在的生活和人格的修养同是"逻各斯"和"道"在内在要求,就像我们不应把科学仅仅理解成自然科学一样,我们也不应把理性仅仅理解成自然科学的理性。唯其如此,学习科学技术就绝不只是像不少人所理解的那样只是学习自然科学的专门知识和技能,而是要在掌握这些知识和技能的基础上学会尊重理性,尊重逻各斯,尊重真理并热爱真理,站在普遍理性的角度上说,就是要学会存真与求善,学会利用自然,同时也学会保养内心。

有鉴于此,重视德性、操守和内心修养的中国人文传统和重视自然科学理性、重视外在生活世界的西方科学主义传统应该并且能够统一起来。西方有重"逻各斯"的传统,中国有重"道"的传统,舍弃前者,西方将不复成为西方,舍弃后者,中国将不复成为中国。从哲学上讲,由于侧重点的不同,中西思想具有很大的互补性,西方哲学的长处恰恰是中国哲学的短处,中国哲学的长处恰恰是西方哲学的短处,中国哲学把人的德性放在首要地位,强调人心的保养与修炼,但中国哲学一直不够重视人心对自然的认识。当近代西方哲学一直致力于为发展科学、征服自然鸣锣开道并为增进对自然的认识而致力于主体性的探究时,近代中国的哲学家们却一直停留在德性和个人修养的领域,而把对自然的认识看得无关紧要。

今天,人们已经深切地感受到,近代中国的落后在相当大的程度上根源于中国人一直被束缚在对自然的依附关系中,从思想上看,在于中国社会缺乏近代西方哲学所倡导的那种主体主义精神。在近代,西方人为实现自己的主体性而不断向外用力,而中国的哲学家们只知向内用力,他们仅仅关心德性与修养问题,殊不知,向内而不务外就像务外而不向内一样都不能促进社会的全面进步和人的健康发展。在近代西方,主体主义意味着知识与科学,意味着自我的独立与自由,意味着人对自然力的控制与利用。尽管主体主义只属于那个使世界成为对象并对世界进行无情掠夺的时代,但它基本上反映了近代西方社会的进步要求。同样是面向人心、面向自我,近代中西哲学采取了迥然不同的目的与态度。西方哲学面向自我、回到本心是为了建立一种服务于科学知识的认识论,或者说是为发展科学、征服自然提供理论根据。不管近代科学如何不理解近代主体主义哲学的争论,它们在基本精神上却是一致的。从笛卡尔、康德和胡塞尔那里,我们可以看到,对自我的探讨最终都服务于科学知识的确实性和真理性问题的解决。他们也大谈回到本心,但回到本心是为了更好地征服自然界;他们也主张净心净性,但最终目的是要扫除历史的成见;他们也谈良知良能,但这种良知良能本质上是指人心对真理的直观。他们并不以回到自我为目的,而是把认识自我作为认识自然的必要手段。他们知心是为了骛外,一切的一切都落实到对外部世界的认识、开发和征服上来。

正因如此,当深感本国科学技术落后的中国人意识到必须大力提高认识和征服自然界的能力时,他们也很自然地接受了为认识自然界奠基的西方主体主义的思维方式。这种思维方式体现了近代科学的本质并在相当大的程度上推动了西方社会认识自然和控制自然的进程。因此,深入研究西方主体主义认识论不仅具有重要的理论意义,而且有助于中国现代化的伟大实践,在过去的十年里,对主体性的探讨之所以一直是中国理论界的热点,最根本的原因也在这里。然而,我们应当看到,主体主义的思维模式只是西方社会的一种历史现象,是近代西方形而上学的历史产物。随着时间的推移,它的局限性正日益暴露出来,且不说把人规定为以理性为核心的主体如何片面,仅就主体主义的思维模式所制造的人与自然的严重分裂而言,我们决不能无视它的消极后果,现代西方哲学中的反主体主义倾向正是对这种消极后果的反动,以罗素等人为代表的分析哲学家甚至把主体性问题视为无意义的伪问题，把主体概念看作形而上学的伪概念。

与主体主义传统密切相关的是，近代西方社会在大力发展科学技术的同时，相对忽视了人类生存的根基问题。随着实证主义思潮的泛滥，人生的意义越来越被淹没于对外物的片面追求中，人性被消融在物性的释放里。近代主体主义哲学虽然把人心的反观自照作为自己的首要任务，但它们所倡导的反观自照并没有服从"立心"的需要，而是服从逐物的需要，结果导致了西方社会的人性危机和精神危机。十九世纪末至二十世纪上半叶，这一危机达到了空前严重的程度，两次世界大战几乎使每一个思想家都感受到了西方精神的没落。"二战"之后，虽然没有发生过大规模的战争，但西方社会仍不断受到一种变相的战争，即凶杀与暴力的威胁，以致强力成了西方社会不可缺少的手段。层出不穷的恐怖事件，居高不下的自杀率，屡禁不止的贩毒活动，以及人心的孤独、浮躁和没有着落之感均是西方心病的主要症候。这种心病的病根在于，在过去的一个多世纪里，西方人只顾放心外逐，而忽视了修心养性，忽视了真心的守护与培养。

因此，中国人在向西方学习先进的科学技术以提高认识和利用自然力的同时，决不应当放弃修心养性和尊重德性的伟大传统，尽管这一传统需要不断加以改造和更新。既然只有心物兼顾、内外双修才是人类文明之正途，那么，我们万万不可顾此失彼地只要科学与理性而放弃人心的修养与灌溉，否则，我们就只能跟在西方人后面亦步亦趋并且重新陷入西方文明早就面对的人性危机。从这种意义上说，人心的自我反思，人类主体性的探究，既要服从认识自然的需要，又要服从立心立人的需要。

在注重修心养性和立心立人方面，中国传统哲学为我们提供了宝贵的思想遗产。我们决不应该把近代中国的落后归咎为尊重德性和修心养性并错误地抛弃这一传统。因为近代中国的失误从根本上说在于人们没有高扬科学与理性而不在于尊重德性与修养。科学与理性、德性与修养都是人类不可缺少的东西。前者主外，后者主内，只有两方面协调发展，人类才可能有光明的前途。西方主体主义传统错误地割裂了两者,从而把人心与自然放在完全对立的位置上。当我们深入思考当今社会所面临的人与自然的严重分裂以及人心的浮躁和疯狂时,我们更加深切地感到中国传统哲学所强调的修心养性的重要性。中国人的修心养性观念归根到底建立在人与自然本应协调和谐这一古老的哲学观念的基础上。这里所说的自然既包括身外的天地万物,也包括人的第二自然,即肉身。不管中国传统哲学多么千差万别,强调人心与自然的相通性却是它们的一个共同特征。中国人也谈论对象,不过中国人所说的"对象"很少有"对立"的意思,而是意味着"对应""相称""协调",就像"对联""对偶"这类词所意指的东西那样。当我们在日常生活中常用"对象"一词来形容一对男女相配时,我们实际上已经站在具有本原意义的立场上看问题。"相配""相称"中蕴涵着和谐,在此,自我与对象的关系是一种和谐共存的关系,是一种互赖互助的关系。有趣的是,古代中国的思想家们把这种和谐共存的观念推广到天地万物,并由此衍生出天人相通、阴阳和合以及天人感应的思想。尽管荀子早就提出过"人定胜天"的思想,但这一思想一直没有得到很好地发扬和贯彻,这的确在相当大的程度上妨碍了中国人对自然力的探究和利用。但中国人强调人与自然的统一性亦有它的合理之处,中医、气功、园林建筑乃至中国的文学艺术无不体现了中国人生根于自然、以自然为家、以自然为友的伟大思想。只因有了这一点,才有了中国人的纯朴与细腻、沉潜与超脱;只因有了这一点,才有了中国文化的博大与精深,在人与自然发生严重分裂并且越来越多的人正在自食这种分裂所带来的苦果的时代里,中国传统哲学关于天人关系的思想反而愈来愈显示出它的智慧与光彩。

  从先秦时代起,中国哲学就一直强调人心的保养与守护,而不以认识自然和控制自然为依归。庄子早就指出,人要"自事其心","自事其心者,哀乐不施乎前"[①]。鹜外而不知内者,恰似游骑而不知其所归。在历史发展中儒、释、道三家的学说虽有这样或那样的差别,但在重视内心的修养这一方向上是一致的。中国的很多文人学士一贯把观认

---

① 《庄子·人间世》,郭庆藩:《庄子集释》,北京:中华书局,1961年。

自然看成陶冶性情的手段，或者说，在他们那里，认识自然必须服从内心修养的需要。王阳明提出的"格物致知"的学说最清楚不过地道出了这一点。如果说在近代西方主体主义哲学中"致知"是为了"格物"，那么，在王阳明等中国哲学家那里，"格物"则是为了"致知"。此处所说的"知"即人的内心灵明，即人之真心与本心，它集"天理"与"心性"于一体，熔"造化"与"德性"于一炉。对许多中国哲学家来说，只要从内心中真切体认，我们不仅能明心见性、无滞无碍，而且能"妙悟开发"，洞透天机。陆九渊早就指出，人要切己自反，自存本心方能改过迁善，趋于大通。人心之蔽在于"物欲"和"意见"，存心养心的要诀正在于剥离物欲，清除邪见。因此，要对人心"日夕保养灌溉，使之畅茂条达"①。王阳明更是把哲学变成了心学，而心学之大旨在于致良知。因此，王阳明宣称"吾生平讲学，只是'致良知'三字"②。"致良知"意味着什么呢？意味着回归本心，洞悉天理，而这一过程也正是"格物致知"和"正心诚意"的过程。由于王阳明认为，心涵万物，心包万理，因而人只须致力于心，返身去蔽就行了。王阳明心学的"致良知"学说绝不是西方人所说的认识论，而主要是培养心性、涵养道德的功夫，对自然界的认识在那里不过是达到"尽性至命之学"的一个环节而已。从这种意义上说，人回归自我、发明本心只是为保养心性和立身做人服务，而不是为认识自然界服务。

总之，中西哲学分别侧重于人类的健全发展所不可缺少的两个重要方面。中西哲学都主张回归本心，但抱着不同的目的与态度。中国哲学回归本心是为了修心养性、涵养道德；西方哲学回归本心是为了认识自然和控制自然。如果说中国哲学忽视了自然科学的理性，那么，西方哲学则忽视了人生在世的理性。只有中西哲学的合流才是人类文明之正途。

---

① 《陆九渊集》卷五《与舒西美》，北京：中华书局，1980年。
② 《王阳明全集》卷二十六《寄正宪男手墨二卷》，上海：上海古籍出版社，1992年。

参考文献

Oeuvres de Descartes, Publiées par C. Adam & P. Tannery, Paris: J. Vrin, 1964

The Philosophical Works of Descartes, eds. and trans. by E. S. Haldane and G. R. T. Ross, Cambridge: Cambridge University Press, 1969

Descartes Philosophical Letters. eds. and Trans. Anthony Kenny, Oxford: Clarendon Press, 1970

René Descartes, *Lettres à Regius, et remarques sur l'explication de l'esprit humain*, Paris: J. Vrin, 1959

Oeuvres Philosophiques de Descartes, Paris: Editions Garnier Freres, 1963–1973

Descartes: Oeuvres et Lettres, Paris: Gallimard, 1953

René Descartes, *Principles of Philosophy*, trans. by Valentine Rodger Miller and Reese P. Miller, Dordrecht: D. Reidel Publishing Company, 1982

René Descartes, *Entretien avec Burman: Manuscrit de Göttingen*, Paris: Édition Charles Adam, 1937

René Descartes, *Descartes' Conversation with Burman*, translated with introduction and commentary by John Cottinoham, Oxford: Clarendon Press, 1976

笛卡尔:《第一哲学沉思集》,庞景仁译,北京:商务印书馆,1986年

Ferdinand Alquie, *Descartes*, Paris: Hatier, 1969

Ferdinand Alquie, *Études cartésiennes*, Paris: J. Vrin, 1982

Michelle Beyssade, *Descartes*, Paris: Presses de France, 1972

Hiram Caton, *The Origin of Subjectivity: An Essay on Descartes*, New Haven: Yale University Press, 1973

Etienne Gilson, *Études sur le rôle de la pensée médiévale dans la formation du système cartésien*, Paris: J. Vrin, 1951

Henri Gouhier, *La pensée métaphysique de Descartes*, Paris: J. Vrin, 1962

Gerd Buchdahl, *Metaphysics and the Philosophy of Science: the Classical Origins: Descartes to Kant*, Cambridge, MA: MIT Press, 1969

W. H. Walsh, *Metaphysics*, London: Hutchinson, 1963

Bernard Williams, *Descartes: The Project of Pure Inquiry*, London: Pelican Books, 1978

W. Doney (ed.), *Descartes: A Collection of Critical Essays*, London: Macmillan, 1968

斯宾诺莎:《伦理学》,贺麟译,北京:商务印书馆,1958年

斯宾诺莎:《知性改进论》,贺麟译,北京:商务印书馆,1960年

G. H. Parkinson, *Spinoza's Theory of Knowledge*, Oxford: Oxford University Press, 1954

G. W. Leibniz, *Principes de la nature et de la grâce fondés en raison*, Paris: Presses Universitaires de France, 1954

莱布尼茨:《人类理智新论》,陈修斋译,北京:商务印书馆,1982年

休谟:《人性论》,关文运译,郑之骧校,北京:商务印书馆,1980年

休谟:《人类理解研究》,关文运译,北京:商务印书馆,1982年

北京大学哲学系外国哲学史教研室编译:《十六—十八世纪西欧各国哲学》,北京:商务印书馆,1975年

Immanuel Kant, *Critique of Pure Reason*, London: Macmillan, 1958

康德:《纯粹理性批判》,蓝公武译,北京:商务印书馆,1982 年

康德:《未来形而上学导论》,庞景仁译,北京:商务印书馆,1978 年

康德:《自然科学的形而上学基础》,邓晓芒译,北京:三联书店,1988 年

Lewis Beck, *Essays on Kant and Hume*, New Haven: Yale University Press, 1978

黑格尔:《逻辑学》,杨一之译,北京:商务印书馆,1974 年

黑格尔:《哲学史讲演录》,贺麟、王太庆译,北京:商务印书馆,1978 年

《费尔巴哈哲学史著作选》,涂纪亮译,北京:商务印书馆,1978 年

梯利:《西方哲学史》,葛力译,北京:商务印书馆,1979 年

《马克思恩格斯全集》第 2 卷,北京:人民出版社,1960 年

Edmund Husserl, *Logical Investigations*, trans. by J. N. Findlay, London: Routledge and Kegan Paul, 1982

Edmund Husserl, *Ideen zu einer reinen Phänomenologie und phänomenologischen Philosophie*, Tübingen: Niemeyer, 1980

Edmund Husserl, *Ideas Pertaining to a Pure Phenomenology and to a Phenomenological Philosophy*, First Book, *General Introduction to a Pure Phenomenology*, trans. by Fred Kersten, The Hague: Martinus Nijhoff, 1982

Edmund Husserl, *Ideas Pertaining to a Pure Phenomenology and to a Phenomenological Philosophy*, Third Book, *Phenomenology and the Foundations of the Sciences*, trans. by Ted Klein and William Pohl, The Hague: Martinus Nijhoff, 1980

Edmund Husserl, *The Phenomenology of Internal Time-Consciousness*, trans. by James S. Churchill, The Hague: Martinus Nijhoff, 1964

Edmund Husserl, *Phenomenology and the Crisis of Philosophy*, trans. by Quentin Lauer, New York: Harper & Row, 1965

Edmund Husserl, *Cartesian Meditations*: *An Introduction to Phenomenology*, trans. by Dorion Cairns, The Hague: Martinus Nijhoff, 1960

Edmund Husserl, *The Crisis of European Sciences and Transcendental Phenomenology*: *An Introduction to Phenomenological Philosophy*, trans. by David Carr, Evanston: Northwestern University Press, 1970

Edmund Husserl, *Formal and Transcendental Logic*, trans. by Dorion Cairns, The Hague: Martinus Nijhoff, 1969

胡塞尔:《现象学的观念》,倪梁康译,上海:上海译文出版社,1986年

Dorion Cairns, *Conversations with Husserl and Fink*, The Hague: Martinus Nijhoff, 1976

Fred Kersten and Richard Zaner, *Phenomenology*: *Continuation and Criticism*, *Essays in Memory of Dorion Cairns*, The Hague: Martinus Nijhoff, 1973

Quentin Lauer, *The Triumph of Subjectivity*: *An Introduction to Transcendental Phenomenology*, New York: Fordham University Press, 1978

J. N. Mohanty, *Phenomenology and Ontology*, The Hague: Martinus Nijhoff, 1970

J. N. Mohanty, *Edmund Husserl's Theory of Meaning*, The Hague: Martinus Nijhoff, 1976

Martin Heidegger, *The Basic Problems of Phenomenology*, trans. by Albert Hofstadter, Bloomington and Indianapolis: Indiana University Press, 1982

Martin Heidegger, *Was Heißt Denken?* Tübingen: Niemeyer, 1954

Martin Heidegger, *The Question Concerning Technology and Other Essays*, trans. by William Lovitt, New York and London: Garland Publishing, 1977

Herbert Spiegelberg, *The Phenomenological Movement*: *A*

Historical Introduction, The Hague：Martinus Nijhoff, 1982

Maurice Merleau-Ponty, *Phénoménologie de la perception*, Paris：Gallimard, 1945

Ludwig Wittgenstein, *Über Gewissheit*, Frankfurt am Main：Suhrkamp, 1984

Jaques Derrida, *Margins of Philosophy*, trans. by Alan Bass, Chicago：University of Chicago Press, 1982

Jaques Derrida, *L'Écriture et la Différence*, Paris：Éditions du Seuil, 1979

郭庆藩：《庄子集释》,北京：中华书局,1961 年

《陆九渊集》,北京：中华书局,1980 年

《王阳明全集》,上海：上海古籍出版社,1992 年

岛田虔次：《朱子学与阳明学》,蒋国保译,西安：陕西师范大学出版社,1986 年

张岱年：《中国哲学大纲》,北京：中国社会科学出版社,1982 年

《自我的觉悟》作者后记

在写作本书过程中,笔者得到王玖兴先生、陈京璇先生的悉心指导,在此,谨向他们表示衷心的感谢。

本书的原名为《心灵的反观自照》,按现象学的精神"心灵"亦属"悬置"的范围,故笔者根据叶秀山先生的意见将书名改为《自我的觉悟》,借此机会向叶秀山先生表示深切的谢意。

我国学界前辈冯契、陈修斋、张世英、苗力田、陈启伟、李毓章、叶秀山、钱广华、傅季重、徐孝通、夏基松、尹大贻、黄颂杰、朱志凯、潘富恩、余源培、李继宗、王克千等先生对论文进行了评审并提出了宝贵意见,在此一并向他们表示感谢。

最后,我要特别感谢复旦大学出版社的陈士强先生,1994 年 7 月 1 日,他冒着上海百年未遇的 38℃高温,亲临寒舍商讨出版事宜,对他的敬业精神,我表示由衷的钦佩!

汪堂家

1994 年 7 月 12 日

论　　文

从先验现象学到知觉现象学[①]

一

现象学是什么？梅洛-庞蒂指出，现象学是对本质的研究，在这种研究中，最关键的是找出对本质（如对知觉的本质和意识的本质等）的定义。然而，现象学又是一种从本质回溯到存在的学问。无论是从逻辑关系看，还是从历史事实看，存在问题在现象学运动中始终具有优先地位。既然世界在我们的反省开始之前就已存在着，那么，现象学的一切努力都旨在重新达到与世界的直接沟通。胡塞尔声称，现象学试图使自身成为严密科学的哲学，它要提供对空间、时间和我们生活的世界的说明。他在晚期著作《笛卡尔式的沉思》中曾提到"发生现象学"和"建构现象学"。梅洛-庞蒂接过胡塞尔的论题，强调现象学是对我们的经验的直接描述，而不考虑它的心理起源和因果说明。

自我与他人的关系问题是现象学的基本问题。在这个问题上，梅洛-庞蒂以知觉理论为基础来考察自我与他人的联结及其方式。在胡塞尔那里，经现象学还原之后，仍有一种先验主体，即先验的自我，这种自我与个别的经验主体相区别，因为它是剥离了经验成分的纯粹意

[①] 本文载上海中西哲学与文化交流中心编：《时代与思潮（4）——文化传统寻绎》，上海：学林出版社，1990年。——编者注

识,是一种绝对实在的本质。能吃、能喝、能感知、能行动的自我只是一种经验的自我,它是先验自我的表面现象。

在知觉现象学里,本质不再是现象世界的支撑点,而只是通过人所创造的语言强加于人的暂时稳定的东西。因此,自我并不是脱离人的知、情、意的"内在的人"(innerman)或独立的实体。既然纯粹意识不过是人的幻想,那么,把"自我"归为"纯思"显然是站不住脚的。在人身上,感知的东西与思维的东西并不是完全分离的。人首先是通过知觉与世界打交道,与他人相照面和沟通。在梅洛-庞蒂看来,人身上是无偶然性可言的,因为人的各个方面构成了紧密相联的整体,这种整体无需特殊的本质来支撑,虽然人是因意识而高于其他的,但是这种意识只有通过身体的作用才可能存在并发挥其功能。因此,如果说有自我的话,这种自我就一定是一种身体性的主体。

我要通过我与世界的关系来规定,要通过身体的中介性来规定。我并不是决定我的肉体和心灵结构的无数动因的结果和交汇点,我不能把自己设想为萨特意义上的无(即意识),而要设想为世界的一分子,设想为生物学、心理学或社会学研究的纯粹对象。

梅洛-庞蒂声称,我并不是一个"生物",甚至不是一个"人",也不是具有动物学、社会解剖学和归纳心理学所认识的那些特征的意识。我是绝对的源泉,我的存在并不来源于我的生理的或社会的环境,相反,我趋向于这些环境并且维持这些环境,因为我只是把我所选择的传统纳入我的自为存在。

作为自为存在,我的基本特征是我的主体性。梅洛-庞蒂认为,意识并不能完全代表主体性,因为人除了有意识之外还有前意识。从前意识的角度看,意识是模糊不清的。仅有反省的意识我们仍然不能把握我们的存在,因为我的意识是以知觉为基础的,如果我们懂得了我们是通过知觉来理解存在的行为,那么我们所涉及的问题都可归结为知觉问题。知觉有知觉的主体,这个主体被称为前主体。它通过自身而存在,并通过身体而指向外物。从这种意义上讲,身体是意识与世界联系的中介。

不过，梅洛-庞蒂所说的身体并不是笛卡尔意义上的单纯的物，而是融入了精神的有机整体。他常用一个综合性的概念 ego-body（自我-身体）或 body-subject（身体-主体）来称呼它。梅洛-庞蒂使用这个概念的用意是要避免身心的分离。这一点与他强调哲学和科学必须回到感知领域是十分吻合的。既然他所说的身体并非纯粹生理学意义上的身体，而是同时具有生理-心理特征的主体，那么我们就有理由相信，身体本身是显示主体性的方式。它的独特地位在于，万事万物都通过它而获得意义，就像食物只有被有机体吸收才成为食物一样，个别事物只有进入我与它们的关系才具有意义。因此，身体-主体与外界形成了意义的整体。这个整体不仅把我与物纳入了流动着的感知经验的领域，而且规定了知识的确定性程度。如果说现象的身体不再是自在的对象，而是主体性得以在外界显现的途径，那么，我对身体的经验就是自在存在与自为存在的真正融合。

在意义整体中，我不但与他物相融而且与他人相遇。当意识相互确认时，自我与他人的辩证法表现为主体与对象不断互换位置。在胡塞尔那里始终存在他人问题（probleme d'autre），因为胡塞尔认为：我只能达到我自身，我把自己规定为对自身存在的思想，并且我只有在思想时才会存在。因此，对胡塞尔来说，"他我"（Alter Ego）是一个十分矛盾的概念。梅洛-庞蒂说，他人并不是一个空洞的词，我的存在不能还原为我对存在的纯粹意识，但是我应该意识到我具有某种自然的形式并且包含着历史过程的可能性。"我思"必定把我呈现于某种环境。只有在这种条件下，胡塞尔所说的先验的主观性才是主体间性（intersubjectivity）。

承认主体间性意味着承认"他我"的存在，承认自我与他人的相互沟通。所谓主体间性即是主体与主体间的经验或意识的交流。主张这一点有利于避免唯我论，因而有利于确认自由的相对意义。按梅洛-庞蒂的看法，自我与他人在这个世界里是统一的。如果他人的确是对于他自己才存在的话，如果我们是为大家而不是为上帝而存在的话,我们就必定具有某种共生的现象。比如,我和他人都有身体的外观。我对自我的看法和他人对我的看法以及我对他人的看法和他人对他人的看法必定具有某种一致的方面。在这里,两种看法自然不是简单的并列关系。我必定是我呈现给他人的外在性,他人的身体必定是他人本身。只有自我和"他我"要通过他们的环境来加以确定时,自我和他人的矛盾和辩证法才有可能出现。

在谈到一个人处于主动的地位把另一个人作为自己的对象,亦即作为自在的存在时,梅洛-庞蒂说,这个人是把另一个人作为被动的存在来看待的,在这种情况下,另一个就被置于奴仆的地位。那么,耻辱与傲慢便获得了自我与他人的辩证法,这种辩证法是主人和奴隶的辩证法。既然我有肉体,那么在另一个人的注视之下,我就被归于对象的地位。对他来说,我再也不是作为人而存在的,否则,我就成了他的主人并且轮到我来看守他,但这种支配又是自我落败(self-debeat),因为正当我的欲望通过别人而被认识到时,他再也不是我希望由他来认识我的人,而是一个神魂颠倒的、被剥夺了自由的存在,因而在我的眼里,他再也不是一个人。由此可见,梅洛-庞蒂不过是用黑格尔来修正胡塞尔。胡塞尔的先验主体是指向对象的纯粹意识,仅凭他的本质直观,自我与"他我"的关联和交流是无法进行的,因为它们之间缺乏中介。梅洛-庞蒂觉得,作为主体的自我把他人知觉为物,或当作自在的存在,从而确立了自己的主体地位。同样,对别人来说,我也不过是一个自在的东西,别人也会像我一样,把我作为对象而把自己上升为主人。这正是主体之为主体所要求的。

二

胡塞尔在阐述意向性理论时曾经这样写道:"每一思想都要求思想的对象,在认识活动中这个对象同纯粹的'我'有一种关系。在每一活动中我们发现了明显的极向性(Polarity),一方是自我极,另一方是对象极,两极之中的每一个各有自己的特性。但是,这两极的特性及这些特性的起源是截然不同的。"①这段话集中反映了胡塞尔的基本思想,同时也蕴涵着胡塞尔的先验现象学自身难以克服的内在矛盾。

首先,既然胡塞尔承认没有无对象的思想,那么,就不存在纯粹的自我极,因为根据他的逻辑,我与纯粹的意识是同一的,但纯粹的意识是不可能存在的。

其次,胡塞尔把意识活动看作人的初始活动,而这种活动又是以反省为基本特征的,既然如此,胡塞尔就自然要把人的前意识排斥在外,但是,他在上段话中无意识地承认了意识活动本身亦有起源,也就是说,他承认了前意识的存在。

最后,胡塞尔强行区分自我极与对象极,这与他的意向性理论是不相容的,因为他认为一切意向都有意向的对象,并且这个对象一开始就处于我们的意识关系中。

梅洛-庞蒂作为胡塞尔的后继者当然不会全盘抛弃胡塞尔的意向性理论,但是他发现了胡塞尔先验现象学的上述矛盾,为了克服这些矛盾,他引入了前意识的概念,并由此出发把现象学改建在知觉经验的基础上。在晚期著作,特别是在《欧洲科学的危机和先验现象学》中,胡塞尔曾经意识到对知觉世界(相当于梅洛-庞蒂所说的前意识领域)的忽视如何导致了现代科学的危机。这一点预示着梅洛-庞蒂的知觉现象学出现的逻辑必然性。

梅洛-庞蒂认为,人的生活一开始就与知觉世界共命运,人的意识活动并不是从虚无中产生的,而是来源于前意识的知觉领域。他指出,主体作为个别的"世界上的存在"(in-der-welt-sein)是不能按传统的二元论的模式来说明的,因为二元论把知觉经验看作是外在于现象的物理原因作用于心灵的结果,与此相反,知觉现象学力图克服物质与心灵的对立,它使世界与主体在知觉中统一起来,因为知觉肯定了二者的连续性。同时,梅洛-庞蒂也相信,对世界的概念性认识必须求助于原始的知觉环境,人们不能通过从意识的意向结构中抽引出来的人为的单位重新构造出我们对这个世界的经验。正因如此,意向性首

---

① Edmund Husserl, *Husserliana*, Vol. 4, The Hague: Martinus Nijhoff, 1952, S. 105.

先属于前意识领域而不属于反省领域。比如,在观察活动中,对象呈现给我们的方式就取决于我们的意向性,一个生物学家对树的观察不同于一个儿童对树的观察,树呈现给前者的内容远远多于呈现给后者的内容。这一点表明,主体的意向性很大程度上决定了现象显现的内容。

在胡塞尔的先验现象学中,信仰或意识的对象并不是外部世界的对象或事态,而是内在于信仰或意识的东西,用他本人的话说,是意向对象。在此,个人意识具有优先性,因为不论是具体的东西还是抽象的东西,就其作为现象来说都是直接给予的,是意识为自己构造出来的。梅洛-庞蒂当然承认意识领域所表现出的意向性,在这一点上他和胡塞尔没有多大分歧。然而,梅洛-庞蒂不能容忍现象学对前意识的知觉领域熟视无睹,在他的心目中,阐明前意识领域的意向性恰恰是现象学的主题。

前意识领域的意向性体现了主体与客体的本体论关系而不只是认识论关系。在这里,主体只有处于由知觉活动所造成的知觉环境中才有意义。对知觉者来说,主客体关系不再是对象的呈现被主体构成的认识关系,而是一种存在关系,主体是他的身体,他的世界,他的情境,在某种意义上,是与它们的相互关系。梅洛-庞蒂说,知觉当然是对某东西的知觉,信仰总是对某东西的信仰。就个人来说,他人是我的知觉的意向对象,而我本人此时决不是自己的意向对象。

梅洛-庞蒂把意向性规定为超越意识和前意识主体的活动,它是不断的倾向,是主体所追求的对象的不断更新与回复。在意向活动中,每个意识向着真理,向着实在,基于这一点,梅洛-庞蒂说意识不是"我思",而是"我能"。每个人和每个物自然各有自己的独立性,因为它们每一个对于他人和他物来说总是一种内在性,因而它们彼此外在。但一旦进入知觉领域,意向性就把它们沟通起来,意向性是原始的标尺,这根标尺把我们与世界联系在一起。至于意向性本身,那是难以把握的,因为它不是凝固的东西,当你把握了它的时候,它就再也不是意向性了,正是这种无形的意向性造成了人的存在与意识的超越性的浑然一体。梅洛-庞蒂说,他最初在知觉中发现了这种意向性。知觉是一切现象存在的根源和生命。意识在不断地自我追求与自我占有中,发现自己与存在的各种关系不过是知觉的各种表现形式。本质上说,科学的对象就是知觉的对象。它是后于知觉而出现的。在这种意义上说,康德和拉普拉斯的星云说不是出现在我们之前,而是出现在我们之后。为了摆脱唯我论的困境,梅洛-庞蒂宣称,知觉现象学不是从传统的本体论意义上来谈论科学的对象和知觉的关系的。它并不否认自在对于人、对于人类意识的第一性。一方面,知觉现象学像胡塞尔现象学一样,要"回到事情本身",而"回到事情本身"就是回到世界。这个世界先于知识,知识也永远要谈论它。"对于这个世界的每一种规定都是抽象的、象征性的,具有依赖性的。"①另一方面,知觉现象学力图向人们表明,科学或文化世界总是被知觉化了的世界。当自在进入意识关系时,它就被意识俘虏了,并且被改造为现象学的存在物,这个存在物正是科学的对象。可是,这个对象已经被意识占有了,被意识扭曲或变形了。它的存在方式总是伴随着主观性的变化。虽然我们无法断定科学是否与自在相一致,但我们可以肯定科学是与知觉世界一致的。

显而易见,在意向性问题上,梅洛-庞蒂的知觉现象学尽管与胡塞尔的先验现象学有这样或那样的分歧,但它们本质上是相同的,因为梅洛-庞蒂和胡塞尔都是从主观性出发去建立自己的现象学体系。不同的是,梅洛-庞蒂是用经验的主观性代替胡塞尔的先验的主观性,用经验的我代替胡塞尔的先验的我,用感性知觉去代替胡塞尔的本质直观。在胡塞尔那里,"还原不仅是离开自然界,而且是指向某种东西,这一运动的目标不过是先验的主观性"②,在梅洛-庞蒂这里,根本不存在胡塞尔意义上的还原,因为根本就没有胡塞尔所说的先验本质。知觉现象学实质上只是从经验的主观性出发,然

---

① Maurice Merleau-Ponty, *Phenomenology of Perception*, translated by Colin Smith, London & New York: Routledge, 1962, p. 240.
② Herbert Spiegelberg, *The Phenomenological Movement*, Vol. 1, Boston: Kluwer Academic Publishers, 1960, p. 137.

后又返回到经验的主观性。换句话说,是由主观向客观的过渡以及由客观向主观的过渡。

梅洛-庞蒂和胡塞尔似乎都想要把人从现象中解放出来,但是现象世界是他们所创造的唯一可能的世界。梅洛-庞蒂力图消除现象学的"世界性"(mondanite, weltlichkeit)概念的不确定性,但自己又陷入了新的不确定之中,人不是超验的我,而是经验的我,他不仅是现象世界的观众,而且是现象世界的演员。世界在人的知觉中显露出来,然而这种显露本身却意味着人和物的共存。由于"我是绝对的源泉"①,由于我和世界永远都是不完全的,由于作为现象世界的支撑点的知觉总是处于不断的流动中,因而,与之伴随的"世界性"也是变动不居的,所以是不确定的。

与此相联系,梅洛-庞蒂一贯主张现象与可说的东西相联系,它不是作为清一色的东西,而是作为精神和物质的混合物而存在着,"物质、生命、精神一定不是同等地参与形式自然的,它们必定表现为不同程度的结合"②。在这一点上,他不过是步胡塞尔的后尘。胡塞尔曾说,现象是"必须对自身进行单纯的表达的模糊的经验"。梅洛-庞蒂反复引用胡塞尔的这句话,他处处强调物质和精神的相互作用,而不愿回答它们何者为第一性的问题。由于梅洛-庞蒂总是把物质的东西和精神的东西糅合在一起,他的知觉现象学在西方素有"模糊哲学"之称。既然经验是模糊的,那么,它只能显现而不能描述。这种显现过程是述说(discourse)的过程。人们在述说中,一边坚持经验,一边又再造经验。知觉现象学通过述说,通过与对象"交往",把"我思"建立在知觉(梅洛-庞蒂常用"我感知"来代替)的基础上。而梅洛-庞蒂的"知觉"和可见世界的关系,与胡塞尔的"生活世界"又是一致的。因此,利奥达对胡塞尔的"生活世界"的评论也同样适用于梅格-庞蒂的知觉世界:"就这种创造生活的世界是反表达的而言,一切表达,一切

---

① Maurice Merleau-Ponty, *Phenomenology of Perception*, translated by Colin Smith, London & New York: Routledge, 1962, p.11.
② Maurice Merleau-Ponty, *The Structure of Behavior*, translated by Alden L. Fisher, Boston: Beacon Press, 1967, p.143.

述说无疑包含它,然而又远离它。确切些说,对于它什么也不能说。……胡塞尔的描述是一种为获得创造性的语言而与自身进行的斗争,在这种斗争中既然创造性一经描述出来就再也不是创造性,那么,这已经确定了这个哲学家、这个逻各斯的失败。"[1]

---

[1] Jean-François Lyotard, *La phénoménologie*, Paris: PUF, 1954, pp. 40 – 41.

意志现象学的转折①

意志问题自古以来就是哲学关注的基本问题之一。但它对不同哲学家的重要程度以及它在不同哲学系统中的地位是不同的。一些哲学家也许并不专门研究意志问题,但是,只要他们全面关注人的意识活动,关注人的行为和实践,并进而关注善恶以及人生与世界的关系,意志问题就会不时凸显出来。正如中文的"意志"一词和英文的"will"(作为名词,它还有"意志"的意思)所表明的那样,它作为意识的一种形式既与未来相关,也与行为的实现和"谋划"有关,还与现在对过去的"坚持"有关。正因如此,"意志"在拉丁思维里关联着"意愿"(velle)和"快乐"(voluptas)也就不难理解了。

在西方哲学史上,对意志问题的系统讨论可以追溯到亚里士多德。他虽然没有使用过"意志"这样的词语,但他对生活的细致观察以及对责任问题的思考使他事实上触及意志问题。他在《尼各马可伦理学》中通过区分自愿与不自愿来阐述德性问题,尤其是责任问题。他这样写道:"由于德性涉及情感和行为,由于赞扬与谴责都指向那自愿的事物,而宽恕,有时甚至怜悯,指向不自愿的事物,所以研究德性的人应当区分自愿与不自愿。"②然而,当今研究德性的人之所以要区分自愿与不自愿,更是因为自愿是自由的前提,也是幸福的前提,而不自愿关联着强制和压迫③。像亚里士多德的哲学一样,胡塞尔的现象学

---

① 本文载赵敦华主编:《外国哲学》第23辑,北京:商务印书馆,2012年。——编者注
② 亚里士多德:《尼各马可伦理学》,1109b30-35。
③ 关于亚里士多德对自愿与不自愿问题的讨论,参见余纪元《亚里士多德伦理学》第7讲"责任伦理与品格"和第8讲"意志薄弱",北京:中国人民大学出版社,2011年,第145—179页。

也怀有人们常常忽视的强烈的伦理动机。他虽然不像后来的法国哲学家列维纳斯那样将伦理学作为第一哲学,但他试图通过现象学为伦理学建立确实性的基础却是毋庸置疑的。由于伦理学涉及的不单单是纯意识的问题,而且涉及行为和实践的问题,胡塞尔的现象学自然要关注与人的行为和实践密切相关的情感问题和意志问题。因此,胡塞尔在《关于伦理学和价值论的讲演(1908—1914)》[①]中从现象学的立场出发对意志问题进行专门讨论(该书第一部分的第三章的标题就是"论意志现象学")就是合乎逻辑的事情[②]。虽然这种讨论在一定意义上可以看作对《逻辑研究》和《纯粹现象学和现象学哲学的观念》的相关思想的充分展开和重大发展(我这里是从逻辑上而不是从时间上考虑的。从时间上看胡塞尔也许早就形成了关于意志现象学的基本想法,由于我未读完他的所有手稿,所以只能下一个或然判断),但它对现象学的事业而言无异于一次重大的转折。如果我们深入理解胡塞尔最终将意志问题作为存在问题来处理的深刻意义,我们就不难明白胡塞尔的这一讨论对于现象学的后续发展,特别是对"现象学的存在论转折"的重要性。正如利科所言,"在这里,我们的问题是表明在走向存在论的开端的过程中意志现象学的各种根源。通过揭示意志的特殊的非存在,揭示一种属于意志的存在缺陷,现象学实际上有办法造成向人类的存在问题的过渡"[③]。有趣的是,熟读亚里士多德的利科对胡塞尔的意志现象学的批评与发展恰恰是沿着亚里士多德的思路展开的。作为胡塞尔的《观念 I》的法文译者和注释者以及胡塞尔现象学的权威阐释者,他不仅对胡塞尔的意志现象学的任务和方法进行了出色的分析,而且提出了意志现象学的宏大构想。他的《意志哲学》第一卷就是以《自愿与非自愿》为题出版的,《可能犯错误的人》以及《恶

[①] Edmund Husserl, *Vorlesung Über Ethik und Wertlehre 1908 -1914*, Herausgegeben von Ullrich Melle, Dordrecht/Boston/London: Kluwer Academic Publishers, 1988.
[②] 曾云已经对它们之间的联系作了很好的说明。参见曾云:《胡塞尔对伦理意志的反思——绝对应当和意志真理》,载《道德与文明》2010 年第 3 期。
[③] Paul Ricoeur, *Husserl: An Analysis of his Phenomenology*, trans. by Edward G. Ballard and Lester E. Embree, Evanston: Northwestern University Press, 1967, p. 228.

的象征》则是意志哲学的具体化。因此,本文将分别就胡塞尔意志现象学的一般特点以及利科对这种现象学的阐释、批评和发展进行相应的论述。

一、意志:价值意识和事实意识

对意识的一般现象学描述不仅涉及感知、表象、判断和推理等意识活动,而且涉及情感活动和意志活动。《逻辑研究》和《观念 I》中都没有出现"意志现象学"一词,但这两部著作都对意志现象做过探讨。在《逻辑研究》第二卷第一部分中,胡塞尔在讨论"表达式"和含义时已经触及了情感活动和意志活动的指向性问题(见第一研究第一章第三节最后一段话),而在该书第二卷第二部分中胡塞尔进一步讨论了意志和愿望的所指问题(见该书第一章第 68 节第一段话),在那里意志和愿望被归为非对象化或非客体化行为。但有两点值得我们注意:第一,此时的胡塞尔并未对意志、愿意和愿望进行严格区分;第二,此时的胡塞尔只是从语言的表达式入手来分析作为意识样态的意志和愿望。他试图回答的问题是:愿望、意志能否作为意义赋予行为或意义充实行为而起作用?此时,胡塞尔常用同一个词 der Wille 来表示"意志""意愿""愿望""意图"等意思,但当他将此词与"情感"并列使用时,它显然应当理解为"意志"。虽然他已提出了对意志现象学来说十分重要的一个概念,即"意志意指"(Willensmeinung)概念并且后来的《观念 I》称"意义意指"是意志独有的意向对象①,但胡塞尔此时的做法表明他尚未将意志作为现象学的一个专门领域来进行详细意向分析,同时,他也不经意地显示了意志和意愿之间的密切联系。对这一联系,我们可用这样一句话来表示:意志是对意愿的坚持并付诸行动的能力。

---

① 参见胡塞尔:《纯粹现象学通论》,李幼蒸译,商务印书馆,1992 年,第 242 页;Edmund Husserl, *Ideen zu Einer Reinen Phänomenologie und Phänomenologischen Philosophie*, Erstes Buch, *Allgemeine Einfürung in die Reine Phänomenologie*, Neu Herausgegeben von Karl Schumann, The Hague: Martinus Nijhoff, 1976, S. 221。

在对待意志的问题上,《观念 I》比《逻辑研究》更进了一步。在《观念 I》中,胡塞尔至少有两处专门阐述了意志问题。第一处是第三篇第三章第 95 节,第二处是第三篇第四章第 121 节。在第 95 节中,意志领域已经开始作为一个相对独立的领域进入现象学的视野。该节的标题为"在情感领域和意志领域中的类似区别"。这个标题表明,胡塞尔试图将适用于判断领域的意向活动(Noesis,亦译"意向作用")和意向对象(Noema)的区别应用于对情感领域和意志领域的讨论。就像"被判断者(Geurteilte)不应与判断内容(Beurteilten)相混"一样,意志的意向对象也不能与意志的内容相混。对意志的意向结构的分析需要揭示这一点。在《观念 I》中有一段非常值得我们认真对待的关于意志的论述:

> 一方面,我们有随时实行的决定行为,连带着一切它要求其作为基础的和在具体化中包含在自身内的一切体验。种种意向活动因素都属于它。意志设定是以评价设定、事物设定等等为基础的。另一方面,我们发现,决定作为一种特殊种类的客体,特别属于意志领域;而且它显然是一种以其他意向对象的客体为根基的客体。如果我们作为现象学者排除了我们的一切设定,那么作为现象学纯意向体验的意志现象,仍然保持着它的"被意欲者本身",后者作为意志所特有的意向对象,即"意志意指"(Willensmeinung),它是此意志中的(在其完全本质中的)"意指",并连带着一切所意欲的和所指向的东西。①

从上面这段话中,我们看到胡塞尔是把意志作为纯意向体验看待的,同时,意志具备一般意向活动的基本因素,也具备一般意向活动的基本结构。意志体现在种种具体化的意志活动中,这些活动的客观对

---

① 胡塞尔:《纯粹现象学通论》,李幼蒸译,商务印书馆,1992 年,第 242 页;Edmund Husserl, *Ideen zu Einer Reinen Phänomenologie und Phänomenologischen Philosophie*, Erstes Buch, *Allegemeine Einfürung in die Reine Phänomenologie*, Neu Herausgegeben von Karl Schumann, The Hague: Martinus Nijhoff, 1976, S. 221。

象被排除之后，仍然有其被意欲者，即意志活动所指向的东西存在。不过，我们在这里是在意向关系中谈论"存在"的。一般说来，意志设定是以评价设定为前提的，而评价设定是以"事物"设定为前提的。这里的"事物"当然是现象学意义上的"事物"，是进入意向关系中的"事物"。下面我们就具体地分析一下意志活动的两个重要方面。

一方面，对意识的一般意向分析也适用于对意志的分析。按照这种分析，意志既有与其他意识活动相同的地方，又有与其他意识活动不同的地方。像其他意识活动一样，意志活动是一种意向活动并且有其意向对象，胡塞尔把这种意向对象称为"意志意指"。作为体验，意志也包含多种意向层次，其意向活动和意向对象也分为许多层次。在现象的最上层，意志的意向对象仿佛是空的，因而可以取消，但在下面各个层次，意志活动是非常具体的、完全的意向体验。

另一方面，作为意向活动的意志活动具有自身的特殊性，因此，我们需要对意志进行特殊的分析。意志现象学的价值恰恰在于对意志的特殊性进行意向分析。这种特殊的分析与什么相关呢？

与许多意识活动不同，意志活动常常包含价值意识，甚至包含意识与自身兴趣的转移所作的内在斗争。比如，一个两岁的孩子对每个东西的兴趣可能持续不到二十分钟，但一个正常的成人可能持续地对某件事感兴趣，这个成人在中间很可能有过动摇，但他知道不坚持做完某件事是不好的，于是他最终战胜了犹豫和动摇，将某件事坚持下来。人面对的处境越是艰难，人的意志活动越是对人的选择发生影响。在选择中，一个事态以及在事态中显现的物及其性质往往被知觉、表象和判断，它们成了相应的意向对象，而意志活动仿佛在看管着我们的知觉、表象和判断本身，它们不断接受着评价，或者说在评价中作为被评价者出现。如果我们进一步分析下去，就会发现在意志领域里人们做选择的过程就是做出决定的过程，即使你不做决定也仍然是一种决定，即决定不做决定。决定中包含许多意向活动的因素。胡塞尔认为，决定也是一种特殊的对象，它尤其属于意志领域。这就是为什么我们说一个凡事犹豫不决的人通常也是一个意志薄弱的人。

意志是意识的发动者、看管着和维持者,它至少包含两个大的层次,一个是事实的层次,另一个是价值的层次,因此,它包含事实意识和价值意识。比如,我们说我们今天一定要将某事做完,否则,我们就不休息。但我们会问是什么使你决定一定要将此事做完呢?显然是此事的价值以及你对实现这一价值的坚持。价值本身并不自动地引出你的行为,你的动机可以给你的行为定向,甚至短暂地让你做出某种行为,但你也很可能在中途发现一件事不值得你去做,于是你中断了这件事。而使你继续去做这件事的不仅是你的认识,而且是意志的力量。许多人知道做一件事很有意义,但就是不去做,即便做了,也不能善始善终。意志让我们克服了这一缺点。意志不但使决断成为决断,而且使决断成为行动中的持存者。在这一过程中,信念起着十分重要的作用。

一个理性的人在有意志维持的行动中不断保持着评价意识。在评价时,你是通过某种评价或接受了别人的评价而得知某事的价值的。然而,在此时,你已先行了解了物的性质和价值,即某种有用性,你也了解了让某物及其性质的价值得以显示和利用的行为本身所具有的价值。也就是说,你了解了价值的价值。这样,物、性质和行为本身成了价值意识的根基。正因如此,胡塞尔谈到单纯的物的价值性和具体的价值本身。这似乎有些费解,但实际上不难理解。前者是指一般的价值,后者是指具体的价值。人在做一件事时常常是先有一般价值的意识,后有具体的价值意识的。比如说,你想将一个洞里的球拿出来,你的手不够长,于是你想找一个合用的工具,此时你心中有工具有用的意识,但接下来你可能四下去找一些具体的工具。工具的意义是在这种寻找的过程和应用的过程中实现的。不过,对于现象学家而言,"为了把握意向对象,必须排除一切实显的设定"①。因此,我们在谈论评价意识的意向对象时,也是排除实显的设定的。我们需要认识

---

① 胡塞尔:《纯粹现象学通论》,李幼蒸译,北京:商务印书馆,1992 年,第 241 页;Edmund Husserl, *Ideen zu Einer Reinen Phänomenologie und Phänomenologischen Philosophie*, Erstes Buch, *Allegemeine Einfüerung in die Reine Phänomenologie*, Neu Herausgegeben von Karl Schumann, The Hague: Martinus Nijhoff, 1976, S. 198。

到，价值对象和被评价的对象在胡塞尔那里是有区别的。

但是，意志不单单是意识的发动者、看管者和维持者，它还是行动的发动者、看管者和维护者。正因如此，它与实践相关。也正是在这一点上，它与其他许多意识活动有着明显的区别。胡塞尔承认不同种类的理性服从形式上同一的法则，但情感领域和意志领域各有自身服从的法则。在《关于伦理学与价值论的讲演(1908—1914)》中，胡塞尔对意志领域作了广义和狭义的区分。他写道："我们现在想专门考察一下意志领域。我们已经了解了各种法则，关于这些法则我们说过，它们支配着被扩大的最一般意义上的价值论的含义。"①在胡塞尔眼里，意志现象学当然探讨一般价值论的法则，但它并不应满足于此。它的一个重要任务是确定意志的领域和范围，把握一种意志的逻辑，寻求单纯适用于意志领域而不是情感领域的法则。为了确定意志的领域和范围，就必须把与意志相关的意识领域清理一番，对广义的意志与狭义的意志有一个比较清晰的厘定，尽管它们的边界在实际上常常是比较模糊的。而要了解意志的法则就必须了解意志的表达方式问题，特别是了解意志与意志的陈述的关系。从本质上讲，这种关系体现了现象学所说的意向关系。

二、意志的三重特征

胡塞尔断言，意志的一个重要特征在于它的趋向性。它既是外展的，又是内敛的。当它外展时，它一开始是空洞的意向性，只有当它进一步落实为包含某种意图的行为时，这种意向性才得到充实。正因为意志有外向的品格，它才持续地存在于每一种行为中，但单一的行为只是意志得以贯穿自身的一个环节。这个环节只是意志的一个临时的原点。此原点是游移的并且处于"是"与"不是"之间。换言之，它活

---

① Edmund Husserl, *Vorlesung Über Ethik und Wertlehre 1908 - 1914*, Herausgegeben von Ullrich Melle, Kluwer Academic Publishers, Dordrecht/Boston/London, 1988, S. 102.

动在"做"与"想做"之间。因为"做",意向得到充实,趋向得到了维持;因为"想做",意向指向新的可能性。但如果意志只是外向的,意志就与单纯的意图和愿望没有区别了。意志的内敛性使意识能坚守过去,又不断创造自身,并且它是通过创造而坚守。它将持续的动机贯穿于过去的愿望和未来的行动中。"意志的前提既不是作为追求目标的信念,也不是意志看似指向的现实目标,或现成的存在者,而是意志意识本身的决定能力和创造能力。换言之,意志意识本身是没有现成的确定前提的。这正体现了意志意识本身在未来实践可能性中的创造性特征。"①

但是,意志的复杂性表现在,它作为一种趋向不但通过记忆而指向过去,而且通过此时的现实而指向将来。由此,引出了意志的另一个特点,即对未来的创生能力。胡塞尔说:"指向未来的意志以一定的方式也包含对未来的信念,但它并不以这种信念为前提,它不把这种信念作为基础包含在内。"②对意志来说,这意味着应当有某个东西出现,并且它相信有某个东西出现。显而易见的是,这里有两个因素起作用,一个是存在的确定性,一个是对未来的设置。存在的确定性意味着意志排除存在的两可,意味着意志对将要存在的某物的确信。在此,不是因为存在而意欲,而是因为意欲而存在。意欲的东西应当存在并且能够存在,但尚未存在。

意志通过"总是已经"和"尚未"而发挥作用,或者说,意志体现了两者的张力并且这两者的存在对意志必不可少。如果只有前者,意识活动和行为就宣告了终结;如果只有后者,意志就没有着落处并且无法证明自身的持存性和确定性,因而也无法把自身贯彻到行为中。意志向未来敞开毕竟隐含了让过去成为过去,但同时把过去转化为将来。"总是已经"把过去的意识内容保留下来并给予积极的发展。"尚

---

① 曾云:《"实践应当"——胡塞尔的意志现象学分析》,见中国现象学网论文库,2010 年 9 月 6 日。
② Edmund Husserl, *Vorlesung Über Ethik und Wertlehre 1908 - 1914*, Herausgegeben von Ullrich Melle, Kluwer Academic Publishers, Dordrecht/Boston/London, 1988, S. 106.

未"使意欲成为意欲。它给"现在"留下了缺口,也认定了现在的不完全性。"尚未"先行设置了意欲的东西、意欲的内容。每种意志不仅是以这种意欲的东西为前提的,而且包含表象的基础。至少意志具有对意欲的东西的表象。当然这里的表象是蕴涵过去的滞留物的表象,但这个滞留物代表了比它在过去的情景中展现出来的更多的意义。这个滞留物是意志的创造材料和起点。材料通过形式来体现自身的存在状态,也通过形式显示自身的不完全性。意志试图用"将来"来补齐这种不完全性。所以,胡塞尔说:"指向未来的意志在一定意义上讲乃是实现的意向,并且这一点在完成的行为中'充实'了自身。"①但他进一步指出,意志的设置是对实现的设置,是对意愿的现实化的设置。但这里所说的实现不仅是成为现实,而且是创造现实。对未来的设置意味着什么呢?意味着意欲不是以对未来存在的信念为基础的,恰恰相反,未来的信念源于意欲。未来在此是作为此时的实在而出现的。意志以现在的实在为原点,但它发布了"成为存在""成为现实"的命令。"成为"乃是意志设置的本质。

胡塞尔进一步区分了行为意志(Handlungswille)和决断意志(Entschluβwille)并进行了意向分析。行为意志是以未来的创造为旨归的意志,它包含意图并且推动意图的实现。决断意志则是以未来的行为为旨归的意志。通常说来,行为意志是紧随决断意志而来的,它在时间流程与时间意识之内的时间间隔紧随确定的现在。它也作为有待实现的过程的起点而与确定的现在相关。但不管是哪种意义上的意志都与未来的设置有关。每种决断都是指向未来的,虽然它也有赖于对过去的记忆和选择,但决断的价值在于行为的确定性。意志与未来事件的关系不同于意志与未来行为的关系,当然也不同于它与未来意愿的关系。意志面向未来的行为、未来的现实,它预示了实践的维度。当它面向未来的现实时,它不但激发对未来的想象,而且推动

---

① Edmund Husserl, *Vorlesung Über Ethik und Wertlehre 1908-1914*, Herausgegeben von Ullrich Melle, Kluwer Academic Publishers, Dordrecht/Boston/London, 1988, S. 109.

将未来的东西变为现实。在贯穿未来的时间段中，意志在每个此刻、每个阶段都发挥作用。意志面向确定的现在，而这个现在乃是充实的时间系列的开端，这个现在以其确定性已经向我们指出了一个现实的领域。值得注意的是，意志可从现在的决断中预期未来的现实，它坚执于那个现实，它拥有未来存在的确定性。"意志面向现实，但不是面向理想的现实，而是面向个别的实在的现实。"[①]意志不断设置"现在"，推延"现在"，并展现出一种预期的连续性。这个连续性是通过对意志视域（Horizont）的意识而实现的。随着"现在"的更新，意志不断超越当下性，意志的视域不断向前推移。这样一来，意志就显示了它的本源性。意志根据现在的表象来设置将来的现实。将来的现实与此刻之间的时间距离既是意志存在并发挥作用的条件，也是意志展开自身的意向结构的条件。

意志不但体现了意识的创造性，而且体现了意识的实践维度。这是意志的第三个重要特征。胡塞尔对意识的构造能力的一般描述当然也适用于作为意识一部分的意志。在理论层面上，意志当然与考虑、决断和猜测相联系；但在实践层面而且主要是在实践层面，意志是通过对意图的贯彻而证明自身的存在和力量的。胡塞尔发现意志在理论层面与实践层面呈现相似的结构。我们甚至可以说，它们是意志显示自身的不同阶段和环节。因此，胡塞尔感到，他只需对一个层面进行分析就够了，尽管它们的内容很不相同并且两者的关系仍然比较复杂。意志不但贯穿于考虑的过程中，而且贯穿于选择的过程中。理性的提问在这里仍然带有试探的性质，考虑的结果是找到一个答案。就像答案可能是一个，也可能是多个一样，人的意图可能有一个，也可能有多个，甚至在一个意图之下隐含另外的意图，但要把意图实现出来就必须做决定。而做决定多半是在多种可能性中作出选择。当然，人们在考虑一番之后也可能不做选择，但正如我们早就说过的，不做

---

① Edmund Husserl, *Vorlesung Über Ethik und Wertlehre 1908 – 1914*, Herausgegeben von Ullrich Melle, Kluwer Academic Publishers, Dordrecht/Boston/London, 1988, S. 109.

选择也是一种选择。另外,有些人在考虑之后选择的结果是"也许"。但如果你要采取行动,你就不得不抛弃那个"也许"。从这种意义上讲,实践领域反而更有确定性。

实践中包含决断意志,也包含行为意志,但决断意志最终服务于行为意志。"决断意志是一种明确的意愿,是肯定或否定的意愿。"①而行为意志不但确定行为的意图或动机,而且包含对行为意图进行贯彻的持久力量。它保证决断的持久有效性。行为意志不是以理论而是以行为本身来回答问题或证实猜测。它在伦理领域里是通过"应当成为"来体现对人的规范力量。"应当成为"与"能够成为"虽然都包含未来向度,但"能够成为"是以现在为尺度去衡量将来的行为,而"应当成为"是预设一个将来的尺度来规范现在。"应当"体现了意志的定向作用,它使得行为按一种律令来发生。它始终以理想性来引导现实性。虽然"应当"的前提在很多时候未经理性的全面审查,但这不妨碍它以超越的方式发挥作用。从根本上讲,意志必须通过实际行为来体现。

三、意志、信念与意愿

首先,意志始终有一种信念维度,而信念关联着"认定的可能性"。其对象性不是实实在在的"在者",而是"很有可能"的东西。在《观念Ⅰ》的第 121 节,胡塞尔提到了信念问题,但他没有展开论述。他在不同地方声称自己只是提出问题,而不是解决问题。信念既以意志为支撑,也是意志的显示方式。我们不妨说,信念是持久不变的念想。它先行于行动并可以引导我们为达到某种预悬的目标而采取行动。信念既可以是意志的产物,又可以强化意志本身。它在意识内固守着"某物",又不断把"某物"置于眼前;它紧扣着"某物的本质性",但把它

---

① Edmund Husserl, *Vorlesung Über Ethik und Wertlehre 1908 – 1914*, Herausgegeben von Ullrich Melle, Kluwer Academic Publishers, Dordrecht/Boston/London, 1988, S. 122.

不断推向自身的将来,毋宁说它始终以"一个将来"的形式存在。自由想象的变化在这里没有太大的用武之地,在一定意义上说,它是对想象的散漫性的抑制的结果。信念以承诺的方式向信念的持有者担保。它虽不以铁的必然性的形式出现,但它能以"很有可能"的形式出现。信念体现了意识"紧守"与"排除"的辩证法。它是排除"杂念"过程中的"凝思",但它又不能滞留于"此时此地",它是以"此"为原点的确定的"彼"。这个"彼"并非单纯的外在性,更不是一个"异己者",而是一个能给意识以亲近感并把自身投射到将来的念想。它视将来为当下,同时将当下推迟到将来。唯其视将来为当下,意识发现了自身对自身的"拥有",因而对自身有一种确信;唯其能将当下推到将来,意识保持了处于确定性中的理想性。

其次,意志服从一种"信念逻辑"。胡塞尔早就注意到在逻辑层面上信念与判断具有内在联系。在《观念 I》第 121 节他甚至提到"意志领域的信念句法"问题。虽然他在这一部分主要讨论情感句法,但他的讨论可以推广到信念句法上去。这是因为信念设定本质上可以从情感设定中引申出来(比如,爱国的情感可以引出爱国的信念),对情感句法的讨论在很大程度上适用于信念句法。信念句法反映了信念的综合,而信念综合与情感综合是基本对应的。反过来,综合的情感活动的对象是可以通过相应的信念活动而被客体化或对象化的。胡塞尔以爱为例说明综合的情感活动意味着什么。爱从来都是综合性情感。当我们说一个母亲爱一群孩子时,这群孩子是一个集合体,母亲对他们的爱并非那个"集合体"加上"爱"。此时的意向对象是一个统一体,爱的特性就像一道光芒分散于每个个体,但它的所有特性又分布于爱的集合体。对国家的信念同样如此。综合的信念活动在这里发挥作用。其意向对象是一个整体,而非各个部分的简单相加,其意向内容具有远远超出对每个个体的信念的意向内容。信念的综合可以通过陈述命题的形式来表达。这些陈述以"和""或者"以及表示集合性的词语来体现。"我相信我们的国家一定会成功"就陈述了一种综合信念,而非陈述"成功"的事实本身,但它先行包含着对"我们国家要么成功要么失败"的判断。意志在其中已经做出了选择。

胡塞尔在《关于伦理学与价值论的讲演(1908—1914)》中专门考察了信念领域与意志领域的肯定和否定问题。信念可以分为肯定信念和否定信念。前者常以肯定判断的形式出现("是的,它就是这样"),后者常以否定的形式出现("不,它不是这样")。但还有非模态形式(如"它就是如此"),它仅在于陈述一个事态。肯定信念里包含着信念主体对某事的确信,否定信念里包含着信念主体确信某事不会发生。胡塞尔还用过"原信念"(Urglauben)这样的术语。在价值论领域里,即便是以否定形式出现的事实陈述,也很可能表示劝诫或提醒的意义,甚至表示"不要做"的意义。比如,一个老师跟许多同学说,"好同学张三没有拿别人的东西",实际上可能在教育那些同学,"你们也不要拿别人的东西"。换言之,这里的肯定陈述已经暗含价值的评价在里面,表示了老师的一种原信念。

同时,我们应当看到意志中包含着某种意愿的因素。胡塞尔所说的广义的意志活动(Willensakt)既包括狭义上的意愿,也包含这种意愿的各种样态。他把意愿分为本身不是行为意图意义上的意愿和行为意图意义上的意愿。前者与具体的行为没有直接关系,后者则涉及具体的行为。意愿领域与行为领域并非一一对应的关系。意志领域却在行为领域里有着自身的对应物。这是意志不同于意愿的一个重要方面。狭义上的意愿是什么呢?胡塞尔作了这样的界定:"通常的狭义上的意愿是肯定的并且是在意志确定性中的意愿。"① "我要做某件事""我愿意做某件事"与"我不愿做某件事",呈现三种不同的意向结构。"我要做某件事"只表示一种意图,它并不必然引出"我愿意做某件事",因为一个人很可能是在无奈的情况下做某件事。"我要做一件事"只是一种行为意图意义上的意愿,随着念头的打消,要做的那件事就无法付诸行动。"我不愿做某件事"不仅是对某种意愿的否定,

---

① Edmund Husserl, *Vorlesung Über Ethik und Wertlehre 1908 - 1914*, Herausgegeben von Ullrich Melle, Kluwer Academic Publishers, Dordrecht/Boston/London, 1988, S. 103.

它也同时包含某种肯定。当然这种肯定是通过否定而表示的肯定。用利科的术语说,这里的"肯定"是第二级意向。"我不愿……"当然是对"我愿意……"的否定,但"我不愿……"既是表态,又是对"我愿意……"的有意取消,它也常常表示愤怒①(请设想一下这样的情形:一个母亲强制女儿嫁给她并不喜欢的人。当这个女儿说"我不愿意!"时,她在表达自己意愿的同时显然也表达了一种愤怒)。"放弃"则是"有意拒绝"的一种特殊情况,我们通常把它理解为行动的反面,理解为行动的否定,理解为对过去的意愿的否定,当然也要理解为对行动的完成的否定。胡塞尔还专门举了旅行的例子来说明这一点②。

然而,我们最关心的问题是,胡塞尔为什么在这里要作这种细微的区分? 这种区分对伦理学的意义何在? 区分这一点对伦理学的讨论之所以具有重要意义,是因为在被迫的情况下做的事情与自愿情况下做的事情是具有不同道德含义的。在上述两种情况下,一个人犯过错后承担的责任是有差异的。"我愿意做某件事"表明我的意志做了决断,并且我的决断要直接对行为负责。正因如此,法律对两种犯过错者的制裁是不一样的(比如,对自愿卖淫者的处置与对被强制卖淫者的处置是非常不同的),其依据就是行为是否违背人的意志。胡塞尔对否定的意愿给予特别的关注。这不单单是因为其意向结构的高度复杂性,而且是因为它体现了肯定和否定的辩证法。一个能对自己的行为负责的人也是一个能作出肯定和否定判断并贯彻自己意志的人。只要人能作出决断,他或她就有自主选择的可能性。意志的自由是通过可能性的选择而得到体现的。责任伦理学的主体是自觉自愿的人。虽然自愿行为的主动性和不自愿行为的被动性常常交织在一起,但是,人毕竟有不做选择的自由。我们之所以不能用"身不由己"来为自己不道德的行为做辩护,就是因为我们有不做选择的自由。同时,在不自愿状态下作出的否定性决断越发显示出行为的道德意义。

---

① Edmund Husserl, *Vorlesung Über Ethik und Wertlehre 1908 – 1914*, Herausgegeben von Ullrich Melle, Kluwer Academic Publishers, Dordrecht/Boston/London, 1988, S. 125.
② 同上。

对人的意志力的最好检验反倒是这个人在多大程度上具有抵制强制的能力。虽然在不自愿状态下的强制是社会规约的可能基础，其合理性自然不能一概而论，但一个合理社会的价值体系倾向于为强制设定一个公共界限。在一个强调个人自由的社会，道德自律是以自主选择和自觉自愿为前提的。此外，意志是主体性的最好见证。传统哲学强调以理性为核心内容的主体性，而意志现象学强调意志的核心作用意味着传统理性主义的理性观不得不接受改造。以这种理性观为基础的伦理学也需要重新审视。至少抹杀意志作用的理性观无法有效解释道德动机是如何在道德行为中起作用的。

正因如此，胡塞尔开创了意志现象学的新领域。这一新领域的开辟不仅有利于现象学更加全面地考察意识的性质，而且有利于解释意识的实践功能，从而将现象学引向实践哲学的方向。作为胡塞尔的《观念 I》的法文译者和注释者以及胡塞尔现象学的权威阐释者，法国哲学家保罗·利科正是从胡塞尔的意志现象学出发提出了意志哲学的宏大构想。他不仅对胡塞尔的意志现象学的任务和方法进行了出色的分析，而且事实上正如思想史家多斯（F. Dosse）指出的那样，"在严格的哲学层面上，利科隐约看到对意识活动的现象学分析可能扩大，这种分析在胡塞尔那里适用于转向意志方向的知觉"[①]。利科的《意志哲学》第一卷《自愿与非自愿》、《可能犯错误的人》以及《恶的象征》则可以看作胡塞尔的事业在意志哲学的名义下得到了实质性的发展。

---

① François Dosse, *Paul Ricoeur: Les sens d'une vie (1913 – 2005)*, Paris: La Découverte, 2008, p. 189.

"问"的现象学阐释[1]

我们几乎天天发问,但不少人对"问"本身很少过问或几乎不加深问。面对各种各样的"问",我们不妨先问一问,"问"对于思想和行动着的我们而言究竟意味着什么? 问的意义仅仅在于得到某种答案吗? 如果答案是肯定的,那么,为什么还有一些人要明知故问呢? 日常习见的问与学术探究中的问究竟有什么样的区别呢? 当我们把这些有区别的东西放在一起并用同一个"问"字来称呼它们的时候,我们已经先行假定了它们的统一性了。因此,接下来的问题是,当我们对"问"本身进行哲学式的"追问"(Rückfragen)时,我们自然想知道,这些"问"的共同结构是什么? 或者,我们用现象学的术语说,问的相关物,亦即"问之所问"或问的内容究竟是由什么决定的? 发问者的意向与发问的性质具有何种关联? 设问的方式如何影响人们的理解以及问本身的有效性? 不同类型的问如何反映出发问者与世界和他人打交道的不同方式? 不管是以理论化的方式解释世界还是以实践的方式改变世界,只有具备对"问"的自觉才会把我们引入对上述问题的追问。这种就"问"本身而进行的追问是哲学之问不同于其他之问的特点之一。因为哲学之问首先是以超乎寻常的方式"对超乎寻常的东西作超乎寻常的发问"[2]。

不论是现象学家胡塞尔,还是存在哲学家海德格尔,抑或是作为

---

[1] 本文原题为《'问'之阐释——从现象学与诠释学的观点看》,载《华中师范大学学报(人文社会科学版)》2013年第1期。——编者注
[2] 海德格尔:《形而上学导论》,熊伟、王庆节译,北京:商务印书馆,1996年,第15页。

诠释学家的伽达默尔,都对上述问题有所触及并以不同的方式对"问"本身作了不同的阐释。这些阐释未必完整和精当,但或多或少开示了"问之为问"的重要性,也揭示了"问"与"所问"的意向性关系,或者进而言之,它或多或少驱除了笼罩在"问"之上的层层迷雾。在此,我不仅要回问现象学和诠释学对"问"本身进行追问的历史,而且要考察"问"的前提和结构,解释"问"对于我们的生活和思想的多重意义。

一、从现象学的观点对"问"进行分析

在《经验与判断》中,胡塞尔不仅将提问与回答放在一起进行现象学分析,而且把它主要与判断联系起来考察。这自然与他所做的重要工作,即现象学的意向分析有关,也与该书的主题"经验与判断"有关,并且尤其与判断有关。之所以尤其与判断有关,是因为在他看来提问潜藏着对判断性决断的追求。尽管我们需要对胡塞尔没有明确限定的情形进行限定,但他所提出的思路是值得参考的。在该书第78节,胡塞尔这样写道:

> 提问,从最普遍的方面来说,就是力图从模态的变形、从分裂和阻碍中达到一种坚定的判断决断。这种提问具有其问题中的意向相关项;该问题就是在提问的主动性中预先建构起来的句法对象,正如判断活动在判断中具有其相关项,在其中作为对象性的相关事态得以预先建构起来一样。提问本身并不是一个判断模态,虽然它毫无疑问也不可分割地属于判断认识领域,并且必然同归于逻辑学,同属于这种认知科学和被认知之物的科学,更贴切地说作为认知理性及其构成物的科学之中。①

在这里,胡塞尔显然区分了提问本身与判断。在他那里,提问与

---

① 胡塞尔:《经验与判断》,邓晓芒、张廷国译,北京:生活·读书·新知三联书店,1999年,第359页。

判断的关系可以这样来理解：提问关联着判断，但本身并非判断。用他本人的话讲："提问就是一种实践的、与判断相关的态度。"①提问在多数时候期待判断，或者说试图把我们引向一个判断。提问者希望通过提问得到一个用判断来表述的结果。我们在提问时已经惦念着决断，而此决断诉诸一种自觉的判断行为。提问表达了某种希望，但绝不限于希望。提问者试图通过提问表达一种决断性意愿。所以胡塞尔说，提问指向意志的领域。这一点也是他后来研究意志现象学的动因之一。更重要的是，提问体现了问者与答者的一种本源性关系。胡塞尔用"交往"（Kommunikation）来形容这种关系。我们通常说到提问时无非是指向他人提问，在某些情况下也指向自己提问。胡塞尔是把向自己提问作为向他人提问的特殊形式来处理的，因为向自己提问无非是问的对象转向了自身。但胡塞尔选择忽略它们的差异并不意味着它们的差异真的不存在。在我看来，自问在更多的情况下表示的是一种情绪，而非期待得到真正的答案。

当一个人表示悔恨时，他很可能对自己说"我为什么这么糊涂呢？""我为什么要那样呢？"等。当一个人觉得命运对自己不公，他也许会问"苍天哪，为什么命运对我如此不公呢？"等。

向他人提问意味着对他人有所期待，它是一种主动的行为，通过这种行为，提问者把自己的意识投射给了不同于自身的对象并期望得到回应，一旦有所反馈或回应，交往关系便得以建立。虽然在现实交往中有避而不答的情形出现，或者，有人会对提问者说"我不知道"，但提问者对决断的追求是不变的。即便回答者说"不知道"，这种"不知道"也是一种回应。另外，从回答者的角度看，他很可能出于误解而答非所问，或者，他只是作了一种或然性的回答，或者，他只是作了敷衍性的回答，但他已通过这些方式对他人的意图有所了解和接受。他与问者建立了双向的意向性，或者用我本人的术语说，建立了交互的意向性。这种意识的对象是两种意识的交叉部分或重叠部分所指向的

---

① 胡塞尔：《经验与判断》，邓晓芒、张廷国译，北京：生活·读书·新知三联书店，1999年，第359页。

对象。人们的共识就是通过这种形式建立起来的。

但是,不管是向他人提问还是向自己提问,问与答的形式结构是一致的。尽管提问对象不同,但提问者表现出的期待是一致的。"提问的特有含义是通过回答或在回答中揭示出来的。"①通常说来,回答的形式已经作为提问的内容预先出现在提问的表达方式中,简单地讲,正是问题决定了回答的范围和种类,否则就属于答非所问。比如,当我问"那是汪堂家吗?"你却回答说"那匹马长得又高又瘦",就是如此。问者之所以从答案中得到满足或不满足感,是因为他对答的内容有所期待,在此,他显然要对可能的答案有一种预计,一种设想,至少他有肯定或否定的预期。也许一个人提了一些别人根本无法回答的伪问题,但他很可能没有意识到那些问题的明确性质。哪怕你在故意通过提问来刁难别人,你也在预计他人无法回答你的问题。答案是对所问的问题的意向性的充实或实现,它把提问者设想的抽象可能性转变为具体的可能性并实现出来,因为他通过回答展示了问题的具体内容。所以,胡塞尔说:"任何判断的内容都可以设想为一个提问的内容。当然,在提问中判断还不是现实的判断,而只是预计的判断,即仅仅是设想中的(中立化的)判断,它是作为针对'是'和'不'的提问内容而存在着的。"②

胡塞尔区分了两种性质的提问,即简单的或素朴的提问与辩护性的提问。前者是从原始的怀疑出发过渡到决断的提问,这种提问也是必须从回答中得到决断的提问。后者"指向一种最终得到保证的判断,即能够由自我提供辩护理由的判断,它与此相关是指向现实的真实的存在的"③。与辩护性提问相对应的回答涉及真实性、现实性和确定性。胡塞尔举了法庭上辩护的例子来说明何为辩护性提问。辩护性提问关心的是如何维护自己的观点是有根据的、可以得到证明和辩护的。辩护性提问针对的是已经得到证明的确定性,"它是对已经获

---

① 胡塞尔:《经验与判断》,邓晓芒、张廷国译,北京:生活·读书·新知三联书店,1999年,第360页。
② 同上。
③ 同上书,第362页。

得的确定性的理由进行提问,因而它能够向任何已经获得的确定性,甚至向绝对的确定性进行提问"①。在日常论辩中,在法庭上,在学术研究上,这类的提问屡见不鲜。实际上,胡塞尔在这里讲的就是我们通常说的质疑或疑问。这类疑问让我们有了证明和辩护的需要,有了进一步寻找理由和根据的动力。它让我们追求完善,追求规范和公正。它要求我们以主观的努力达到客观的效果。如果达到了这种效果,我们就有理由说,辩护性提问的意向得到了实现。

由辩护性提问,我们自然会想到怀疑。胡塞尔也的确将提问与怀疑联系起来,用我们常用的说法,提问一开始总是表现为疑问,或者说,提问中常常包含原始的怀疑动机。比如,当我们确认一个东西之前,我们实际上发出了它是否存在的疑问。只有当我们确认了一个东西或事态存在时,我们才会进一步追问其特性如何以及它与他物的关系如何。即便一个东西只是在想象中显示的观念中存在,也会出现这种情形。在此,我们至少面临两种可能性,即要么存在,要么不存在。同时,我们很可能还意识到多种可能性,这些可能性可以用选言判断"要么 A,要么 B,要么 C,等等"来表示。当我们用选言判断时,我们已经对判断的意向内容的确定性表达了怀疑。当然,有时我们尚未注意到其他可能性,而只就一种现象提问,但这并不妨碍其他可能性向我们继续敞开。在这个时候,某种可能性只是在一个统一的背景中单独提前显示出来而已。

按我的理解,就某物提问意味着把它单独挑选出来,凸显它在意识中的重要性和统一性,意味着对它进行主题化,其他事物或可能性则被悬置起来了。当我们只是意识到一种可能性并就一种可能性提问时,我们已先行对其他可能性进行了悬置;当我们意识到多种可能性而仅就一种可能性提问时,我们内心的怀疑就更明显了。无论如何,选言判断本身就是对一种确定的对象的怀疑。它将我们的意识由一种可能性引向多种可能性。思想的视野就因此得

---

① 胡塞尔:《经验与判断》,邓晓芒、张廷国译,北京:生活・读书・新知三联书店,1999年,第363页。

以打开。

然而,胡塞尔并未提醒我们注意一个需要特别关注的现象:提问的语境对问题的理解具有不可忽视的作用。问本身是一种事态,一种与判断相关的行为,但它未必用一个句子表现出来,问本身不是判断,但把人引向判断,或者在一定情况下隐含判断。比如,当你问"尼采是不是疯了?"时,你实际上已经在一定程度上在肯定他疯了。因此,朝哪个方面问以及以什么方式问就对答的可能性作了预设。而判断的语境影响了问的内容以及别人对问题的理解。比如,当你问"听说汪堂家去年长高了三十厘米,你知道吗?"另一个人则反问"真的吗?"很显然,这里包含着怀疑的成分。

由上述分析我们可以得出这样的结论:胡塞尔只是试图揭示"提问"的共同结构和关系,澄清提问的前提条件。他还没有将问与答放在一种诠释的关系中加以考察,也没有将"问"作为人的存在本性来看待,更没有就"问答逻辑"进行进一步的讨论,但他已为后人展开讨论提供了基础和可能性。在我看来,对话之所以有吸引力,就是因为从问题引导到答案的过程具有直接性的特点,即便我们只是在纸上读读对话,或在电视、广播或电影里听听对话,对话的当下性也给人有身临其境的感觉,提问者与回答者被置于同一空间中,其言语的往复体现了存在的生动性,也体现了人的真正"共在"。此外,对话之所以成为对话,就在于它不是单纯的一方提问和一方作答,而是互问和互答。在大部分情况下,它体现的是问者与答者之间的一种相对平衡的关系。胡塞尔让我们意识到所有问题都有一种共同的结构,不管它们有何重大差异。

继胡塞尔之后,海德格尔在讨论存在问题的结构时也顺便谈到了一般问题的结构。虽然他的讨论比较简略,虽然他对"问"的讨论服务于对存在问题的讨论,但他已经触及"问"的一般特点了。对他来说,"问"的问题是一种能上升到存在论高度来加以讨论的问题,甚至可以说,"问"体现了"此在"(Dasein)的形而上本性,因为它已然展现了存在的意义。

那么,对海德格尔来说,"问"是如何展现存在的意义,因而关联着此在的自我理解呢?

海德格尔说:"观看、领会和理解、选择、通达,这些活动都是发问的构成部分,所以它们本身就是某种特定的存在者的存在样式,也就是我们这些发问者本身所是的那种存在者的存在样式。"[①]在此,海德格尔虽然没有就"问"本身做太多的讨论,但我们可以看到,他除了把发问看作"此在"这种特殊存在者的存在方式,还简单地勾画了发问的基本要素。其中,领会与理解就属于两种重要的要素,这些要素在"问"与"答"的关系中既促使发问者注意问题的提法,也涉及被问者对问题的可能理解。海德格尔对后一点未曾阐述。

单就"问"来说,"任何发问都是一种寻求"[②]。而按我的理解,一切发问之所以是一种寻求,乃是因为发问都带有某种意向性,它不但显示发问者对认识的兴趣,而且试图把将要认识之物或问题所及之物带到眼前。问是对问之所问的尝试性设置,所以,"问"带有某种探索性。发问者既寻找问的对象也期待对问的回应。不管我们是扪心自问,还是向他人发问,或是做"把酒问青天"式的问,抑或只是随便问问,问与问的对象总是同时显现的,不管此一对象是清晰的还是模糊的,是虚幻的还是真实的。从"只是问问而已"到对某人、某物和某事的细细打听,莫不如此。

在对"问"的分析方面,海德格尔在很大程度上继承了胡塞尔的意向分析方法。因为他在简单地讨论"问"时没有忘记要从"问"的意向结构着眼考虑问题,换言之,他既从"问"者的意识出发,也从"问"的对象出发讨论"问"的结构问题。一方面,作为寻求活动的发问往往需要一种来自它所寻求的东西方面的引导,没有一种对问的对象的事先的意识,问是不可能发生的。从这种意义上说,问所打开的领域是先于问而存在的,并引人发问。这就像好奇的东西永远先于好奇一样。海

---

① 海德格尔:《存在与时间》,陈嘉映、王庆节合译,熊伟校,北京:生活·读书·新知三联书店,1987年,第9—10页。
② 同上书,第7页。

德格尔区分了"对……发问"与"就……发问"这两种提法。这种区分有利于澄清"问"的结构的两个方面。前者显然是就问的对象而言的，后者则是就问的内容而言的。在日常生活中，我们常常没有明确区分这两者。但海德格尔认为，"对……发问"要通过"就……发问"体现出来，用他本人的话说，"一切'对……'的发问都以某种方式是'就……'的发问"①。否则的话，前者就是空洞的。后者显然更加具体，从逻辑上讲，其外延要小于前者。

此外，海德格尔还区分了发问对象所包含的三个方面，这三个方面分别用三个相关的德文词，即 Gefragtes（问之所问）、Befragtes（被问及的东西）和 Erfragtes（经问而知晓的东西）来表示。这三个词分别表示问的对象的三重因素，但只有后者才是问的实质所在，因为它才是问的最终目标和真正意图并且经过问而得到了想问的结果，虽然这个结果未必完全令人满意。"经问而知晓的东西"包含在"问之所问"中，前者是问出的东西，后者要通过前者才能引申出来。如果说"问之所问"是就问题的内容而言的，那么，"被问及的东西"是就问题指涉的对象而言的。当然，这只是我的理解，在某种程度上也是我根据海德格尔的思路所作的发挥。

实质上，海德格尔并未细讲上述三个方面是什么关系，也没有对每个方面进行明确规定，更没有对发问活动、发问内容和发问对象的多重关系结构进行具体分析。他本该对答与问的关系进行透彻的分析，遗憾的是他没有这么做。他所做的只是揭示发问活动是存在的本己特征。但我以为，不把"问"与"答"关联起来讨论，"问"是无法得到真正的理解的。我们不妨说，存在的历史就是发问的历史和解答的历史。在这种历史中，我们不仅通过发问来领会和理解，而且促使他人学习领会和理解。学者在很大程度上就是为提问和解答而存在的。将问与答联系起来讨论并加以系统化的阐释是由伽达默尔展开的。因此，接下来，我将谈谈"问"在诠释学中的地位。

---

① 海德格尔：《存在与时间》，陈嘉映、王庆节合译，熊伟校，北京：生活·读书·新知三联书店，1987年，第7页。

二、从诠释学的观点对"问"进行阐释

将问与答联系起来考虑是伽达默尔的诠释学的重要工作之一,也是他在"问"的分析方面超越胡塞尔和海德格尔的地方之一。伽达默尔认为,问题在诠释学中具有优先性,而问题概念的逻辑结构可以通过我们的诠释而显示出来。提问的普遍意义不仅表现在我们的日常经验中,而且表现在理论的探究中,因为在他看来,如果不能提问,我们的日常经验甚至不可能发生;如果不能提问,理论的探究也无法进行下去。要理解这一点,就必须深入原始的解释学经验中去,深入到理论探究的一般前提中去。出于对对话的重视,他既指出了问与答是对话的基本性质,因为"谈话的原始程序经常就是问与答"[①],也指出了诠释学现象如何包含了问答逻辑。在此,我们首先谈谈问题和提问的一般性质,然后从"答"的角度来看看"问"的诠释学意义。

在伽达默尔那里,所有经验都预设了问题的存在。他用了两个词来表示"问题",一个是 Problem,另一个是 Frage,前者相当于我们所说的难题,后者表示一般意义上的问题。从逻辑上看,前者可以作为后者的一种特例来看待,虽然它也有其特殊性。那么,一般问题的本质何在呢?伽达默尔宣称,问题的本质在于它有意义。虽然他也提到了歪曲的问题和伪问题,亦即无意义的问题,但这类问题恰恰是通过有意义的问题来规定的,换言之,无意义的问题不过是有意义的问题的反常情况而已,就像失明首先意味着"曾经看得见"一样。

那么,问题究竟有什么意义呢?首先,问题的意义在于它具有定向的性质,它规定了人们如何回答或者说预示了答的方向。正确回答的方式可能有别,但其方向却是唯一的。比如,你不能在别人问你有多高的时候回答你有二百公斤。否则,你被认为没有理解问题。理解别人每每是从理解别人的问题开始的。但问题为何能定向呢?伽达默尔没有细谈。但我们可以从他对问题与被问的东西(即海德格尔所

---

① 伽达默尔:《真理与方法》上卷,洪汉鼎译,上海:上海译文出版社,1999 年,第 473 页。

说的"问之所问")的关系的看法中得知,当一个事物被问及的时候,那个事物被转入了某种特定的背景中,它在杂多的事物中被单独挑选出来了,被我们意识到并被给予特别的关注。我们还把自己对它的意识转移给别人,让别人也注意它的存在。所以,通过向别人问问题,那个被问的事物在意识中实现了从自己到别人的"移交"。所以,伽达默尔说:"问题的出现好像开启了被问的东西的存在。"①

然而,提问总要问出某种内容来。假如一个问者不能对他所问的东西有一番认识,他就不可能提出像样的问题来。即便我们就某个东西泛泛地提问,我们也得事先确认它的存在并预知它的一般状况。但是,当我们问问题的时候,我们在大多数时候不是在证明自己有对所问的东西的知识,相反,我们在证明自己的无知并需要承认自己的无知。我们不妨说,我们因为无知而有问的必要。伽达默尔特别列举了柏拉图的对话集中苏格拉底如何通过提问来揭示对方的矛盾的例子,说明对话中的提问如何困难。爱因斯坦曾说,提出问题比解决问题还要重要。伽达默尔则说,提出问题比解决问题还要困难。在学术研究或科学研究中,这一点表现得特别明显,因为提问让我们明确思考的方向。

其次,问题的意义在于它在提问的过程中既有开放性又有限定性。在伽达默尔看来,问题打开了所问的事物的存在。就某物提问意味着把所问的东西置于不确定的状态,置于对我们而言尚未显示我们想知道的那一面的状态,置于悬而未决的状态。被提问的东西要显示其问题性,才会激起我们进一步深究的兴趣和热情。被提问的东西也只有具备悬而未决性,回答才有意义。在一定意义上说,回答的确定性和决定性是以问题的悬而未决性作为存在条件的。假如一个问题没有这种悬而未决性,而是一开始就有很确定的答案的问题,亦即不需要别人来回答的问题,这个问题就提得没有意义。伽达默尔把这类问题称为"伪问题"(Scheinfrage)和歪曲的问题。在教育领域和修辞学领域这类问题比较多见。比如,"这个世界为何是一只好看的动物

---

① 伽达默尔:《真理与方法》上卷,洪汉鼎译,上海:上海译文出版社,1999年,第466页。

呢?""这头猪为什么不去上幼儿园呢?"就属于这类问题。

那么,问题的限定性意味着什么呢?伽达默尔说:"提问(Fragestellung)既预设了悬而未决性,也预设了某种限制(Begrenzung)。提问蕴含了对前提的明确确认,这些前提是确定的,并且正是由于这些前提,可疑问的东西,即还是悬而未决的东西才表现出来。"①提问不仅通过预设前提对问的背景进行限制,提问还通过定向为思考提供具体指引。提问也限定了意识涉及的范围。它表明,问题并非漫无边际,相反,它通过不同的提问类型和不同的提问方式将问题所及的东西限制在特定领域之内。比如,不同种类的问题就已经划定了问题的边界。你甚至通过一个人的提问大体知道一个人的职业和修养。我们常说某个问题提得不够专业或外行,就是说提问者没有进入某个专业的人所专注的领域,不熟悉其概念和方法论原则。

此外,问题与知识之间也有一种本源性关系。伽达默尔的诠释学力图揭示这种关系。我们可以说,知识源于问题,也产生新的问题。只有具备某个领域的知识的人才能提出某个领域的问题。只有具备较多的知识并具备批判性头脑的人才能提出深刻的问题。好的问题是为有知识并善于思考的人准备的。而问题通常包含肯定判断的方面和否定判断的方面。当我们说我们具有某种知识时,那既意味着我们对某个方面做出了正确的判断,也意味着我们排除了不正确的判断。伽达默尔说,真正的知识的完整性取决于它是否同时包含这两个方面,即证明自己的肯定判断的正确,同时排除相反的情形。从这一点看,知识本质上带有辩证法的性质。但伽达默尔又说:"只有具有问题的人才能有知识。"②这里所说的知识首先指对自己无知的知识,其次指问题引领我们得到的知识,或把知识彰显为知识。我们之所以能有一个新想法或表达对传统习见的不满,恰恰是因为我们有了与这种习见相左的问题。

但是,伽达默尔最重要的工作之一仍是要证明问题对于诠释学的

---

① 伽达默尔:《真理与方法》上卷,洪汉鼎译,上海:上海译文出版社,1999年,第467页。
② 同上书,第469页。

优先性。为了证明这种优先性,伽达默尔自然要说明"问"本身的辩证结构,指出提问的艺术如何以及为何影响谈话和思考(他甚至说,提问的艺术就是思考的艺术),如何以及为何影响理解与解释。如前所述,伽达默尔是通过对"问答逻辑"的研究来实现的。需要指出的是,"问答逻辑"是柯林伍德使用过的概念,爱尔兰根学派的哲学家们更是从纯逻辑的观点深入讨论过"问答逻辑",甚至试图把它变成一个成熟的逻辑学分支①。早在1968年,爱尔兰根学派的奠基人之一洛伦琛和他的学生洛伦兹就开展了这一工作。过了十年,他们出版了《对话逻辑》(P. Lorenzen, K. Lorenz, *Dialogische Logik*, Darmstadt, 1978)一书。他们主张将博弈论用于语言研究和逻辑研究,认为逻辑规则的普遍有效性不能根据本体论来解释,也不能还原为规则的普遍可容许性,而要根据其辩护策略的可支配程度来解释。而伽达默尔在这里使用的"问答逻辑"是一个诠释学概念。他认为,作为诠释学研究对象的"谈话艺术"具有问与答的结构,读者与文本的关系也表现为问与答的关系。正如张鹏骞先生很精练地概括的那样:"伽达默尔将对话中的'问—答'结构应用到了理解中,把一切对文本的理解都看作是文本与解释者的问答过程。在这种问和答的结构中,提问具有优先性,但解释者与文本之间的提问却是相互的:一开始可能出现的是文本向解释者提出问题,由此使解释者的意见处于开放状态。为了回答这个问题,被提问的解释者必须着手去提出问题,解释者寻求对文本所提问题的回答。"②通过"问答逻辑",伽达默尔不仅力图表明所有诠释学现象都包含一种"问—答"结构,而且试图表明理解文本就是理解文本提出的问题并寻求其答案——意义。文本及其流传物给解释者提供了一种诠释学视域,此视域就是规定文本意义方向的问题域(Fragehorizont)。伽达默尔认为,谁想理解一个文本,谁就要追问文本背后隐含的东西。当我们追问文本背后的东西时,我们总是在提出具体的问题并通过解读文

---

① 汪堂家:《世俗化与科学的诠释学因素——伽达默尔与爱尔兰根学派》,载《世界哲学》2008年第1期;另收入潘德荣、付长珍主编:《对话与和谐——伽达默尔诠释学思想研究》,合肥:安徽人民出版社,2009年,第68—82页。
② 张鹏骞:《问与答》,同上书,第132—149页。

本来寻找答案。所以,对读者来说,文本呈现的意义是通过一个问题域得到显示的。我们可以把我们理解的意义看作我们找到的问题的答案。我们追索某种意义就是在追索某种答案。

但是,人们常常将文本的意义混同于作者的意图,并设想历史事件是按人的计划和意愿发生的。按照这种理解,对文本记述的历史事件的理解意味着对人的计划和意愿的实现过程的重构,并且这种重构能够还原历史事件发生的实际过程。伽达默尔认为,文本的意义总是要远远超出作者的意图,至少它们是不同的。"理解的任务首先是把握文本自身的意义。"[①]我们在对文本的理解中加以重构的问题并不涉及作者思想上的体验,而只涉及文本自身的意义。当我们理解了某个文本中的某个命题的意义时,我们是在回答该命题提出的问题。伽达默尔虽然引入了柯林伍德的"问答逻辑"概念,并用"问—答"结构来解释读者对文本的理解,但他批评柯林伍德未能把作者的意图与文本的意义区分开来。实质上,文本可以在理解的历史变迁中不断获得新的意义,无论是文学文本还是哲学文本都是如此。因此,我们不能穷尽文本的意义,也不能穷尽历史理解的可能性。

在伽达默尔那里,提问与理解的联系可以这样来理解:读者对文本的解读过程是从接受文本向我们提出的问题开始的,理解流传物(文本、作品、形迹等)意味着对流传物作出反应。这种反应就是既显示文本向我们提出的问题,又进一步使我们提出自己的问题,然后在文本中寻找对此问题的回答。伽达默尔说,期待回答本身已经假定了提问者属于传统并受到传统的呼唤。但传统是流传物的总体。我们试图重构流传物提出的问题时要超出流传物提供的历史视域,我们通过自己的提问将那种视域带入我们自己的概念领域,于是,有了过去的视域与现实的视域的融合。这个过程也是我们通过自己的提问,重构文本的提问并在文本中去寻求答案的过程。提问是什么?提问就是将所问的东西的真理置于悬而未决的状态。

但提问并非设定特定的答案,而是对于可能性的尝试。理解问题

---

① 伽达默尔:《真理与方法》上卷,洪汉鼎译,上海:上海译文出版社,1999年,第478页。

就像提出问题一样意味着打开意义的可能性,或者用伽达默尔的话说:"就是对这个问题提出问题。理解一个意见就是把它理解为对某个问题的回答。"①问题的前提和所问的东西的内容在理解中得以清楚地显示出来。"谁想思考,谁就必须提问。"②这就是伽达默尔的箴言。

伽达默尔对"问"的阐释是在对"问"的概念的历史批评中进行的。他提出了"问"的解释问题,但并未像讨论"问"与理解的关系问题那样讨论"问"与解释之间的关系问题。

与胡塞尔和海德格尔相比,他对"问"的阐释更有深度和说服力。他不仅澄清了"问"的概念的前提以及它在诠释学经验中的核心地位,而且把它与文本理解和谈话中的相互理解联系起来。这样一来,"问"就超出了一般日常生活意义,同时也被赋予了诠释学的重要性。

三、对"问"的进一步追问③

我要继续提出的问题是,是什么东西规定了问之为问呢? 除了反问和问寒问暖式的问之外,其他类型的问(如疑问、探问、询问、考问、质问和逼问或拷问等)在很大程度上源于表达困惑和求解的需要。正因如此,我们才说发问通常带有探究的性质。反问可以说是对自身的信念、观点和地位的进一步强化。虽然反问带有对对方的否定和对自身的肯定性质,但反问已经在向对方提出一种要求了,其发问的性质在于以某种否定的方式肯定自身。问寒问暖式的问的意义远远超出了问的具体内容。它的意义首先在于问的过程本身。家庭成员间的关爱以及朋友间的关心和友谊深刻地展现了这种问的特殊性。其问之所问被投射到发问者对问的对象的关心和爱护,我们毋宁说,问寒问暖式的问是以问的方式表达出来的关切,因而是最有人情味的问,是最切近人性、最切近亲情并让人产生兴味的问。心中有爱的人总少

---

① 伽达默尔:《真理与方法》上卷,洪汉鼎译,上海:上海译文出版社,1999年,第482页。
② 同上书,第481页。
③ 这一部分是对作者的短文《问之追问》的改写。见汪堂家:《思路心语》,上海:上海人民出版社,2011年,第20—25页。

不了这样的问。即便这样的问在某些时候带有礼仪的性质,它也总能激起美好的感情。假如人世间缺乏这样的问,我们的社会将何其冷漠?无论如何,问寒问暖式的问是人世间最美好的问,几乎每个人都指望有这样的问并随时准备对这样的问做出积极的回应。亲情、友情和爱情不就通过这种亲切的问而变得温暖吗?所以,洞悉人性的人总是从这种问中获得力量,因为这种问不但消除误解和隔阂,拆去人与人之间不时存在的高墙,而且使人从孤独、痛苦和困局中超拔出来。与其他类型的问不同的是,问寒问暖式的问的主要价值不在于求真,而在于传情。唯其如此,人们不仅期待这样的问,而且享受这样的问。这种问所传递的不是知识,而是情感。它代表着亲和性本身。

发问是人的形而上的本性。当一个不会说话的幼儿向外部世界表现出疑惑的神情时,他(她)已经在初步地对世界发问了。随着年龄的增长和认识能力的提高,儿童变得越来越喜欢提问了,我们甚至把喜欢提问和善于提问视为人的探究能力的真实体现,并且大多承认,人们认识对象的广度和深度均与这种提问能力相关。但是,几乎所有文化都有某种社会机制以有形或无形的方式限制着人的提问范围,人的提问兴趣也常常随着年龄的增长和社会限制的作用而降低,以致到了一定年龄阶段之后,人们变得不再喜欢提问,尤其不喜欢漫无边际的提问和非功利性的提问。如果说就对自然现象提问在热心科学探究的社会里尚能得到鼓励,那么,就社会现象和别人的私事提问在不同社会里就有不同程度的限制。比如,在一些社会里,打探别人的收入、年龄等私人的事情甚至变得难以容忍。在一个社会里,对可问的限制越少,人的自由度就越大。私人领域与公共领域的区分实际上给我们设定了一种问的限制,也将一些东西的可问性置于公共的准绳之下。在某些公共领域里,可问性往往在保密的名义下被控制起来。但人的好奇心、想象力和探究精神总是驱使我们冲破这种限制,虽然人们常常因为提问不断受到限制或因提问总是得不到答案而不断受挫。以发问作为自己一部分工作的记者们总是试图把不可问的东西变为可问的东西,他们的专业能力在很大程度上取决于打破不可问性。

按大类划分,问无非有自问和他问。自问是以自己为提问对象,他问是以他者为提问对象。自问是人的自我意识形成的重要标志,在一定意义上说也是人的对象意识发展到一定阶段的标志。自问促进人的自省、自觉和自制。自问有时表达个人情绪,有时表达认识方面的困惑,有时表达与信仰或信念相关的东西。比如,当某人表示悔恨时,可能会自问:"我当时为什么要那样做呢?"当某人表示对某个东西的不解时,可能会自问:"那究竟是怎么回事呢?"当某人感到命运对自己不公时,可能会自问:"我去年怎么那么不走运呢?"等。他问是问的主要形式,这种形式具有不同的种类。人与人之间的交流、对话和商谈都离不开"他问"。他问首先确认了他人之作为另一个自我的存在,他问也表明发问者对那个他人的关注。即便是对他人的质问和拷问,问的对象和发问者本身已经建立起了一种交流关系,虽然这种关系已经显示了两者在地位和力量方面的不对称性。因为质问和拷问活动本身证实了发问者对被问者的优势或强势地位。他问使个体走出了狭隘的个体性,表现了对他者的兴趣并期待他者的回应,而这种回应实现了两个人之间的双向交流关系。

发问包含发问者、问之所问以及问的情境构成的三重因素。即便是自问,也呈现出这种三维结构。在大多数表示困惑和探究性的发问中,发问者的意向一般是不明确的,对回答的期待总是与对答案的不确定的预期相伴。只有当发问者得到了确切的答案时,其意向才得到了实现和充实。与一般意识活动不同,发问者在发问时的意向虽然有一定的范围,但发问者的意向具有散漫性的特点。发问者的知识、发问者的洞察力和发问者的动机决定着问的深度和问的意义,但只有当发问者对问之所问具有明确的意识时,问才具有针对性和透彻性。虽然我们有时只是泛泛地问或随随便便地问,但我们已把自己置于试问或探问之中了,换言之,我们已经在求索或探究了。当我们对某某发问并就某某发问时,问的真切性、确切性和具体性才得到了规定和展开。在大部分情况下,问隐含着"未知"并期待此"未知"转化为"已知"。用现象学的语言说,这个"未知"在"问"中还只是一种"空的意向性",问之所问,即问的内容,则是发问者的意向对象。但真正说来,只有当问之所问得到了恰当的回答,那种空的意向才得到充实和实现。问中有不确定的意向性。开放性和悬而未决性构成了问的重要特征。虽说偶尔有明知故问的事情发生,但在大部分情况下发问者在发问之时是不知道问的答案的。

虽然答非所问的事不时出现,但我们能够知道有答非所问的事存在,不也恰恰说明"问"仍然是"答"的基准吗?对"答"的关切让我们不断关心问之所问。何为问之所问?问之所问是发问者就某个对象所问的内容。这种内容是通过发问活动展现出来。在此,我们仍然要问,答非所问是如何发生的?这个问题把我们引向对"问"的理解。答非所问有三种情形:第一种是对问之所问本身未曾理解;第二种是理解了,但故意避而不答;第三种是对问有所理解,但没有能力做出回答。

大体说来,"问"不仅引导着"答",而且先行决定着答的性质、答的可能性、答的广度和深度。这就意味着我们不仅要多问,而且要善问,因为有深度的问是为有学问、有思想和有水平的人准备的,是为有准备的头脑准备的。几乎所有的科学活动都是从问开始的。但科学之问不仅是尝试性、探索性的问,而且是把我们引向特定原理和特定发现的问。这种问与日常习见的问的区别就在于,前者是要求"知其所以然"的问,因而是"问其所以然",而后者只是要求"知其然"的问,因而是"问其然"。如果说后者只问浮表,前者则欲通达事物的实质与核心。如果把"问"分为三个层次,我们就只能说"知其然的问"属于第一层次,至多及于第二层次,即知道"什么(what)""谁""谁的""哪个""什么时候""什么地点""如何"等。而"知其所以然的问"则涉及第三层次,即不但问"什么",而且问"怎样"、问"为什么",甚至问"为什么要问为什么",不但问"谁"而且问"谁的谁"(who's who)。问"什么"、问"怎样"固然是问"为什么"的前提,但不问"为什么",我们就只能知其然而不能知其所以然。我们对那个"什么"的了解也就只是停留于空洞的外在性。"什么"是对"怎样"的限定,因为当我们问"怎样"时已经在问是"什么"的"怎样"。"怎样"始终是一个东西、一个人或一个物的"怎样"。"怎样"是"什么"的展开。只有当我们了解了一个东西是怎样活动或怎样存在的,我们才能对一个东西的"什么"有详尽的了解。比如,你要了解一个人是否是朋友,你就得知道他的"怎样",他的言行。正是这个"怎样"构成了他的"什么"。

黑格尔之所以说"熟知并非真知",就是因为"熟知"只停留于浮表,而不能把握事物的本质与核心,没有创造性的人或思想的懒汉要么不愿问,要么不深问。即便这类人偶有所问,那种问也多半属于缺乏深思的问或不着边际的问。虽然后者对培养人的想象力不可或缺,但科学活动中的问是把人引导到新发现、新发明和新思想的问,是能问出新视野、新天地和新境界的问。在此,发问出于好奇而不止于好奇。从发问中,我们大抵能看出发问者的水准、旨趣和个性。当今教育的最大弊端之一便是扼杀了学生对问的兴趣与热情。对儿童的好奇心的损害莫过于对其自由发问的忽视与限制。作为率真的发问者,作为无所顾忌的发问者,作为真正自由的发问者,儿童们几乎无所不问。他们的问虽然不一定是穷根究底的问,但他们的问常常是富有想象力的问。他们在天性上的自由自在的问蕴含着探索的原初动力,也是一切自由之胚芽。但装着什么都懂的成人要么出于对自身权威的不自觉的维护,要么出于害怕承认无知,要么出于没有能力回答儿童的提问而消极地对待他们的问,甚至在被问得感到厌倦或无法招架时粗暴地打断他们的问。由于不敢问或觉得问了也是白问,儿童变得不再有问的热情。但要培养人们的探索精神首先就是要让人学会发问,并且要学会既涉及"知其然"又涉及"知其所以然"的深问。爱因斯坦之所以说提出问题比解决问题更为重要,正是因为他看到了问对于科学探索的引导作用。希尔伯特的二十三个数学之问以及由此"大问"引申出来的无数"小问"引领着数学的重大发展就是问之先行性、引导性和定向性的明证。从某种程度上讲,一部数学史乃至科学史就是一部发问史和解答史。

不过,发问的重要性并不限于科学。人类生活的一切领域都离不开问。在各种问中,有些问只是浅尝辄止式的问,有些问则是打破砂锅问到底式的问;有些问只是一时涌上心头的即兴之问,有些问则是不断困扰我们的源远流长的问。为了获得信息,人们每每询问;为了进行辩驳,人们常常反问;批判性的思维总是表现为疑问;为了进行调查,人们精心设问;为了评估,人们进行拷问;等得不耐烦的时候,人们催问;盛气凌人时,人们逼问;为了表示对他人的关心,我们进行问寒问暖式的问。凡此种种无不显示出问对于我们的社会生活的重要性。鉴于问对于学术探索的重要性,对"问"本身进行一番追问乃是哲学义不容辞的责任。

媒体、秘密与现代性[①]

媒体既是现代性的产物,又是现代性的工具,也是现代性的瓦解者。媒体,尤其是互动性媒体,正使全球化成为真正的现实。它体现并推动资本、技术与权力的空前结合,也实现了所有互联网用户的大脑联网;它在全球传播宗教,但也日益把自身变为宗教;它大大扩大了公民参与,从而改变了全球政治生态。德里达甚至在二十年前就谈论网络民主的可能性。然而,他注意到,就像民主与无赖是一对孪生兄弟一样,网络民主与网络暴力总是相依相伴。如果说当今社会正在通过这种网络民主和网络暴力形成某种社会免疫机制,那么,网络空间的形成在打破公共空间与私人空间的界限方面所起的作用将影响深远。德里达曾对宗教、电视(或者说一般意义上的媒体)与全球化的关系做过一些有趣分析,他在"9·11"事件发生以后于纽约发表了题为《自身免疫性:真正的自杀与象征性的自杀》("Autoimmunity: Real and Symbolic Suicides—A Conversation with Jacques Derrida")的谈话,以及《尤其不要记者们》("Surtout pas de journalists")一文。早在1995年他就出版过《档案热》(*Mal d'archive*,亦可翻译成"档案病"或"档案狂")。2003年,他写的一本小书《生成、系谱学、类与特性》(*Genèses, généalogies, genres et le génie*)问世。这些文本与《对秘密的喜好》(*A Taste for the Secret*)、《信仰与知识》(*Faith and Knowledge*)等著作一起构成了他对媒体、秘密、宗教、政治和全球拉丁化等问题相对完

[①] 本文载《学术月刊》2013年第7期,原题为《媒体、秘密与现代性——从德里达的视角思考媒体、秘密与政治》。——编者注

整的论述。如果我们从他的视角去审视一下媒体与秘密的关系,审视一下媒体、现代性与"全球拉丁化"(globalatinization)的关系,我们对当今政治生活的理解将会获得新的灵感。我希望,我的解读能让德里达的文本呈现出不同的意义,而这恰恰是解构的要义之一。

一

德里达曾用过"媒体的宗教"一词,如果我没有误解他的意思,他是要凸显和说明人们对媒体的崇拜,强调媒体如何影响宗教以及宗教如何借助媒体而变得全球化,确切地说,他要说明宗教、全球化与媒体化有何内在联系。他提醒我们要以批判的眼光看待这一进程。从"媒体的宗教"(the religion of the media)这个字眼中可以引出两种影响深远的观念:第一,它让人想到媒体正在成为许多人心目中的"宗教";第二,它让人想到正在媒体上传播的宗教,尤其是基督教,因为后者正借助媒体的力量传播到全世界并深深影响乃至支配了现代国际政治和国际法体系的基本话语。

就第一点而言,我们每个人在一定意义上都是它的见证者。德里达在《尤其不要记者们》一文中沿袭了黑格尔的提法将基督教称为"精神的宗教"。他把伊斯兰教、犹太教和佛教称为秘密的宗教,因为这三种宗教在他看来十分强调个人的内心体验,特别是神圣的体验。

他把基督教称为言说的宗教、公开的宗教并认为基督教内在地包含着对公开化和媒体化的要求,因为他认为基督教希望传播"好消息",希望将福音传遍全世界。因此,基督教在现代媒体中找到了适合自己的传播手段。对他来说,基督教在近代之前常常站在科学的对立面,而在近代以来它试图维持对科学的最终统治,并且当科学有可能威胁其最终信条时它会对科学予以限制。基于宗教理由对生命科学技术的限制就是如此。启蒙运动以后它又试图借科学来证明自身的正当性和有效性。但它与科学的和解中也包含对科学的反对。当它试图依靠现代媒体,如电视、互联网和广播,来传播自身的信条和教义时，它在某种程度上是用科学的方式反对科学，用技术的方式反对技术。不仅如此，基督教在他眼里越来越依赖现代技术武装起来的媒体来实现自身的全球化。他正确地指出了当今的所有宗教都有媒体化现象，但基督教的媒体化的结构和力量具有独一无二的特点。它比任何其他宗教更有普遍化的要求、公开化的要求，这自然与其排他性的要求有关，也与其世界主义的概念和世界公民的概念与关。德里达认为，媒体化是普遍化与公开化的体现和强有力的手段，但他对基督教的媒体化始终保持某种警惕，这首先是因为他一辈子都在捍卫差异，捍卫作为差异的基础的每一事物的独特性，而普遍化的企图和普遍主义的尝试都是对独特性的威胁。现代媒体固然满足了人们对于交流和沟通的需要，并且深深改变了人们的思想观念、行为方式和生活方式，从而也改变了世界的性质，但它也在创造公共空间的同时使世界变得同质化，人的个体性和独特性，文化传统的独特性和差异性正在遭受侵蚀，甚至正在消失。

我这里想特别谈谈当代人对媒体的严重依赖，这种依赖在德里达看来恰恰与基督教的全球化的使命是合拍的。这一点也可以解释为何基督教比其他任何宗教更热衷于利用媒体的力量来扩大自身的影响。法国学者阿克瑟罗（Axelos）早在二十世纪六十年代就说过，谁控制着媒体，谁就控制着民众的意志。今天，市场化的力量正将每个人卷入媒体之中，受媒体的影响乃至左右。今天的商人、政治家、演员一旦脱离了媒体，人们就会产生各种猜测。他们对媒体的依赖已经到了无以复加的程度，以致有人即便生病了也要强打精神在媒体上露面或发声，因为脱离了媒体，他们就无法充分显示其存在和价值，而显示自身仿佛代表了他们对于公众的意义，表明了他们的影响力。即便被美国四处追杀的恐怖分子也不忘记时不时地借助媒体显示自身的存在。实质上，媒体不但为一些人"报价"和"保价"，而且借此证明媒体自身的力量和有效性。媒体与公众人物相互需要。这里的公众人物首先指政治人物，其次指商人、艺人和公共知识分子。由于媒体的日益商业化，媒体尤其与商人相互需要。对于商人来说，媒体是叫卖的最好平台,也是培养消费者的平台;对于政治家来说,媒体既是显示其存在的手段,又是发挥其影响力的手段;对于演员和其他公众人物来说,媒体与公众对他们的关切度密切相关。但不管是上述哪种人物,对媒体的依赖和恐惧是同时并存的。随着互动式媒体尤其是网络媒体的发展,普通公众与媒体也在加深相互依赖性。德里达甚至早就提到网络民主的可能性。在《无赖》一书中,德里达还发现,随着网络而出现的所谓的全球化或世界化"比以往更不平等和更具暴力,因而比以往更多地被人引用并更少具有世界性"①。

基于此,我们在享受媒体的好处时,当然不应当忘记对媒体保持批判性立场,而后一点恰恰是媒体的本性。我们可能像德里达一样注意到,媒体是世界的眼睛。媒体不仅使我们的生活变得便捷,而且使我们的社会公众也能享有曾经被少数人垄断的信息,使人与人之间的联系超越了时空的限制,使无数个大脑同时接受知识并进行合作型创造成为可能。今天的媒体比以往任何时候更能表达普通人的要求与呼声,更能体现普通人的集体智慧,更能对各种权贵发挥监督作用。随着互动式媒体的出现,交流和分享成了我们这个时代最富有魅力的潮流。然而,我们也可能注意到,正是通过不断的重复,媒体往往使一件小事迅速成为一次重大事件。我们虽然不能说"9·11"事件是一件小事,但可以确认这次事件是通过电视图像的反复播放而成为主要事件的。另外,现代网络媒体使一些公众同时患有"偷窥癖"和"暴露癖"。人们热衷于观看和打探别人的秘密,也热衷于晒晒自己的秘密。在这种情况下,"隐身"和"匿名"才有意义并成为控制和反控制的战场。就连各国的情报人员也加入了媒体的合唱。他们不仅到各种互动媒体上去"捞取"秘密,而且忙于防止自己的秘密被泄露。然而,捞取秘密本身就是泄露自己的秘密。因此,在这样一个贩卖和"泛卖"的时代,在马尔库塞所说的媒体正深入到个人卧室的时代,个人的秘密不再成为秘密就在情理之中了。在《单向度的人》(One-Dimensional Man)中,马尔库塞把通过舆论而进行的私人聚会和媒体向个人卧室

---

① 德里达:《无赖》,汪堂家、李之喆译,上海:上海译文出版社,2011年,第209页。

开放看作西方现代工业社会的主要倾向之一①。

就第二点而言,德里达对于媒体与宗教全球化的关系的看法比较独特。德里达自造了一个词"全球拉丁化"(globalatinization)。这里所说的拉丁化自然不是指大家都来说已经死去了的拉丁文,也不是指大家都无保留地接受拉丁人的思维方式和所有文化观念。按德里达的见解,全球拉丁化的一个明显表现就是"宗教"的全球化,确切地说是基督教的全球化。"宗教"一词是拉丁人的发明,是罗马人的发明并且仅仅属于罗马人。当人们试图将罗马人的独特经验普遍化的时候,那种将以拉丁文来表述的观念灌输到其他人的心灵中意味着通过某种外在力量进行强制性的推广。基督教一直是这种推广的有力手段。通过对"宗教"的解构,德里达不仅发现了"宗教"的媒体化和普遍化的过程在本质上的一致性,而且揭示了"宗教在本质上和语源上是基督教的"。他对不能或不愿给独特性和个人秘密留下空间的任何宗教思维感到恐惧。也正因如此,他对基督教通过媒体而进行的全球化过程表示忧虑和不满,而对他称之为"秘密的宗教"的伊斯兰教、犹太教和佛教则怀有某种同情。

德里达在《信仰与知识》里对"宗教"一词进行过一番考察。在他看来,"宗教"(religion)一词的含义看似清楚,实则非常模糊。正因如此,历史上的许多重大事件是以宗教的名义发生的。实质上,"宗教"这个词只是拉丁人的发明,"宗教"也仅仅属于拉丁人。其他民族没有"宗教"一词或类似的东西并不是什么坏事,而可能恰恰是好事。因为"这个普遍化的名词包含一种同一性的幻觉,它也是某种抽象经验的结果,是忽视具体内容和具体差异的抽象化思考的结果。语言、民族、罪恶、拯救、牺牲、正义、屠杀、性别等等方面的问题莫不与这个抽象的名称相联系"②。可是,所有运用"宗教"一词的人从未就"什么是宗教"达成一致,法国语义学家邦维尼斯特(Benveniste)甚至考证出 religion(宗教)一词在拉丁文里有两个完全不同的起源。在拉丁文中,"宗教"

---

① Herbert Marcuse, *One-Dimensional Man*, Boston: Beacon Press, 1991, p.19.
② 汪堂家:《汪堂家讲德里达》,北京:北京大学出版社,2008年,第181页。

被称为religio。西塞罗、奥拓(W. Otto)和霍夫曼(J. B. Hofmann)等人认为,这个词源于religere,其词根是"收获"和"聚集"的意思;而以德尔图良、柯伯特(Kobbert)、埃尔努-梅耶(Ernout-Meillet)为代表的另一派学者则认为,religio源于religar,其词根的意思是"联结"和"联系"①。

然而,不管一些语源学家如何强调"宗教"一词的原始意义的重要差异,我们毕竟看到不同教派的人、具有不同信仰系统的人渐渐认可人类有某种类似的神圣经验并试图用统一的名称去称呼它们。此外,"宗教"一词的两个不同起源并不能说明它们没有联系,因为上面提到的"宗教"一词的一种原始意义,即"收获"和"聚集"与它的另一种意义,即"联结"和"联系"并非没有联系。常识也告诉我们,聚集本质上已经就是联结了。但德里达据此论证说,把原本不统一的经验说成是统一的经验并用一个貌似大家认同的名称去称呼那种经验无异于语言暴力。进而言之,"宗教"是独特的经验普遍化的结果,它本身带有强制的性质。而现代媒体把这种强制发挥到了极致,也把普遍化的要求发展到了极致。或者说,现代媒体事实上是全球拉丁化的普遍工具。这种工具既可以为全球拉丁化服务,也可以为非拉丁化服务,甚至可以用于反拉丁化本身。这就是现代媒体的双重特性。看不到这种特性就看不到媒体与全球拉丁化的内在联系,也看不到现代媒体具有自我否定的能力。这种能力的确可以在短期促进宗教的全球化,但最终也蕴涵瓦解自身的可能性。

因此,我的基本看法是,媒体传播了"宗教",也瓦解"宗教"。从表面上看,"宗教"借媒体的力量而传遍全球,并在一定程度上成了全球化的动力之一。然而,媒体也丢失了宗教的灵魂。这不仅仅是因为媒体使宗教所依赖的秘密不再是秘密,而且是因为媒体使人们分散了分享共同精神空间的兴趣和对秘密的兴趣。这就是说,媒体在本质上是与宗教经验相互冲突的,因为媒体是以公开性为存在条件的,它的功

---

① Jacques Derrida, *Acts of Religion*, ed. by Gil Anidjar, New York and London: Routledge, 2002, p. 71.

能和职责就是揭示、显示、公开。虽然德里达和纳斯先生注意到基督教的一个突出特点是强调将好消息或福音传播开来的可能性和必要性,因而意味着将其公开化和媒体化的必要性与可能性,但是,借言说和形象而存在的媒体并不能通过公开化的功能保证媒体上的基督教的精神的可靠性、完整性和有效性。相反,媒体上的形象几乎总是污染、扭曲和侵蚀那种宗教精神。媒体传播的只是宗教知识,而非宗教经验。

众所周知,"电视"一词 television 在字面上意味着"远看",但通过"远看"来传播的宗教在我看来事实上恰恰瓦解了自身。德里达没有提到一个不可忽视的事实:几乎所有宗教都离不开仪式,而仪式始终意味着在场,意味着某种秘密。远看的仪式是无法让我们找到身临其境的感觉的。只有在参与仪式时我们才可能有对于仪式的神圣经验。况且,仪式让我们以五官和心灵体会神圣的经验。媒体上传播的宗教只是传播了某种信息,它无法有效运用人的五官,它充其量只能运用人的视觉和听觉。信仰不仅是借助声音和形象来确立的,信仰需要全身心的体验、领悟乃至迷醉。声音和形象无疑是宗教精神传播的重要载体,但媒体上传播的宗教声音和形象受到了污染,它们与其他声音和形象的混杂干扰了人心的宁静,给灵魂带来了纷扰,因此媒体实质上会消耗和侵蚀宗教精神。这一点可以解释为什么一部分宗教界人士希望远离电视和其他媒体,至少不愿受它们的过多干扰。

另外,我们也不应忘记一个重要事实,现代性是与基督教的世俗化过程息息相关的,也是与启蒙运动所宣扬的普遍主义的理念密切相关的。西方启蒙运动虽然在十八世纪的一些法国思想家那里表现为对基督教的批评,但这种批评并不彻底,并且批评的结果是基督教的世俗化。现代性的一个后果是政治与神权的分离,另一个后果是资本、技术与权力的合流。就长远影响而言,第二个后果是现代性最为根本的方面,也是影响现代物质生活和精神生活的根本因素。即便第一个后果在将来消失了(在短期内还看不到这种可能性),第二个后果仍将维持强有力的趋势。对这种趋势保持足够的警觉对保护个人自由与尊严、对保护少数族群和边缘人群的利益具有十分重要的意义。互动式媒体的出现使每个人有可能成为自己的记者,他们在媒体上发出自己的独特感受和见解,并以自己的视角去观察自己和别人的世界,以自己的价值观念和认知方式去评判他们所看到的东西。通过这种方式,每个人都想出场和在场。"微博"这个词在德里达先生健在时尚未在我们的社会流行起来。而今,这个词的流行以及它所表达的意义已使过去少数人拥有的东西不再成为专有的东西,从而使外在灌输的普遍化的东西丧失了它原有的神圣性。随着每个人成为自己的发言人,代言人的重要性大大降低了。以他人的名义说话和做事的可能性也大大降低了。这恰恰是瓦解普遍化的东西的过程,也是使秘密不再成为秘密的过程。

二

但是,秘密究竟意味着什么?只要个体还是一个个体,这个个体就有着自身的秘密。从广义上说,秘密是与独特性相关的东西,甚至是维持独特性的那种东西。它服从"我"的"我性"或专属性。它是最为本己的东西,甚至是只可意会不可言传的东西。用 Nicholas Boyle 在《德里达》一书中的说法,每个人都有自己做事、思考、感受或经验事物的独特方式,每件文学作品以及解读这种作品的方式也是独特的。"作品的这种独特性与作者独一无二的专门术语、风格和签名有关。每个人都以自己独特的方式不同地写作(和阅读)。"[①]

德里达在不同的地方都谈论"秘密"并且试图呈现"秘密"(secret)一词的不同意义。但对他来说,秘密是可以谈论但不能说出来的东西,因为说出来的东西都不可能是秘密。秘密从最终意义上说只是个人内心的独特经验。德里达还赋予秘密以神圣的性质,这一点源于并且反映了宗教领域的秘密与神秘之间的本源性关系。因为在西方文

---

① Nicholas Boyle, *Jacques Derrida*, London and New York: Routledge, 2003, pp. 119 - 128.

化里,秘密在很大程度上还与宗教经验有关。德里达在解读克尔凯郭尔以及解释亚伯拉罕与耶和华的关系时,就试图说明其中蕴涵着的秘密问题。在德里达看来,对亚伯拉罕的审判本应包含保守秘密的要求,包含不能说出那个绝对者对他说出的东西的要求。"所有这些必须是绝对秘密的——只是我们之间的事情。它必须无条件地成为私人的事情,是我们的内部事务并且不可了解。"①

从语源上讲,"秘密"问题的确涉及如何处理神秘的东西。不可见性、非透明性、晦暗性、专属性和不可预见性都是秘密的应有之义。在古法语和拉丁文中,秘密(secretus, secernere)原本意味着"掩盖""过滤",后来引申出"幽暗""秘密""神秘""偏僻"等含义。不能公开和不能分享始终是"秘密"的基本意义。德里达在一本自传性作品(题为Circumfession,这个书名几乎是不能翻译的)中甚至说,秘密就是"仅仅由我碰到的"东西,或者说,秘密仅仅是我专有的东西。"专有"维持了我对某物的所有权的不可让渡性,因为一物一旦成为可让渡的东西,这个东西就不是我专有的东西,它对我的唯一所属性就改变了。此处的唯一所属性表现出独特性的结构。它包括两个方面:

第一,它是不能重复的东西,也是不能为他者分享的东西。它必须用专门的术语来表示,此术语指称的东西是独一无二的。它与其他东西具有异质性,差异即是它的本性。它自身的边界同时就是对他物的限制。为了说明和捍卫独特性(如个人的独特性、作品的独特性、语言的独特性和文化的独特性等),德里达一辈子都在同"同质性"作斗争,因为从根本上讲对抗现代性意味着打破同质性,重视异质性,也意味着打破同一,重视差异。他举了许多例子来证明和解释独特性是什么。比如,专名、签名、文学作品、对这类作品的解读、个人专有术语,都是独一无二的。也许有人会说,专名并不专,因为不同的人可能用同一个名字。比如,可能有很多人都叫"王卫东"。但是,"王卫东"这

---

① Jacques Derrida, "Above All, No Journalists!", trans. by Samuel Weber, in *Religion and Media*, eds. by Hent de Vries and Samuel Weber, Stanford: Stanford University Press, 2001, p. 56.

个名字的意义恰恰是在与某个独一无二的那个王卫东的关系中决定的。换言之,当我用王卫东这个名字时,我指称的那个王卫东是相同的,是我心中想到的那个人。签名也遵循类似的逻辑。签名能得以成立并作为某人认可的唯一标志,就是因为它是独一无二的。签名毋宁就是专有的标志,是自己对自己专属性的声明。它是无声的授权,只不过这种授权确证了自身的权威的唯一性。德里达为分析法国诗人蓬日(F. Ponge)而撰写的作品《签了名的蓬日》或《符号海绵》(书名为 *Signeponge/Signsponge*,它同样不可翻译,德里达用它同时表示多重意思)就花了很多篇幅来讨论签名问题。但他试图说明,即便是专属的东西也包含矛盾和否定自身的因素和力量。比如,别人能够伪造某个人的签名就是例证。或用他本人的话说,"伪造的可能性总是规定着被称为签名的事件的结构本身"[1]。这表明,签名其实是"我不能占有的东西,是我不能使之成为我自己的东西的东西"[2]。正是出于这个原因,德里达始终让我们意识到思考独特性时不得不面临的矛盾和困境。

第二,独特性的结构显示了超出自身并与一般性发生关联的可能性。德里达同样在很多地方讨论过这个问题。在谈到阅读时,德里达一方面承认阅读的独特性,但又认为"绝对纯粹的独特性是不适用于阅读的"。独特性要变得可以阅读,就必须分裂自身,就必须分有"种、类、语境、意义、意义在概念上的一般性"[3]。也就是说,独特性并非自身存在的。在此,独特性的独一无二性并不属于自身。绝对的占有之所以是不可能的,是因为独特性在显示出来时就已经不是独特性了。比如,签名通常被视为独特的,但"签名必须既继续存在,又同时消失,必须为了存在而消失,为了消失而存在"[4]。名字在德里达看来则代表

---

[1] Jacques Derrida, " Between Brackets I ", in *Points ··· interviews*, *1974 – 94*, ed. by Elisabeth Weber, Stanford: Stanford University Press, 1995, pp. 5 – 25.

[2] Jacques Derrida, *A Taste for Secret*, with Maurizio Ferraris, trans. by Giacomo Donis, Cambridge: Polity Press, 2001, p. 85.

[3] Nicholas Boyle, *Jacques Derrida*, London and New York: Routledge, 2003, p. 120.

[4] Jacques Derrida, *Signeponge/Signsponge*, trans. by Richard Rand, New York: Columbia University Press, 1984, p. 56.

空洞的秘密。人的生活既是对这个空洞的填充,又是对这个空洞的暴露。在《激情:一种躲躲闪闪的赠与》一文中,德里达说:"存在某种秘密。但它并不掩盖自身。"①德里达在此试图表明秘密的矛盾性质。我们一方面想保守自己的秘密,另一方面又想吐露秘密,因为秘密本身就是对人的心理压力。秘密在本质上的专有性使秘密必须保持其无条件的私人性。但我们越是想保守秘密,我们也越是在暴露秘密,因为当我们极力保守秘密时,我们已给秘密与非秘密划定了一道界线。这道界线越是分明,秘密的轮廓越是清晰。就像极端的光明意味着绝对的黑暗一样,绝对的秘密也意味着绝对的非秘密。秘密与非秘密的辩证关系就像黑洞与非黑洞的关系。人既然不是离群索居的动物,他在公共生活领域的存在总能留下生活过的痕迹。这个痕迹就是秘密的索引,它给所有人打开了一道门缝。

德里达的确重视秘密的专有性和独一无二性,但专有并不足以成就秘密。专有的东西必须有不可示人的方面才能成为秘密。因此,真正的秘密必须在保有独特性或者独一无二性的同时,也必须是不可见的、不可言说的。德里达说,秘密就是可以谈论,但不能说出来的东西。用德里达在《对秘密的喜好》中的话说,"如果有什么绝对的东西,这个东西就是秘密"②。可是,正如纳斯教授所说,秘密意味着不可见性、不透明性、不可交流性、不可传达性以及不可预见性。它抵制任何形式的言说和曝光。德里达说自己喜欢秘密而不是非秘密。他对不给秘密留下空间的政治和文化感到不安和恐惧。因为他认为如果不保护个人对拥有秘密的权利,我们就会处于专制的空间中。也正是出于这个原因,德里达反对任何宗教中不给秘密留下空间的思维。

德里达从许多方面来解构"秘密"概念。除了我在前面已经提到的,从宗教经验、签名、个人专用术语、名字等方面来谈论秘密之外,他

---

① Jacques Derrida, "Passions: An Oblique Offering", trans. by David Wood, in *Derrida: A Critical Reader*, ed. by David Wood, Oxford and Cambridge, MA: Basil Blackwell, 1992, pp. 5–35.

② Jacques Derrida, *A Taste for Secret*, with Maurizio Ferraris, trans. by Giacomo Donis, Cambridge: Polity Press, 2001, p. 57.

还从死亡、档案、自传、文学作品等方面来解构秘密。在他看来,死是最大的秘密。"死始终是一种秘密的名称,因为它表示不可替代的独特性,它提出了一种秘密的共开名称、共同名称,提出了没有名称的专名的共同名称。"①同时,他认为,关于死亡的语言不过是一种秘密会社的漫长历史而已。它既不是单纯共公的东西,也不是单纯私人的东西,它介于两者之间。"显然,对这种绝对/秘密的最有诱惑的比喻就是死,是与死有关的东西,是被死带走的东西——是那种成为生活本身的东西。的确,与死的关系是对秘密的这种特殊经验的特殊维度,但我以为,一种不朽的东西也会有同样的经验。"②一个人可以告诉我们他所经历的所有东西,但唯独不能把自己的死告诉别人。能告诉给别人的死已经不是死,而是生。死是绝对不可言说的东西,死带走一切,当然也包括秘密。死的反面,即不朽,也不能告诉别人,能述说出来的不朽已经不是不朽。不朽就像死一样是绝对不可破解的。虽然我们都可能热衷于谈论不朽、渴望不朽,但我们作为有死的人只是在渴望自己达不到的东西,以便消除或减轻自己对死的恐惧。对生者来说,死是绝对的外在性、他者性。我们也许可以用任何名称去命名死,但死永远是那些名称之下的秘密。生只是在迈向这个隐藏着的深渊。但死不等于那个隐藏着的东西。这是生的困境,也是死的困境,是有死的人面对自己向往的不朽时的困境。

三

谈起秘密,人们不能不想到政治。德里达声称,在现代社会生活中,秘密主要与政治相关。经济的、军事的和个人的秘密最终是在政治秘密的背景里显示其意义。因此,现代政治哲学不得不研究这个秘密问题。过去,人们谈到秘密时总喜欢谈到宫廷政治阴谋。其实,现

---

① Jacques Derrida, *Aporias: Dying Awaiting (One Another at) the 'Limits of Truth'*, trans. by Thomas Dutoit, Stanford: Stanford University Press, 1993, p. 74.
② Jacques Derrida, *A Taste for Secret*, with Maurizio Ferraris, trans. by Giacomo Donis, Cambridge: Polity Press, 2001, p. 58.

代民主政治既使秘密成为必要,又使秘密最终不能成为秘密。德里达甚至说,假如没有民主,秘密也无所谓秘密。政治从来就是有秘密的。政治是通过控制秘密而成为政治的。其中,控制档案就是控制秘密的制度化形式。档案之关乎政治就在于这种秘密。对秘密的忧虑使保密成为必要,而对秘密的忧虑乃是对某种专有权和垄断权的忧虑。民主的本质因素之一就包含对档案的垄断权的最终放弃,因为档案在一定年限之后就会公之于众。在这种情况下,档案是为公众而存在的,而不仅仅是为控制档案的人而存在。公开档案在一个开放社会里意味着解密,意味着秘密的分享,意味着秘密不再成为秘密。设定档案的公开时限本身就表明权力对档案的控制,对秘密的控制,也表明档案如何与活人的政治社会生活相联系。

德里达在解读西克苏(H. Cixous)写的《曼哈顿》这部作品时说过:"一方面,这种秘密就像天性一样,保留着一种力量、一种权力、一种自身的动力。……这种法律的力量,这种秘密,始终是某个人的权力。没有在他人面前的约定,就没有秘密。"①放弃这种控制意味着对专有权的放弃。对真相的了解就是从这种控制的放弃开始的。因此,德里达说:"在这种意义上,一种受到保护的秘密始终是一种丧失了的秘密。"②在《档案热》(Mal d'archive,亦可翻译为《档案病》或《档案狂》)中,德里达还通过分析档案的起源来分析控制档案的过程与控制秘密的过程以及政治权力的运作过程如何密切相关。他甚至说:"没有对档案的控制,没有对记忆的控制,就没有政治权力。"③政治权力与档案在西方历史上一直是相互联系着的,在古希腊时,各城邦的执政官就被称为archonte,此词与"档案"(arkhe)属于同源词,因为最初时放档案的地方既是官员的住处,又是发布命令的地方,它是政治权力的代名词。换言之,在古时候,档案主要是服务于政治和法律权威的。

---

① Jacques Derrida, *A Taste for Secret*, with Maurizio Ferraris, trans. by Giacomo Donis, Cambridge: Polity Press, 2001, p. 30.
② Jacques Derrida, *Genèses, généalogies, genres et le génie*, Paris: Galilée, 2003, p. 30.
③ Jacques Derrida, *Mal d'archive*, Paris: Galilée, 2008, p. 13.

行政官员有处置和保管那些档案的权力。"他们有权力解释那些档案。"①

然而,在今天的社会里,档案的存在方式随着电子技术的发展发生了深刻的变化,人们利用这些档案的方式也发生了根本变化。档案的电子化使储存和共享变得非常便捷,但也使秘密难以成为秘密。由于档案存储与互联网的互通,泄密与窃密变得比较容易,同时公众对档案的兴趣与日俱增,人们对秘密的好奇心也与日俱增。作为现代性的产物的互联网技术既扩大了人们的兴趣范围,也容易使许多人对某些秘密的兴趣交织起来并形成一个共同体,从而加大了利用政治权力控制秘密的难度。维基揭秘事件给许多国家带来的外交难题不过是一段小小的插曲而已。当互联网技术变成全球性媒体平台和每个人的信息发布平台以及社交平台时,信息的真假难辨以及真理与意见的界限的模糊化将给政治的未来构成难以预料的挑战。但有一点是很明确的,"档案始终是一种证据(gage,又可译作抵押——引者注),并且就像所有证据一样是未来的证据"②。电子档案与互联网的可能的互通不单单改变了传统的档案形态,而且打破了公共空间与私人空间的传统划分。原来能够在私人空间运作的东西现在不得不变成公共空间的东西,档案的所有权、公开权和复制权不得不发生改变,这种转变使各国的政治改革与司法改革不可避免。否则,它们就会被网络民主和网络暴力所淹没。现代资本、技术和权力的结合既是它们的动力,也是体现它们的现代性本质的基本形式。

需要注意的是,德里达也用"现代性"概念,但他本人对这个词并未作清楚的界定,也未对它加以详细阐述,这不免让人稍感遗憾。也许,他认为"现代性"是一个人人熟知的无需解释的概念。但正如黑格尔所说,"熟知并非真知"。我在此想继续提出人们反复提出过的问题:"现代性"意味着什么?按照比较可信的说法,"现代性"(modernity)一词源于拉丁文的 modernus(现代),而 modernus 的使

---

① Jacques Derrida, *Mal d'archive*, Paris: Galilée, 2008, p. 13.
② Jacques Derrida, *Mal d'archive*, Paris: Galilée, 2008, p. 37.

用至少可以追溯到五世纪,它最早与 modus(方式、样式)有关,包括"新颖""时尚""时髦"等意义,后来专指随基督教的兴起与传播而流行起来的新观念、新潮流。因此,"现代性"的观念的形成和发展的确像德里达分析的那样与基督教的兴起与传播有关。但我们通常所说的现代性是以启蒙运动的宏大叙事为基础的。它反映了启蒙运动的思维模式、文化潮流、生活态度和价值取向。"建筑是它的包装,解放是它的基调,技术是它的工具,统一是它的诉求,普遍进步是它的信念,资本主义是它的名称,思辨哲学是它的表达。"①当代人对现代性的第一个直观的感受是技术理性及其产物的无所不在。电视以及作为电视的延伸的其他高技术媒体既是现代性的展示,又是它的诠释,更是它的传播工具。它越来越服从资本和权力的逻辑,甚至代表了资本、技术和权力的统一,它仿佛有了自主性并遵循自身的法则,即灌输和支配的法则,当然也有受欲望推动的货币世界的法则。

在这个受欲望推动的世界上,媒体煽动需要、刺激需要、强化需要并且制造需要,不管这种需要是真的需要还是假的需要。它通过广告不断告诉你,你应当有什么样的新奇的需要,于是,你渐渐由不需要学会了需要。资本的逻辑是制造需要和满足需要的逻辑,也是刺激无限需要的逻辑。现代性建立在理性的精心设计的基础上,其中包括对需要的设计。比如,一部电视机有许多功能,但消费者一开始并不需要那么多功能,甚至压根儿没有想到需要那些功能。但使用说明书让你知道了那些需要并且尝试学习那些需要。即便你用不上那些电视功能,你也被迫花钱买下那些功能,因为你假定你将来有那些需要,而且标准化生产也迫使你接受那些假定的需要。你只能把一些"需要"储备起来。你对新需要的多少直接决定了潜在市场的规模。这就是资本主义的秘密,也是现代性的秘密。

如今,我们没有人怀疑电视、广播乃至互联网是现代性的产物,但媒体也强化了现代性。它通过将声音和形象结合起来并且超越了时空障碍而成为在场的见证,它也能使局部的现象成为普遍性现象,至

---

① 汪堂家:《利奥达与后现代概念的哲学诠释》,载《复旦学报》2001年第3期。

少貌似成为这样的现象。媒体彰显了技术理性在现代物质生活和精神生活中的重要性,也构建了全新的全球性精神空间。它本身就是全球化的一部分,并且成为其他方面的全球化的先导和手段。全球化与普遍主义观念的传播是同一个过程的两个方面。在近代,基督教充当了全球化的先锋,同时也借助各种组织方式,特别是资本主义和殖民主义活动使自身获得普遍传播。但是,这种传播活动不同于传统的、由教会组织的可以看得见的活动。如果说殖民主义运动构成了普遍主义观念传播的第一阶段,那么,当代经济的全球化和通讯技术的全球化使普遍主义观念的传播进入了第二阶段。而普遍主义观念的盛行是与电视和其他类型的高技术媒体(如因特网)的使用广度和深度密切相关的。德里达向我们暗示其中蕴涵的危险,这种危险也是现代性的危险。

  德里达在《无赖》中特别指出"9·11"事件的参加者就是全球化的直接后果,也是现代性的后果,媒体在制造这一后果方面所起的作用需要好好反思。因为这一事件的参加者从现代媒体的夸张性描述中以及对仇恨的煽动中得到了动力,他们在美国接受训练,乘着美国的飞机,以美国人的方式撞击了作为资本主义财富和技术象征的双子塔。这一事件无疑是不幸的,给美国人民,也给世界爱好和平的人民造成了莫大的悲伤。它改变了传统的战争概念,也在一定意义上让人们重新思考恐怖主义的长远后果并重新思考媒体的本质。这一事件通过媒体的戏剧化和反复对观众的心灵撞击仿佛建构了事件的结构和可能性。当"9·11"事件发生时,德里达正在上海,他是从电视上"见到"这一"事件"的并在与我们座谈时预言美国要发动战争,要进行警察统治,要限制个人自由,而后者恰恰意味着个人秘密不再成为秘密。美国为了反恐的需要采取了怀疑一切的做法,这当然极大地增加了社会管理的成本。德里达的预言后来成了现实。在"9·11"事件发生以后的十年中,美国的部分对内、对外政策仿佛是按德里达所预言的轨迹来制定和实施的。这令人吃惊地显示了德里达的先见之明。双子塔崩塌的电视画面的反复播出给美国人造成的精神创伤是严重的,它所造成的影响以及由此带来的恐怖气氛恰恰是恐怖分子想要达到的效果。CNN 等媒体在客观上做了恐怖分子无法做到的事情。媒体以自身的逻辑实践着他者的逻辑、强制的逻辑。

这种逻辑既是打破私人空间和公共空间分界的逻辑,从而也是使秘密不再成为秘密的逻辑,又是把神圣经验变成世俗经验的逻辑。媒体在促进当今社会的人道化方面,在促进人类心灵沟通方面,在促进个人发言权的提高方面,在推动人类的学习能力并改变人类的生存处境方面,无疑起了非常重要的作用;但对媒体本身保持清醒的头脑并建设性地对媒体本身采取批判的立场,对人类的未来无疑也是重要的。

作者附言

本文源于笔者对美国学者纳斯(Michael Naas)教授在复旦大学的报告的评论以及他本人对我的评论的回应。本文根据英文稿扩充和修改而成。他的报告题为"媒体与现代性:德里达与媒体的宗教"(Television and Modernity: Jacques Derrida and The Religion of the Media, 2011 年 11 月 15 日,复旦大学)。这次对谈是我们对德里达的共同解读,通过这种解读我们都希望在另外一种语言中通过某种互文性拓展对德里达的解释空间。在本文中,我滤去了与纳斯教授的多数谈话内容,而主要谈谈我对德里达的某些著述的领会,也部分地表达我对媒体、秘密与现代性的一些看法。

从审美经验的现象学看城市建筑的亲和性[①]

建筑是人性的表达。不管我们是从实用的角度,还是从单纯审美的角度,抑或是从两者结合的角度看,建筑都是人的第二自然。它不仅是我们生活稳靠性的保证,而且是我们的家园意识的必要条件,因而也是人的根据意识和归属感的必要条件。然而,对于关心人的尊严、关心人的自由的提高、关心人性的合理表现的我们来说,建筑的意义远远超出了上述内容。在建筑材料越来越先进,建筑技术越来越高超,建筑速度越来越迅速的当今社会,我们更关心作为现代性产物的现代建筑和所谓的"后现代建筑",乃至人们有时谈到的"解构式建筑",是否能使我们在掌握新技术时,防止工具性思维和人的工具化过程摧毁人性的美好方面?

带着这个问题,多年前我试图与美国著名艺术评论家、耶鲁大学教授哈里斯(Karsten Harris)先生进行讨论并希望得到某种答案。巧的是,他也在思考同样的问题,并以《艺术何用?》一文来笼统回答我的问题。到上海访问之后,他续写了《艺术终结了吗?》一文来进一步回答我的问题。他这样写道:"上海的各式建筑表明,当今,启蒙运动的遗产不仅属于西方世界,而且属于全世界。例如,由科恩·彼得森·福克斯等人设计、顶端为独特矩孔的举世瞩目的世界金融中心将于2008年竣工,它可望成为矗立在世界上所有大都市中的最大雕塑。这

[①] 本文原题为《城市建筑如何唤回亲和性——基于审美经验的现象学》,载《探索与争鸣》2013年第4期。——编者注

——雕塑的物质是固定的,而它的精神是流动的。当我们面对这一跨国界文化融合的杰作时,会发现技术进步、审美品位及全球经济就在此汇合。"①

不过,他话锋一转以反问的语气坦率地说,他对这种文化的前景并不感到愉快。因为在新技术帮助下实现的天堂之梦与实现它所需要的资源的日益匮乏相冲突——这是当今人类面临的共同问题。他希望能在中国这个世界最大工地和建筑试验场找到某种解决的线索。但是,我不敢肯定他找到了线索。我自己跑了许多大城市也没有找到这种线索,相反更加剧了我对本文一开始提出的问题的担忧。我今天依然要把这个问题提出来并希望得到答案,并针对当今的建筑现状进一步提出以下问题:在当今的中国城市,建筑的亲和性如何可能? 在当今的中国城市,该如何摆正个人和人的尊严在建筑中的地位?

一

在今天的城市建筑里,个人处于什么地位呢? 我在此谈的不是社会地位、政治地位或经济地位,而是个人相对于城市建筑而言的时空感受和角色意识。在当今建筑艺术里就像在文学和其他艺术形式中一样,科学思维占据了核心地位,这种思维虽然并不必然导致个人的地位的降低,但是,如果它与"人"的概念的缺失同时并存,那么,个人相对于建筑而言的主体地位就不会得到重视,个人在面对一栋建筑时可能出现的时空感受也很可能会被漠视。而建筑艺术本质上是为人而存在的,它像文学或其他艺术形式一样"要求维持人的概念并且它们服务于特别的个人的事业"②。也就是说,建筑艺术应当并且能够展现建筑如何作为人的所属物,表现和满足人的本质性要求,特别是人的实用要求和审美要求的统一。建筑与人的生活世界的根本关联成

---

① 卡斯腾·哈里斯:《艺术终结了吗?》,曾誉铭译,王卓娅校,载《现代外国哲学》第 2 辑,北京:人民出版社,2011 年,第 406—435 页。

② Mikel Dufrenne, *Main Trends in Aesthetics and the Sciences of Art*, New York/London: Holmes & Meir Publishers, INC. 1979, p. 348.

就了建筑对于人的这种归属性。建筑越是缺乏对人的这种归属性,它与生活世界的距离就越远,人对这种建筑的亲近感就越低。在今天的城市里,我们身边的建筑能给我们这种亲近感吗?或者用学术的语言说,今天的城市建筑具有亲和性吗?对这个问题,我们自然无法笼统地进行回答。这是因为,有些建筑可能给人以压迫感,有些建筑可能给人以新奇感或亲切感,有些建筑给人以阻塞感,有些建筑给人以舒朗感,有些建筑给人以疏离感或陌生感,还有些建筑可能给人以恐惧感或敬畏感。很显然,给人压迫感、恐惧感或敬畏感的建筑往往不会令人产生亲近感。相反,它常常会让人产生逃离的想法,甚至产生厌恶感。一个无可否认的事实是,由于某些城市规划和建设的不合理性,给人以阻塞感、压迫感、恐惧感的建筑占了太大的比例,城市建筑严重脱离供人们美好地生活这一根本目标。千篇一律的大楼,缺乏公共空间、缺乏文化个性、缺乏自然野趣、缺乏对历史传统的尊重、缺乏供人们悠闲散步的街道,是我国城市建设的通病。将高架路引入城市中心是 20 世纪世界城市建设的最大败笔,我国的一些城市也受到这种潮流的伤害(我个人认为,改变这一局面的有效办法是渐渐拆除高架道路,打破地铁只运人、不运货物的传统思路,在有条件的地方把地上的运能渐渐放到地下去。发展货运地铁或传送带就是一种思路,这样可以有效减轻城市中心区的污染和拥挤状况)。它不仅严重影响了高架道路两边居民的生活安宁和身体健康,而且把城市建筑的美感彻底破坏了,同时加剧了城市的局部污染,也使一座城市不再有亲和性。如果说过去建设高架道路对于解决交通堵塞问题具有一定的合理性,那么,随着控制污染的任务日趋紧迫、替代方案的增多、某些建筑技术成本的降低以及合理的城市规划的执行得以可能,逐步拆除高架路,限制私人汽车进入城市中心并以公共交通系统取而代之越来越显得十分必要。今天,当你作为行人被挤压到挤满汽车的道路的边沿并面临被撞的危险时,个人是显得渺小的,甚至是微不足道的。当个人试图穿过宽阔的道路,但这些道路充满危险并使你胆战心惊地从人行横道经过时,个人是没有尊严可言的;当你行走在水泥丛林里,除了看到匆匆而过的行人和触目所及的高楼之外再也看不到自然界有生机的事物时,你很可能不会有舒坦的感觉;当你行走在高架道路之下,望不到头顶的天空,却要面对一辆辆在人行道上与你争路并冒着黑烟的汽车时,你感受到的不仅仅是压抑,而且是自由的丧失。今天,我们的城市越来越大,建筑越来越高,马路越来越宽,能供行人悠闲走动的街道却少之又少,个人在其中显得越来越渺小并且难有悠闲自适的感觉,也就不难理解了。

不过,生活在日益单调的水泥丛林的人,生活在日益没有建筑个性和文化个性的城市的人,仍然有充分的理由对建筑的审美效果保持真切的期待,也有理由对于与我们的生活世界息息相关的建筑给予我们的审美经验保持深刻的体察。虽然在今天精雕细刻的建筑少之又少,但建筑作为审美对象的价值并未因此降低。相反,随着建筑样式的增多,可供选择的建筑材料种类的增多,以及建筑技术的日趋精密化,富有想象力的建筑师依然具有过去的时代所没有的优势来实现建筑美学的理想和文化的理想。这种理想存在于建筑与生活世界的本质性关系中,存在于建筑的人性因素中。像其他人造物一样,所有建筑都不同程度地体现了人的特性,体现了人的意向和观念,打上了人的印记,但并非所有建筑都有审美价值。我们的确从人性的深处感受到人作为高等动物所具有的审美要求。如果一件满足使用要求的作品能同时满足的人的审美要求,那岂不是一种更加完满的状态吗?建筑中能够打动人的东西是什么呢? 人们当然有理由说是其实用性,但实用性并不能给人带来最高满足,因为实用性还使人停留在特殊性中。人对超出使用性要求的审美愉悦的向往也帮人上升到普遍性。所以,建筑中始终含有人性的普遍性因素。

建筑是向世界敞开的生活相关物。人的生活是围绕建筑而展开的,即便是看上去与生活没有直接联系的建筑,也都曲折地反映了它与生活的联系。人因建筑而拥有做人的条件,拥有生产和生活的可能性,拥有把自己的意志、想象和理性的设计注入作品并让作品成为一个独立的世界的可能性,因而也展开了人之为人的本性,甚至因建筑而拥有人之为人的尊严。建筑是能给人以安全感和温馨感的东西,也是能给人带来限制的东西,又是能给人以自由的东西。建筑是人的作品,但又是服务于特定生活目的的作品。作为生活世界的基础和核心,建筑除了服务于人的日常生活,服务于人的衣食住行和生老病死,还服务于人的政治、经济、军事、文化和其他社会生活。因此,它相应地具备与这些方面相关的意义与功能,并且其实用价值和审美价值都与这些意义和功能紧密联系在一起。

建筑总是服从人的某种目的的,承载了人的某种意向和期待。在一个建筑出现之前,一个建筑师可能有各种设计方案,满足同一种要求。但如何选择方案往往不是由建筑师决定的。建筑师与作品呈现一种意向关系。一旦他的设计方案被选中并最终成了一栋实在的与原来的设计方案一致的建筑物,我们就说他的意向实现了。但他的意向只有在符合采用者的要求时才能实现。这时,委托设计者和建筑师的意向的一致性就决定了建筑作品在多大程度上符合双方的共同意向。我把这种意向称为复合意向或重叠意向。这种意向的实现就是体现某种意义的建筑作品的完成并等待别人去观看、理解和感受。

建筑与人性的本质性关联不仅反映在建筑与当今的人的实用要求和审美要求中,而且体现在当今的人与具有历史意义的建筑的深刻联系中。历史建筑(比如,长城和故宫)会让你处于历史与现实的连接中,这类建筑会使你进入自己的传统,它是活在当今的历史,或者说,是帮助我们认识自己文化身份的历史遗留物。这个遗留物展示的不单单是过去的人的建筑技艺,也不单单是帝王将相展示政治意志的场所和具有其他历史意义的象征物,它还是实用意义渐渐消隐,审美意义渐渐涌现的审美对象。它在将过去的生活经验传递到今天的同时也作为审美对象将它在过去时代的使用价值之上的审美价值发挥出来。而一个东西越是作为审美对象,它越是在审美经验里成为凸显人的审美主体地位的东西。这时,它一方面给我们历史的厚实感、沧桑感,另一方面又让我们产生崇高感,但往往不会产生恐惧感或厌恶感。比如,"鸟巢"体育馆会让你联想到自然的生机并在想象里把你与自然融为一体,如果它周围有一片森林和水域,那就展现和丰富了"鸟巢"的真正意义;但废弃的核电站、冒着浓烟的大烟囱、布满铁丝网的监狱、奥斯威辛集中营等建筑,往往会让你难以产生愉快的感觉,它们通常不会让你感到亲切。你在这类建筑面前会自然产生一种心理上的距离,即便它近在咫尺。然而,今天我们不仅经历着建筑的建造者和使用者的分离,而且经历着建筑的设计者与建造者的分离以及建筑构件的提供者与建筑过程的分离。这些分离无疑使建筑的精细化分工成为可能,并因此提高了建筑的效率,缩短了建筑工程完成的时间(据说,远大集团甚至想用两三个月的时间在长沙建两百层高的大楼!),但是,这也使建筑师的理念与建筑的实际效果的距离越来越大。建筑作为艺术作品的意义越来越受到多重因素的决定。市场化过程甚至使人们对建筑能否作为艺术品产生了越来越大的怀疑。建筑的审美效应非但没有随着建筑市场的扩大而扩大,相反恰恰由于这种市场化的扩大以及招标方对成本的考虑可能压倒了对其他一切因素的考虑,人们对建筑的审美期待大大降低了。因此,有些人自然怀疑把建筑与审美因素联系起来是否还有必要。

　　由于建筑的建造者与大部分使用者的分离,大部分使用者对建筑的愿望、要求乃至梦想总是通过建筑师来间接地、曲折地表达出来的。这一点决定了一个建筑师对自己的时代和社会生活世界的理解,对他人的意向、期望乃至梦想的理解能在多大程度上反映在、渗透在他(她)的设计方案中,并最终固化在他(她)设计的某种建筑中。这时,建筑师通过其设计的建筑来体现的风格就不仅仅是个人的风格,而且在一定程度上代表了时代的镜像、意趣和审美理想。梁思成在《中国建筑史》中指出:"建筑之规模、形体、工程、艺术之嬗递演变,乃其民族特殊文化兴衰潮汐之映影;一国一族之建筑适反鉴其物质精神,继往开来之面貌。"[1]正因如此,人们常说建筑反映了一国的雄心。一些经济学家甚至根据在建摩天楼的多少来衡量经济是否过热,乃至预言下一次经济危机是否迫近。

---

[1] 梁思成:《中国建筑史》,天津:百花文艺出版社,1998年,第11页。

二

建筑是一门综合的艺术。米开朗基罗甚至说,画家或雕刻家首先应当是建筑师。但好的建筑师不仅需要数学、力学和材料科学的知识,或者营造的技法,而且需要艺术家的想象力和对精微事物的敏感,需要有对自然事物和人性本身的深刻理解。在学术界,建筑常被视为空间的艺术,音乐则被视为时间的艺术。尽管人们也常常将建筑比喻为凝固的音乐,但这种比喻严格来说是不恰当的,因为音乐之所以为音乐恰恰在于它的流动性。而建筑的价值主要是通过它不同于流动性的那些静态特征以及它与环境的对比效应和关联效应来规定的。所有建筑的特性是在空间中展开的并最大限度地显示空间对于生活和审美的意义。建筑对于人的价值并不在于它的流动性,而在于它能为流动的生活提供不流动的稳靠性。有了稳靠性,人才有了安全感,才有了安居的可能性。当然,这并不是说,建筑可以无视流动的东西或者事物的动感,但它主要是以静态的方式,或是以动静对比的方式来呈现动态的美感。哪怕建筑不是直接服务于安居的生活,而是做其他用途,如厂房、道路、涵洞、瞭望塔和发射塔等,它们最终仍归属于以人的安居为条件的生活世界,间接地服务于人的物质生活和精神生活的目的,简言之,服务于人的安居本性的自我展开。海德格尔曾在《人诗意地安居》以及《筑居、安居、思》中阐述了天地人神的四重统一以及筑居如何服务于安居的哲学意蕴。由于他强调筑居的同时人们已在安居,他也就会合乎逻辑地把建筑作为关联天界、神界和人界的统一体①。正是这个统一体规定着人类存在的命运。不管海德格尔分析建筑的形而上的意义是否充分和深入,我们可以断定的是,建筑展示了生活世界的隐秘并通过生活世界把天界和心界乃至神界统摄进自身之内。

---

① Martin Heidegger, "Man Dwells Poetically", in *Poetry, Language, Thought*, trans. by Albert Hofstadter, New York: Harper & Row Publishers, 1976, pp. 211–245.

建筑是生活的直接现实，也是让人得以安立、让生活得以安定和稳固的人为设施。即便一些人有了可移动的房屋（如一些美国人拥有用汽车拉着走的房屋，海洋石油公司拥有海上浮动的钻井平台），这也丝毫不能证明建筑的价值要到其流动性中去证明，因为拥有拉着走的房屋（这里不是指房车）的人要么已经有了相对固定的住所，要么需要那栋可移动的房屋安居下来。根据我对一些拥有可移动房屋的美国人的观察，那些拥有可移动房屋的人仍然不过是一些"携带"房屋的流浪者而已。一旦有了更好的条件，人们仍然不愿意拉着房屋去流浪，毕竟，拉着房屋旅行比提一只箱子旅行要复杂得多。即便去流浪，那些流浪者依然需要某个建筑物作为栖身之所，作为提供保护的地方，作为扎根于大地的地方。建筑就是人扎根于大地的处所，就是人与脚下的大地建立广泛而深刻的联系的处所。正因如此，建筑便与周围的环境有了相对稳定的整体关联，建筑在空间上的定位有赖于这种关联，建筑对生活的意义有赖于这种关联，建筑对审美的意义也有赖于这种关联。

首先，建筑通过分割空间而与周围的事物重构了原有事物之间的关系。建筑对于空间的分隔和建筑本身的布局使建筑本身仿佛成为空间形态的道具。空间则通过建筑显示了自身的可塑性。在建筑里，时间的流动性和连续性在空间的外展中凝固下来。由于人的主要社会活动和家庭活动是在建筑中展开的，人也主要通过建筑而获得了内外的观念或里外的观念，人际关系中的远近亲疏常以"里""外"的形式来表达（比如，"外人""内人""里外不是人"就是以空间关系来表达社会关系）就是例证。建筑以及人离开建筑的活动范围使区分空间上的远近成为必要，远近的意义也主要是通过建筑来彰显的。建筑标画了空间的层次性，也集中体现了空间的变化属性。郭熙和郭思在《林泉高致》中对高远、深远和平远的区分虽然是就山而言的，但这种区分也适用于对建筑群的空间感受。当然这种感受在那些建筑具有美感的情况下显得尤其强烈。细雨蒙蒙中的建筑群与雾气茫茫中的远山近水给人的审美效果就具有相似之处。葛熙说："山有三远，自山下而仰山巅,谓之高远;自山前而窥山后,谓之深远;自近山而望远山,谓之平远。高远之色清明,深远之色重晦,平远之色有明有暗。高远之势突兀,深远之意重叠,平远之意冲融而缥缥缈缈。"①物理空间上的内外和远近是以人的活动为源点的。而"人相近,心已远"或"心远地自偏"的说法则证明了现象学区分自在的空间或物理的空间与心灵的空间或意识的空间的必要性和重要性。就像山川、河流、岩石、树木一样,建筑既存在于空间里,又证明和显示着空间的空间性。所以,伽达默尔说:"建筑艺术作为空间造型艺术,既是塑型于空间,又是腾空于空间。"②在平原地区,这一点表现得十分明显。自然景观因为建筑物的出现而不再是以前的样子,因为自然物的顺序和组合关系被建筑打破了,它们在我们视野中的连续性因建筑物而中断。在这里,建筑物成了视野的阻滞物,也成为吸引视线的焦点。田野、树木、河流是以此为中心向四周伸展开去的,天光云影和大地组成的广阔背景仿佛被建筑物所分割,可以说,建筑物从远处看仿佛镶嵌在天宇与大地构成的布景里并凸显出来。另一方面,我们也要看到,一栋建筑在天际线里既有分隔的作用,也有联结的作用。它克服了天际线的单调,使天际线灵动起来并使景物显示出错落中的韵致。

其次,建筑在人与外在的自然之间建立了一个中间地带,并由此将人与自然相对地隔离开来。除防波堤、水渠、桥梁、道路和园林建筑之外,大部分建筑都像一道围栏,把人圈养在一个相对封闭的空间里。于是,人需要通过门窗、天井、院落、回廊、花园、水池和喷泉等与自然相通相接。西方的花园和中国的园林建筑当然体现了人与自然相通相接和相亲相和的努力,也可以说体现了人重建自身与自然的本质联系的努力。它们以审美的方式营造出微缩的自然,这个自然以浅近隐幽远,以片枝寓高林,以小流引天水,以叠石表危崖。但我认为,在中国园林中,建筑始终是核心,景的聚散需要透过建筑才会充分显出美

---

① 郭熙、郭思:《林泉高致》,转引自陈望衡:《中国古典美学二十一讲》,长沙:湖南教育出版社,2007年,第379页。
② 伽达默尔:《真理与方法》上卷,洪汉鼎译,上海:上海译文出版社,1999年,第206页。

的意境。没有亭台楼阁,即便有四季飞花、丝丝垂柳、老树寒鸦、枯荷落雨,那些景致仍然是散景。亭台楼阁不仅起着聚景的作用,而且以不同的空间形态和错落有致的方式让不同景物显出层次。更重要的是,亭台楼阁为观赏者提供不同视角,景致的切换和收放在这里成为可能。从这种意义上讲,建筑是园林的天眼。它将园中的一切尽收眼底。所以,陈从周先生在《说园》中也说:"我国古代造园,大多以建筑物开路。私家园林,必先造花厅,然后布置树石,往往边筑边拆,边拆边改,翻工多次,而后妥帖。……盖园以建筑为主,树石为辅,树石为建筑之连缀物也。"①陈先生在这里谈的虽然是建筑园林的各个部分时遵循的步骤,但他恰恰点出了建筑是园林的核心这一园林建筑的极旨。

但目前的园林毕竟在我们的生活里只是我们偶尔光顾的地方,我们还缺乏把整个城市作为一个大的园林来建设和经营的意识。实际上,园林建筑是以人工的小巧再现自然的博大,它体现了人对自然的留恋和向往,也体现了人对过分人工化的环境的一种反抗。建筑绝不只是帮人抵御风霜雨雪、抵御寒冷与炎热,它还从根本上改变了人与自然的直接依赖关系。它是人依赖自然又独立于自然的开始,也是人与自然相依相宜的象征。现在生活在大城市的人们很难看到日落日出的情景,很难感受湖光山色带来的美感,更难体会到自然界的鸟兽虫鱼带来的无限生机,其原因就在于我们的城市建设忽视了人与自然的本源性关系。城市里的人之所以渴望花园、大片绿地或者园林,恰恰是因为通常意义上的建筑把人久困在自身内,把人与自然隔绝了,人日益生活在自己创造的人工产品的世界里,与自然缺乏生息相通的渠道。建筑限制着人的日常活动范围并规定着人的本质。对站在城市建筑群内的人来说,天空是严重残缺的,建筑不仅遮蔽了人的视野,使人体会不了天地的广阔,而且把人的生活世界变成一个独立而又相对封闭的世界。

再次,建筑是一种综合的艺术,它包含装饰物,同时起着装饰环境

---

① 陈从周:《说园》,上海:同济大学出版社,2007年,第8页。

的作用。哪怕是面对最丑陋的建筑,你也不得不承认从遥远的地方看它仍然是"人气"的象征。当你乘车长途旅行,或是乘飞机到达目的地时,这种感受尤其明显,因为建筑在这时仿佛代表着人的存在,引导着人的期待。从高空看,建筑是大地的点缀,建筑本身做何用途似乎变得无关紧要。这时,立体的东西被平面化了,建筑的特殊构型成为人们的审美对象。它就像花布上的图案一下子映入人的眼帘,成为大地的饰品。从地上看,建筑物凸显在人们的眼前,其立体性是通过与周围的东西的空间关系显示出来的。它既将自身与其他东西相区隔,又把自身镶入远景里。高低不同、错落有致和形状各异的建筑群之所以给人美感,既是因为它在空间上的相对和谐的关系和美的形态,也是因为它对于背景的点缀价值。观赏建筑之所以需要适度的距离并需要不同的角度,也恰恰是因为它在整体背景下的装饰效果。基于此,伽达默尔断言,建筑"不仅包含空间造型的所有装饰性观点,直至装饰图案,而且它本身按其本质也是装饰性的。装饰的本质正在于它恰恰造就了这双重中介,它既是把观赏者的注意力吸引到自身上来,满足观赏者的趣味,同时又把观赏者从自身引到它所伴随的生活关系的更大整体中"[①]。

但建筑在人的审美经验中把其他东西聚拢在自身的周围并构成了以自身为核心的整体结构。在这个整体中,其他有生命的事物因为建筑而被赋予人的生活的真正意义,所有事物仿佛以建筑为核心而放出光芒。一些美学家曾将这种现象称为"光晕"并用拉丁文 aura 来表示。建筑要借其他东西来充分展开自身的丰富内涵,而其他东西仿佛在围绕建筑说出自身的隐秘和对于人的生活的装饰效果。法国著名美学家杜夫海纳在《审美经验的现象学》中曾这样分析花园的植物与建筑的关系:"园林艺术的审美对象不就是植物的生命吗?在严冬扼杀了这种生命之后,园林还剩下些什么呢?还剩下一些东西:还可以在高坡、花坛、小径、树丛等布局中看到的某种结构。这种结构在某些

[①] 伽达默尔:《真理与方法》上卷,洪汉鼎译,上海:上海译文出版社,1999年,第206—207页。

重要地段,还有水池、花盆、雕像来加以突出。(此外,花园如果围绕在一座纪念性建筑物周围,是为该建筑物开辟的,那么,剩下的还有花园从属于建筑物并与建筑物协调一致的某种东西。)这种结构真正是园林建筑师的作品,而不是园丁的作品。它和花园的关系相当于剧本和戏剧、乐谱和音乐的关系。"①

最后,与许多东西不同,建筑在审美经验中从来就不是私人事物,而是进入社会共同体视域的审美对象。即便你为自己建造一栋房子,你也会发现这栋房子会进入他人的视野并与他人的生活世界相关联。更重要的是,建筑总是与其环境成为一个整体,不管这个整体看上去多么不协调。建筑与环境的一体性是我们审美经验的重要组成部分,也是建筑师在设计建筑时必须考虑的基本因素之一。美国哲学家杜威在讨论审美经验时特别强调审美对象的各个部分的连续性与整体性以及审美经验的整体性。他在谈到雕塑和建筑时指出:"雕塑和建筑必须拥有统一性并且必须表达统一性。但建筑的整体的统一性是许多因素汇聚的统一性。"②实质上,审美对象在我们的审美经验中的审美效果既取决于审美对象各个部分之间的协调,也取决于它与环境的整体关系。局部之美只有通过与之相关的整体才能显示其深层的审美价值。浅美与深美的区别,小美与大美的区别,不仅通过互不相同的建筑群来体现,而且通过建筑与周围的事物的多层次的联系来体现。对审美经验中的这种整体性的重视甚至要求我们在保护古建筑时不仅要重视保护建筑整体本身,还要重视这一建筑与环境的协调。因此,保护一栋好的古建筑意味着不应当孤零零地保护那栋建筑。即便那栋老建筑周围的建筑因为一些特别的原因要拆除,我们在保护那栋建筑时也要顺带地将它置于一种与之协调的环境中。对建筑和其他大型文物实行就地保护的原则可以在审美对象与环境的相互关系中得到有效的辩护。比如,在西安的博物馆里看兵马俑与把它单独拿

---

① 杜夫海纳:《审美经验的现象学》(上),韩树站译,陈荣生校,北京:文化艺术出版社,1996年,第107—108页。
② John Dewey, *The Later Works*, 1962 - 1953, Vol. 10, ed. by Jo Ann Boydston, Carbondale: Southern Illinois University Press, 2008, p. 236.

出来放在北京或上海的某个地方欣赏是很不一样的。原因是单个的兵马俑并不足以显示其独特性以及它与其他兵马俑放在一起时所具有的那种气势。同样,安徽徽州西递或宏村的某栋古民居如果单独被移到北京或上海的广场上,你会觉得不伦不类,再也没有原来的美感,因为那里的建筑是与那里的山形水势以及田野池塘相得益彰的,它们作为一个和谐的整体而成为我们的审美对象。海德格尔在分析作品与真理的关系时指出,当作品(如慕尼黑博物馆里的《埃吉纳》群雕、索福克勒斯的《安提戈涅》的最佳校勘本,等等)脱离其原有的时空条件时,这些作品已经脱离了自身的本质空间。"不管这些作品的声望和感染力是多么巨大,不管他们被保护得多么完好,人们对他们的解释是多么准确,它们被移置到一个博物馆里,它们也就远离了其自身的世界。"①

一方面,一个人在看到一栋建筑时通常是不把它与周围的景物隔离开来的,而是把它与环境放在一起纳入自己的审美视域。换言之,一个审美对象自身是作为一个整体一下子出现在我们的视野里,并且是在环境的映衬下出现在我们的视野里。建筑的环境凸显建筑的整体意义,以及它对于我们的审美效果。环境既是建筑的背景,又是建筑的界限,但这个界限是能够凸显建筑特征的界限。它的功能是区别、显示、烘托和隐映。如果我们在晨曦里或在夕阳下、在晚霞里看远处的建筑就更会产生这种感觉。建筑的形态以及建筑的光影效果是通过环境而得到延伸和舒展的,当然也可能因为环境的阻滞而受限。建筑不只是环境的点缀而已,它直接加入了环境的构建,是环境语言的一部分。如果那个建筑有个性的话,环境就加强了建筑个性的展示效应。中国古典园林建设中的借景手法就深刻地体现了将自然景物引入建筑的美学思想。计成在《园冶》卷二中说:"夫借景,园林之最要者也。如远借、邻借、仰借、俯借、应时而借。然物

---

① 海德格尔:《林中路》,孙周兴译,上海:上海译文出版社,1997年,第24页。

情所逗,目寄心期,似意在笔先。"①这实际上道出了建筑与环境互借众美的最高旨趣。城市规划和建设的最高境界就是把城市建筑作为园林来对待和经营。

另一方面,整个建筑又是环境的一部分,即便单个的建筑也能诉说什么,因为它本身就是一种语言,是一种以个性化的方式说出的时代的语言。一栋建筑或建筑群与其他建筑的协调和相称,就像一个个音符构成的曲调。建筑与环境的关系就像雕塑与环境的关系。大家知道,把一个雕塑作品放在一个污物满地的垃圾场里无论如何是不会产生审美效果的,除非你单独把那个雕塑与环境分隔开来进行欣赏。这是由人的视觉的统合功能决定的,也是个人的审美经验决定的。这种经验并不是一点点的累积,也不是以分散的形式存在,但又能在人的审美意象里成为一个整体。它是审美主体将个人的整体审美意象以及由此决定的审美兴趣对审美对象中的特性进行综合的结果。只不过这种综合不是慢慢进行的,而是像直观那样一下子完成的。这就像我们扫视一下对象就觉得对象是美的,而不必将对象拿来一部分一部分地分析再断定那个对象是美的一样。审美经验的完整性要求考虑审美对象的完整性,即便对象本身是有欠缺的(所谓残缺的美),这个对象也是通过想象与整体的美的意象勾连起来成为一个整体出现在我们面前的。美学家英加登在分析维纳斯的雕像作为审美对象在人的审美过程中形成的审美经验时十分深刻地指出:"审美经验也不是某种单一的复合经验,而是一种相互联系的经验。为了在审美经验中看到'维纳斯',仅仅从一个角度'观看'她是不够的。我们必须从不同的方向,从不同的透视角度,从远远近近的距离来'知觉'她。必须能够根据感觉(注意:是一种经过修正过的感觉),在审美经验的各个阶段上寻找'维纳斯'的可见属性,这些属性在一定方面揭示着她的审美价值。因此,我们必须掌握那些具有审美价值的特质并将其综合起来,以求把握所有这些特质的和谐。只有在这种时候,在一种特殊的

---

① 计成:《园冶》卷二,转引自陈望衡:《中国古典美学二十一讲》,长沙:湖南教育出版社,2007年,第365页。

感官观照中,我们才能沉醉于构成审美对象的美的魅力之中。"①

三

建筑对人的适切性和合意性构成了建筑的亲和性。这种亲和性让人对某栋建筑产生稳靠感、亲近感和温馨感,甚至产生生活中的任何美好事物所能产生的那种吸引力。这种亲和性总是包含自然的要素、文化的要素和人的现实生活要素。当我们能从一栋建筑物中找到与这些方面相同的任何单一的因素或多重因素的复合时,这栋建筑都能给我们以亲和的力量。即便一栋建筑不为现实的物质生产或物质生活服务,它也会服务于人的精神生活的某个方面。作为艺术品的建筑自然需要满足人的审美需要,也需要为寄托人的梦想、承载人的理念、安顿人的心灵服务。庙宇、道观、佛塔、教堂以及与之相配套的其他建筑物虽然是为神灵而存在的,但最终仍然是为人安顿心灵而存在的,因为它们是为人的信仰生活服务的,是为人与神灵的沟通服务的。对一个旅游者而言,它们则是一种审美的对象和文化的承载者。这个承载者本身就是一种灵动的语言,以艺术的方式向人们传递着历史和文化的信息。从现象学的角度看,每个这样的建筑物都是一个意义的世界,这个世界是通过人们的意识而显示出来的。当人们关注一个建筑物的文化意义和审美意义时,建筑的实用功能就被暂时悬置起来,并且我们恰恰是通过悬置那些实用功能,那个建筑物的审美价值才真正向我们呈现。虽然从建筑的使用者和观赏者的角度看,许多建筑既有使用价值,也有附着于使用价值之上的审美价值,但并不是所有建筑都有审美价值。虽然只有具备审美价值的建筑才有资格成为建筑艺术作品,但建筑的审美价值很少是单独存在的。因此,伽达默尔说:"一个建筑物从不首先是一件艺术品。建筑物借以从属于生活要求的目的规定,如果要不失去建筑物的实在性,就不能与建筑物本身相脱

---

① 英加登:《审美经验与审美对象》,载李普曼编:《当代美学》,邓鹏译,北京:光明日报出版社,1986年,第287—288页。

离。如果建筑物还只是某种审美意识的对象,它就只具有虚假的实在性,而且只以旅游者要求和照相复制这种变质形式过一种扭曲的生活。"①

建筑的亲和性表现在四个主要方面:体现人与自然的相通性,体现人与自身文化传统的本源关系,体现人性的基本要求,体现实用型与审美性的统一。

第一,建筑需要让人体会到人与自然的本源性关系。这种关系体现得越充分,建筑给人的亲和感越强。这是因为人从根本上讲就是自然的产物,自然是我们的生命的最终根源,也是我们活动的终极舞台和从事所有工作的最终背景。不管人能造出多么美妙的器具,也不管人能在多大程度上驯服自然,人仍然是在以顺应自然的方式利用自然。不管今天的化学工业和生物技术如何发达,即便我们能像 Venter 的人造细胞预示的那样在将来能创造完完全全的人工生命,我们仍然要作为一个整体生活在自然之中,依靠自然的赐予。人的进化史给人本身打上了自然的全部烙印。自然为我们的创造活动提供了最终的素材,也给我们的生存提供了基本的物质生活资料。无论是空气和水这两种与生命最切近的东西,还是我们赖以生存的土地以及它所孕育的动植物,抑或是工业生产所需要的各种矿物原料,都把人置于一种与自然的本源性关系中。建筑作为空间艺术一开始是为人抵御自然界的破坏性力量而建设的,它为人提供庇护,提供休养生息之所,也为人利用自然力以及从事文化和技术的各种创造性活动创造了可靠条件。对我们中国人来说,自然还是生命、活力和美的最终源泉。所有这些决定了人在建筑活动中将那些自然的因素引入到自己的作品之中,或者受自然的恩赐,利用自然的材料;或者受自然的启迪,综合自然界的各种因素进行再创造。正如伽达默尔所言,每个建筑师都不得不做两种顺应,一是顺应人们的生活目的,二是顺应自然和建筑的条件。作为艺术品的建筑从来都要顺应环境的要求并与环境相协调。这样,一个建筑就不仅能满足生活的需要,而且能满足审美的需要,同时通

---

① 伽达默尔:《真理与方法》上卷,洪汉鼎译,上海:上海译文出版社,1999年,第205页。

过满足这两种需要而成为一件艺术品。中国的园林建筑之所以备受人们的推崇,恰恰在于它体现了天人合一的古老哲学思想,体现了建筑与自然条件的相宜性,因而也体现自然与人的和谐。这种相宜性,用明代著名建筑师计成的话讲就是"虽由人作,宛自天开"。这里遵循的是朱良志先生所概括的那种"天饰原则"。"中国的园林建筑就是'巧夺天工',园林的最高原则是'天工',体现大自然的节奏,反映大自然的精神。园林家如同一个冶炼的高手,以心灵的熔炉熔冶大自然。"①

第二,建筑需要让人认出自己与自己生活的文化传统之间的活生生的联系。建筑的文化特性体现得越充分,它给人的亲和感越强烈。但每种文化都是以历史性的方式表现出来的,建筑本身是历史遗产的一部分,但它是从属于今天的生活世界的。它比任何其他东西更难能表明我们今天的生活如何与历史文化相关。这一点也决定了,任何有历史意义的建筑既给我们培养一种历史意识,也保留了一种历史理解的可能性。它与其说呈现了过去了的生活经验,还不如说呈现了过去与今天生活的联系。恰恰是今天的生活与过去的某种相通性(如审美的相同性)使一栋历史的建筑变得可以理解。因此,保护具有历史意义的建筑是对自身的历史根据的无声赞美。

但历史的因素最直接地体现在与人的生活息息相关的建筑中,人越是在建筑中认出自己的历史,人越是从自身周遭的建筑风格及其起装饰作用的事物中看出自己的文化特性,人越是能够确立自己的文化根基和文化的归属感,他与自己文化的认同感越是能够得到强化。所以,建筑的文化底蕴问题决不是一个小问题,而是关系到能否给人以真正的家园之感的大问题。基于此,我们有充分理由说,建筑师的文化自觉乃是一个时代的文化自觉的表现,或者说,建筑师是时代的文化自觉的人格化代表,也是文化自觉的代言人。伽达默尔在《真理与方法》中则从另一个角度表达了这种想法:

  事实上,往日的大建筑纪念物在现代快节奏生活以及在现代

---

① 朱良志:《中国美学十五讲》,北京:北京大学出版社,2006年,第263页。

设立的现代建筑群中的出现,提出了一种在石块上对过去和现在进行综合的任务。建筑艺术作品并不是静止地耸立于历史生活潮流的岸边,而是一同受历史潮流的冲击。即使富有历史感的时代试图恢复古老时代的建筑风貌,它们也不能使历史的车轮倒转,而是必须在过去和现在之间从自身方面造就一种新的更好的中介关系。甚至古代纪念物的修复者或保管者也总是其时代的艺术家。①

第三,建筑需要体现人性的要求。个人与建筑在当今的社会里处于多重的本源性关系中。建筑因人而在,因人而显示它的意义和价值;建筑是人的活动的源点,也是人的归宿。假如建筑里长期无人活动,那座建筑只能是死气沉沉的东西,所有废弃的建筑就因为它与人的关系的中断而成为无意义的东西。建筑也是人性的深刻反映,人通过给建筑赋予生气而曲折地表现自身的生命力和生命的意识。实际上,人不仅通过让建筑体现人的意志而赋予建筑以人的因素,灌注人的特性,而且通过建筑将个人的审美经验上升为集体经验。一个建筑越是能体现人性的美好方面,它给人的亲和感越强烈。一个建筑师不是从自己的要求出发而设计建筑的,而是从他人的可能的需要来设计建筑。因此,他对人的需要和人的行为的透彻理解就显得特别重要。比如,人本质上都追求有安全感的生活和便利的生活,追求有尊严的生活和自由的生活。作为社会化的动物和政治的动物,人还要有公共的生活。但是公共生活和私人生活的分离是现代文明发展的重要标志,也是人的安全感的必要保证。对安全感的需要是人的第一需要。因此,我们的公共建筑设计和私人住宅的设计和建设都需要充分考虑人们的这一合理要求。从人类的历史看,建筑首先是为人的安全而存在的,起保护作用是建筑的第一种功能。这就决定了建筑结构的合理布局,任何建筑材料的选择,用于保障人身安全的基础设施的建设,道路、桥梁、电站和人行道的建设要把保护功能放在第一位。比如,人本

---

① 伽达默尔:《真理与方法》上卷,洪汉鼎译,上海:上海译文出版社,1999年,第205页。

质上有走捷径的习惯,我们在设计道路、铺设花圃和草坪时应尽量尊重人的这一习惯。对人性的深刻理解帮助我们设计和建设适合于人生活和审美的建筑,也只有照顾到人的人性要求的建筑才能给人以亲和性。

第四,建筑越是能体现实用性与审美性的统一,就越能呈现其亲和性。建筑的审美价值当然首先是通过其形式来体现的,所以建筑的美观历来为人们所重视。美的建筑能激起人的美感有赖于其形态、色彩、线条、构型以及它与周围环境的关系。同时,建筑的历史与文化意义会加强建筑的美感。之所以如此,是因为其历史与文化内涵会将人的想象与建筑本身勾连起来并将想象的内容引向更多的方面,正是想象增加了它的色彩和光环,赋予一个静态的建筑以生活的丰富性与生动性。这时,固化的东西一下子有了流动性、软润感和温暖感。比如,你看到一般的草房子,你也许不会产生太大的美感。但如果你看到杜甫草堂,你会立即把它作为你的审美对象,它会给你带来诗情画意的享受,因为它此时是你进入诗人的生活、诗人的画意和诗的境界的索引。借用杜夫海纳的术语说,它是"辉煌地呈现的感性"。就人的审美经验而言,城市建筑给人的美感无疑是城市建筑具备亲和性的重要方面。但具体而论,一座建筑是否包含人们熟悉和亲近的自然因素和人们所熟悉的生活元素对建筑的亲和性是不可缺少的。最值得注意的是,不顾实用要求的建筑也是很难给人以亲和感的。比如,一座不考虑行人方便的宏伟车站与行人的关系,就像对于艰难地行走在盘山公路上的人与盘山公路的关系,它们都很难说是能给人亲近感的东西。如果你开车采风,这公路给你的感受会大不相同。不过,在城市建筑里,最影响城市亲和性的建筑无疑是公共建筑,如道路、桥梁、车站、机场和码头,等等。即便那些建筑外表看上去很美观,如果它的内部设计不照顾人的实用需要(如不考虑人的方便、不考虑对使用者的细致入微的体贴),那种建筑也不会给我们以亲和感。因此,影响建筑的亲和性的首要方面仍然是其实用性。如果这种实用性被附加审美价值,它无疑达到了亲和性的理想。

"危机"概念的现象学分析[①]

导言

危机是现象学产生的历史背景,它也是胡塞尔整个哲学生涯都在关注的问题。克服他所生活的时代以及他自己的思想当中的危机,是促使胡塞尔不断地探寻欧洲的哲学、科学、文化和精神生活的确定和坚实的基础的动机。为此,再也没有比"不断地回到开始或从头再来"这个表述能更好地表达胡塞尔一生所致力的激活、深化和丰富现象学的理论探索这个哲学追求了,而这也是胡塞尔晚年总结自己的学术生涯时所说的话。

作为一个关键语汇,危机(Krise)最初与疾病和医学相联,但现在通常也将其联系到经济、政治、哲学、科学、心理学,甚至是人的本性。在胡塞尔那里,它也和生活世界(Lebenwelt)相关联。胡塞尔的著作《欧洲科学危机和超验现象学》被视为是对欧洲过去的思想状况的批判性回顾,以及欧洲的科学和文明不确定的前景所做的富有启示的展望。第一部分的子标题"科学的危机表现为科学丧失生活意义"显示了胡塞尔力图在生活意义的危机中对人性的拯救[②]。对胡塞尔来说,

---

[①] 本文英文版载 Frontiers of Philosophy in China,2014,Vol.9,Issue (2):254 – 267.原题为"A Philosophical Analysis of the Concept of Crisis"——编者注

[②] Edmund Husserl, *Die Krisis der Europäischen Wissenschaften und die Transzendentale Phänomenologie*, Hrsg. von W. Biemel, Haag: Martinus Nijhoff, 1954, S. 3.

过去从未消逝,而是持留在当前的生活经验中并向根植于特定当下的未来开放。作为对西方的哲学和文化在二十世纪转折点的危机的回应,对于危机经验的现象学反思[黑格尔意义上的"反思(Nachdenken)"或者"后思(after-thinking)","映现"(Reflexion)]将为我们的时代所表现出的问题提供某些洞见。

相较于胡塞尔所生活的时代,我们的世纪卷入更广泛、更深刻的危机当中,诸如经济危机、政治危机、环境危机、资源危机、信仰危机、道德危机、知识危机、教育危机、人道危机、核危机,等等。当前,危机概念更紧密地与我们的切身体验相关联,并且我们完全可以说,我们生活在一个充满危机的时代中,每一个人都或多或少地卷入这种或那种的危机生存体验当中。而且,经济的全球化也导致危机全球化。H1N1病毒的迅速扩散就是疾病全球化的一个标志。我们比以往任何时候都更多地感受到,我们共同生活在一个共同体内,具有相同的命运,并且比以往任何时候我们都感受到对共同体生活的未来进行哲学的思考的迫切性。现象学这种哲学方法能够用来理解各种危机的构成、特性和结构。事实上,虽然我们常常使用"危机"这个词,我们却极少询问以下问题:什么是危机? 我们能够描绘出各种各样危机的哲学意义上的普遍特性吗? 对于我们的生活和生活世界来说,危机意味着什么? 当我们谈及对危机的控制和补救时意味着什么?

如威廉·詹姆斯所言,"哲学是对生活的回应"。总之,当前的危机是生活的形式和意义的危机。所以,哲学作为从生活世界产生的智慧,应当为前文所述的问题提供富有启示的回答,且应对我们的生活问题提供一种周全的应对之策。遗憾的是,对于这些问题的系统化的回答至今尚未找到,现在我们所具有的仅是一些零散的解决之道。为了克服危机,我们需要平和以及欢快的心态去应对这个躁动不安和不幸的世界现实。据此,关于危机概念的普遍结构和特性能够被探查和揭示出来。

在此篇论文中,我无意于对胡塞尔的文本进行分析,即他对于危机说了什么和怎样界说。自从 Nam-In Lee 教授和他的韩国同事们牵头以来,我们都关注将现象学应用到这个精神的世界中,胡塞尔式的概念框架和现象学方法只是作为分析危机概念的工具。

一、危机概念的起源和意义

以现象学的精神,对"危机"概念在不同语言世界中的起源和意义进行一种词源学的考究和比较将会是一件有趣和富有意义的工作,不过,不同的现象学家对于其起源有不同的立场,或者对于其起源会作出不同的阐释努力。据此,此论文所要揭示的是,在不同的文化传统之中所理解的"危机"的不同方面。我希望通过种样一种互相参证的方式能够丰富和深化我们对于危机的认识,并帮助我们能更好地去克服它。

如我们所知,危机的法文、德文和英文词汇分别是 la crise、die Krise 和 crisis,它们所拥有的共同的词根来自古希腊词 krinos,它意味着分裂、选择、决定和判断。在古代,这个词主要用作医学术语,其意义是"一种疾病的转折点:这个转折点决定着罹患此疾的病人的生或死,这个时刻的固有特征是不稳定,但这也是决定生与死的关键性时刻"[1]。据利特雷法语词典,"la crise"在传统的医药术语当中意指"出现在一种疾病过程中的突变,其通过一些特定的现象表现出来,比如说大量的分泌液、大量的出血、流汗以及泌尿,等等"[2]。

据 N. Tsouyopoulos 和 U. Schönpfug 的解释,"危机"这个词可能最早是作为一个医学术语出现在《希波克拉底文集》中,巴门尼德和希罗多德在"关键性时刻"这个意义上来使用这个词。危机的医学理论是由希波克拉底创立的,但盖伦(Galen)也对此做出了贡献,他主要是主张危机是作为诊断的依据,尤其是在确定某个决定性的情况时,

---

[1] Jemes Dodd, *Crisis and Reflection: An Essay on Husserl's Crisis of European Sciences*, Dordrecht/Boston/London: Kluwer Academic Pulblishers, 2004, p. 44.

[2] Emile Littré, *Dictionnaire de la langue française*, Paris: Hachette, 1964, p. 361.

区分急性病和慢性病,以及对于周期性疾病的解释①。从盖伦的时代到十八世纪,医学意义上的危机理论没有什么变化。到了十九世纪,危机概念被心理学和精神病学领域所接纳,用来意指精神性疾病的好转或恶化的关键时刻。例如,心理学家卡洛斯(C. G. Carus)(1789—1869)强调危机的突发性和持续时间的短暂性。随着个体心理学和心理疗法的发展,危机概念的涵盖更广了。"持续性危机"(Dauer-Krise)、"原初危机"(Ur-Krise)、"生成危机"(Werdens-Krise)以及"同一性危机"(Identität-Krise),这些术语随着人格概念的发展极大地丰富了对于危机的理解②。而且,一种对待危机的积极态度被引入到人格的成长当中,自此以后,危机体验及其克服就成为人格成熟的一个重要指标。危机概念通过部分摆脱其消极内涵并获得积极的含义而经历了重要的转换。

通过一系列的隐喻过程,"危机"这个词获得了一种比喻意义,即"危险和决定性的时刻",它能够被用在一件事、一个人、一个组织、一个民族或一个国家上。能够决定一桩事业的成败的关键性时刻也被视为是危机。从词源学上来看,"危机"和"关键的"是相关联的。现在,作为一个医学术语的"危机"还在被使用。但自奥古斯丁以来,这个词被越来越广泛地使用在人文、社会科学和其他领域。奥古斯丁是第一个用"信仰危机"这样的明确表述的人,但我们也能在古希腊哲学当中找到这种用法。例如在《政治学》当中③,亚里士多德就是在决定和冲突这种意义上使用这个词,在其中,政治的权威被认为是体现了某种权威。对亚里士多德来说,公民对政治活动的参与意味着作出了选择,并在面对冲突时作出了决定。

在法国,直到十七世纪中叶,"危机"这个词才广泛地使用在政治、军事和经济上。在十八世纪的启蒙思想家如卢梭、狄德罗、孟德斯鸠,

---

① "Krise", Hrsg. von J. Ritter, in *Historisches Wörterbuch der Philosophie*, Band. 3, S. 1235 – 1245.
② "Krise", Hrsg. von Joachim Ritter, in *Historisches Wörterbuch der Philosophie*, Band. 3, S. 1235 – 1245.
③ Aristotle, *Politics*, 1275a20.

以及其他作家(例如拉辛)的努力下,"危机"这个词逐渐地被用到政治、经济、道德、文化和思想领域。在《爱弥儿》当中,卢梭将危机状况联系到"革命的世纪",即他谈论他的时代状况时他所生活中其中的世纪①。显然,卢梭想要诊断他的时代的病状,并且通过对医学术语"危机"的隐喻性用法而评估被视之为革命的重要事件。但是,卢梭对于危机并不仅仅是持一种消极的态度,对他来说,危机对一个社会的自我进步有时会起到一种积极作用。虽然他主张波兰人通过某些危机而具有新的方式去维护他们的体制,但他也强调在应对重大危机时做准备的必要性。他主张,一旦处于动荡中,具有自由处境的人们如若没有应对重大危机的准备,将会处于崩坏的危险②。

在德国人的传统中,十七世纪末,医学意义上的"危机"这个词开始流行于政治、社会境况的描述当中。十八世纪和十九世纪,"危机"成为历史和哲学史的一个基本概念。赫尔德最终创造了"时代危机"(Zeit-Krise)这个表述。人们抛出各种各样的危机理论力图探寻欧洲的社会和政治危机的根源,并为这些重要问题找寻解决方案。有时危机这个词在其使用中与批判(Kritik)联系到一起,有时危机又在与进步(Fortschritt)相反的意义上被使用,或在进步的附产品或附随物的意义上来使用。随着资本主义的发展,金融危机、信用危机、投机危机、过剩生产危机周期性的出现,所引发的经济危机比其他社会危机更引人关注。虽然在很多情况下,危机用来表达内在于经济活动当中的危险和高风险,但同时,引用詹姆斯·多德(James Dodd)的话来说,"这也是一种必要的经验:危机是这样的一种情况,即如果我们不做一种根本性的改变,我们就会止步不前或不能再前进,在一种危机处境中,必须要做出决定,这是一种必须要解决的险境"③。

现在我们来探究中国人的危机观念。在中国文化中,危机概念也存在着一个隐喻的转变过程。总的来说,中国文化当中一直存在着很

---

① Jean-Jacques Rousseau, *Oeuvre complète*, Ⅲ, Paris: Gallimard, 1964, p. 347ff.
② 同上书,第 998 页。
③ Jemes Dodd, *Crisis and Reflection: An Essay on Husserl's Crisis of European Sciences*, Dordrecht/Boston/London: Kluwer Academic Pulbilshers, 2004, p. 44.

强的危机意识,这种意识帮助中国文明免遭毁灭,且成为中华文明绵延不绝的主要原因(与此同时,其他的古代文明,例如古希腊、古埃及、古巴比伦文明都已寂灭)。事实上,在中国并没有系统的危机理论,但危机观念深植于他们的日常生活,并以简易而精妙的方式哲理化和实施着教化。"危机"意味着危险的境地和险境的关键转折点,它融汇了"危险"和"机遇"。例如,当我们说危机是一个新发展的开端,在此使用的"危机"所指的是危险和机遇的结合体;当我们说"危机四伏"(即处处皆是险境)时,此处危机仅是指危险的处境。在古代中国,"危"和"机"并不是组合在一起成为一个词。按许慎的说法,前者所指乃是"在高而惧也"①。事实上,"危机"既具有积极内涵也具有消极内涵;它可意指"危险",亦可指"正直",所以,其衍生意义就有公正、担忧或者恐慌②。

危机的辩证观念来自道家,尤其是老子和庄子。对老子来说,祸和福是互相依赖的存在③。危机作为灾祸的可能性,在福乐当中酝酿。无独有偶,庄子也说,"安危相易,祸福相生"④。在中医传统中,偶尔也在西方医学的危机意义上来使用"危"的意义。从一开始,危机就和危险意义上的危机意识相关联,与"恐惧"和"忧虑"相生。换言之,对危机的界定是紧密地联系着危机体验的。

中国文化中有句格言:"生于忧患而死于安乐。"但什么是忧患意识(危机意识)?其意义可以通过以下方式而澄清:一个人在其处于安全之时应想到危险的可能性;一个人应在其身处幸运或福乐时想到灾祸的可能性;一个人在其身处富足之时想到贫穷的可能性;一个人应在其强大之时想到脆弱的可能性;一个人应在其健康之时想到其病弱的可能性;一个人应在欢乐之时想到不快乐的可能性;一个人应在其身处欣荣之境时想到其沮丧溃败的可能性;等等。简言之,一个人

---

① 许慎:《说文解字》,北京:中华书局,1998年,第194页。
② 参见中国社会科学院语言研究所词典编辑室编:《现代汉语词典》(修订本),北京:商务印书馆,1999年,第1305页。
③ "祸兮福之所倚,福兮祸之所伏。"见《老子》第五十八章。
④ 见《庄子·则阳》。

应在其好的处境时考虑到不利处境的可能性。这种从中国哲学当中产生的辩证的危机观念，通常被视为生活的向导。它不仅仅是作为个人生活的准则，也是一种政治原则。政治权威都竭力通过克服某些危机获得其合法性。这甚至成为一种政治信仰，即从危机当中会缔造出更团结、更亲密、更相互依赖的人民，而这些是权力和影响力的标志。这类似于亚里士多德在《政治学》中所论述的危机。

在此我不赞述中国文化中的危机意识。只要指出危机意识部分来自危机经验，以及这种危机经验成为中国人生活的一种特征，而不必然导致对不可逃离的不幸之悲观主义，这已经足够了。对危机经验的一种现象学分析有助于我们理解危机概念。

二、危机经验的结构

为了更好地理解危机概念和危机经验，我们需要澄清它们的积淀层次。胡塞尔在《欧洲科学危机和超验现象学》中对欧洲科学的危机的反思不仅为我们提供了一种历史向度，而且也给出了分析危机的理论范式和有效方法。如前所述，危机概念的历史反映出危机意识的历史。在当代社会，几乎每一个人都有过危机体验。经济渐渐迫近的危机部分来自人性的贪婪，它影响着我们的情绪、思维方式和行为，甚至是我们的睡眠。当危机占据我们生活的重心，不幸就好似会接踵而来。

为什么我们需要追问以及被追问这些关于危机的问题？因为追问和被追问这些问题能够培养我们对于危机的意识和敏感度。那些对于危机迟钝的人都会被危机所击败。对于危机问题的深度追问通常关联到某些潜在和有效的回应，通过这些回应一个人能够与他人互动和联系在一起。因此，对于危机问题的一个深度追问就是对于他人的答案、回复、回应和反应的一个勇敢预测。追问本身就显现出去建立联系和克服孤苦的意欲。哲学关切自在的追问和自为的追问，对危机的追问显示了哲学思维的尊严和清醒。

但是，追问"危机是什么"并不同于询问"杯子是什么"，前者所关注的是人类和人类的生存处境，而后者仅是揭示了在对象与我们之间的一种距离和疏离。我们并不是在询问"你的猫或狗在经历爱的危机或婚姻危机?"或"你家里的老鼠面临着食物危机?"也许我们也能问这些问题，但仅是在一种喻意的层面来问。危机只属于人类，它引领我们进入属人的世界。危机并不是一个客体，而是人类的一个事件——它是一个未完成的事件，将正在进行中的压力置于我们的肩上。一个业已结束的危机已不成其为危机。只有人类才追问危机并筹划着去应对它。动物对于危险处境的本能反应与人类的危机意识并不在同一个层面上。

危机是什么？危机是突然出现的危险事态，并成为对一个人、一个组织、集团、一个国家甚至是对人类的生存和发展构成的重大威胁。危机是生与死之间的一条界线。如不进行干预处理，危机就能导致致命后果。危机的主体有时会被视为处于福祉的转折点，我们要么击败要么被击败——我们要么克服危机而存活，要么成为危机的牺牲品。但从结果的视角去看待危机与从原因的视角去看待它是不同的事情。在前者，危机所产生的是对主体的破坏性的后果，而从后者来看，危机意味着紧急和决定性的可能性。冰山绝不是在一日内就能融解，同理，危机也是逐渐形成，从可能性变为显在。但是突发性的出现是危机的一个典型特征。

我们必须区分危机的外在特征和内在特征。内在原因才是本质的，而外在原因仅是经由内在原因而起作用。但是，危机的条件并不是无关紧要的，因为它们与危机的形成和消失相关联。对海德格尔而言，危机并不是业已在手的。危机之成为危机在于其形成，其之所"是"取决于和呈现为"怎样"。"何谓"（whatness）在此是一个更好的表达。并且，"怎样"乃"是"的展开。在此，危机就具有动态的特征。掌控危机就是在变化的情境中不断调整并逐项取消所有导致危机的因素。人类的意识倾向于从他们自身之外找到导致危机的原因，而只有自我反思意识才能将向外的思维拉回自身。自我反思意识能使我们意识到自身的能力范围和局限性,而这与自我理解和理性导向不可分。危机在其初始阶段也许是可控的,但随着时间的推移,如不进行干预,危机的破坏性力量就会逐渐增强和扩散。

对我们来说,危机既是险境也是机遇。海德格尔就主张,哪里有危机,哪里就有救赎。但机遇并不必然伴随着不确定的危险;没有人会喜欢面临危机这样的处境。在行动之前,我们需要为可能发生的危机做准备。没有长远的打算,一个人就极有可能会遇到麻烦。当然,一个人不做任何事时就不会承担危机之险,但一旦采取重大行动,就有可能面临危机,哪怕是极轻微的危机风险。现在林林总总的保险公司的存在就说明了人们的危机意识的普遍存在。风险和危机的不同是明显的:当风险不断地增加并且成为威胁主体的重大利益、生存和发展的因素时,它就变成了危机。危机是风险不断累积而从本质上转变而成。比如,每日拔取五根头发并不会使你冒什么风险,但每日拔取二十根,一年之后你就有变成秃子之忧了。(我并不介意成为一个秃子,因为对我来说那是智慧的标志。)据此,危机的形成并非一日之功业;它是风险累积而产生的质变结果。

预防胜于治疗。对我们来说,如果具有足够的意识和采取适当的手段消灭所探查到的风险,我们是有可能避免即将来临的危机的。要消灭风险因素,首先,要追踪和评估风险的运作机理。所有的危机都会有某种事先的预兆。虽然危机通常都是突然爆发且我们常常没有充分的准备进行反应和采取行动,我们能够在事先制定某些计划来应对危机。我们当然很难对所有的可能性都事先考虑到,但是一些基本的可能性我们是能够顾及的。我们所能做的是怎样将积极和有用的因素充分用来消灭危机。其次,我们必须清楚风险和危机之间的联系。危机是风险的过度膨胀和极端形式,或者,危机是风险的最大化的实现形式。真正糟糕的并不是危机本身,而是我们没有危机的可能性的意识,或甚至是有意或无意地忽略了危机的存在,且没有对危机做任何预防性对策。

生活是一趟在危险当中抓住机遇且认识到机遇中包含着风险的

冒险旅程。在此意义上，危机是我们的冒险精神的最终检验，但在哪种意义上，我们说危机也是一个机会？勿需多言，机遇属于那些对危机有清楚意识的人，他们能成功地找到解决之道。例如，面对职业上的危机，一个人有可能找到他从未意识到的能力，并基于此而开辟生活的新天地。当然，新事物并非必然是好事。但在旧事物并不是好事物的情况下，新事物至少开启了改变旧生活的可能性。机遇意味着更好的可能性。

一种危机也可能是一个机遇的说法具有以下含义：首先，对一个社会来说，危机是一种自我免疫的形式，它提供了自我进步和自我完善的可能性。小的危机通过提醒我们存在着问题和进行自我反思、自我批判的必要性而增强社会机体的健康。危机是社会体系的自我防护的一种刺激，通过危机，一个社会不仅意识到它自己的病症，而且也试着去探查有效的克服方法。例如，环境危机使我们具有了发展的可持续观念，能源危机致使我们发明了节能技术、制定出有效地使用能源的政策。在这些例子当中，危机都促动着创造的欲望和解决难题的意志。危机也见证了我们的能力、勇气和智慧。而且，危机暴露出社会的问题的征兆，尤其是被表面的繁荣和盲目的自满所掩盖的社会的严重的问题。

其次，危机使我们根据处境调整自身，并以新的方式来理解自身。危机导致生存处境的剧变，并且影响人际关系和人的态度。人类易于满足现状并沉溺于日常事务，且忘记了反省自身。但危机可以帮助我们认识到人的能力的局限，并提醒我们过去所犯过的错误。危机期间，我们需要在潜在和现实状况中作出评断，就如同评估完成一个计划的成功的可能性一样。但每个人都有其盲点，且有时我们很难具有清晰的危机观念或认识到我们自身处于困境当中。一方面，很多业已具有的思维和行动模式对于克服危机无用，我们需要找到新的方法去解决问题；另一方面，危机一直呈现为突发的情况，我们并没有足够的时间去制订计划，我们必须借助于过去的经验和使用已具有的筹划。

再次，通过唤起集体经验和集体意识，危机为社会的团结提供了机遇。个人的危机(比如职业的危机)可能影响的只是很少数的人(例如家庭成员),但社会危机(比如经济危机和环境危机)则会以不同方式、在不同层面上影响大范围的人。在一场社会危机当中,自我表达已不再可能,我们被迫走出自我的私人境遇而寻求在共同体中的归属感,共同体以同情、移情、合作和互相帮助为其特征。在共同的关注、共同的敌人和共同的目标之下,曾经分裂的人们又变得互相依赖和互相支持。危机犹如一种黏合剂,帮助人们建立一种更深和更紧密的情感依赖关系,且使人与人之间的互相学习成为可能。危机将自我和他人自我的关系改变成另一个自我。通过帮助他人渡过危机,我们也领会了危机的根源和克服它的方法。

三、危机和内在时间意识

危机增强我们的内在时间意识,而危机的结构反映了时间的结构。现象学上的时间概念能帮助我们说明危机的结构。按胡塞尔的说法,时间可分为两种:宇宙或客观时间和主观或内在时间,它们都根植于意识的流动当中。时间的客观性在主观的时间意识中构成,主观时间意识是作为生存体验的时间的现象学内容。胡塞尔写道:"从一种客观的观点来看,每一种生活体验,就如同每一种实存物和存在时刻,都可能在其独有的客观时间中有其位置——因此,也是感知的活的体验和时间本身的表达。"[1]虽然安置在时间意识中的时间联系到客观时间,现象学却在一种宽泛的意义上通过现象学还原的方法将后者排除在它的领域之外。现象学所关注的时间和持存就是如此,是内在时间和主观时间。

主观时间应被理解为一种对时间的活的体验,它在客观时间中有其位置。现象学主张主观的时间来自我们的意识的构造。如苏珊·坎宁安(Suzanne Cunningham)所言:"意识指向一个对象的活动必然

---

[1] Edmund Husserl, *The Phenomenology of Internal Time-Consciousness*, trans. by James S. Churchill, The Hague: Martinus Nijhoff, 1964, p. 22.

使被意指或意味的对象具有某种特征。一个对象绝不仅仅是单纯地呈现给意识,而是呈现为意识所构想的、所想象的、所记忆的等那般模样。所以,指向某个客体至少在此种程度上构造了它的意义。"① 例如,一个人坠入爱河并等待着他或她所爱的对象的回应,将会感到一个小时如同一年那样漫长。但是,如果与其所爱幸福地待在一起一整天,却会感到这一天短如一个小时。如果一个人在焦急地等待,会发现时间过得如此之缓慢。相反,当一个人聆听其最爱的音乐,会发觉时间流逝得很快。如果一个人说时间难熬,他所意指的是呈现为内在的时间感知的内在时间意识。

没有危机,时间将会无意义且紧急的行动也就不必要。危机是时间的保护者和未来的提示器。言其是时间的保护者是因为它减少了对时间的浪费和消极的等待,而使我们进入一种张力当中,其能唤起我们的潜能(亚里士多德意义上)以及在我们潜意识中所具有的解决问题的反应机制。至于未来的提示器,是因为其将我们置于不确定和糟糕的处境面前,以祸患震醒我们。据此,过去的痛苦和不幸经历在当下的想象中被记住、再现、再构造。列维纳斯将死亡界定为"时间的耐性"。同样也能说危机是一个关键的时刻。

主观时间的连续性取决于在意识中构成的生活体验的统一性。在危机中,我们的时间意识是去压缩过去的体验。如胡塞尔所主张的那样,"我们从现在抽离得越远,融合和聚拢得越甚。如果进行反思,我们就沉浸在一种有结构的过程的统一体当中,我们发现,当陷入到过去时,过程的一个清晰的部分'聚拢'———一种时间的视角(在原初的时间显现中)类似于空间的视角"②。我们对过去的回忆,尤其是过去痛苦的经历就呈现为一种鲜活的"当下"并在想象中指向未来。如果没有过去,未来就不会引起恐惧。过去的经验激起对未来的恐惧。当一种意识持续地变换,主观的时间就在过去和未来之间建立起互相

---

① Suzanne Cunningham, *Language and the Phenomenological Reductions of Edmund Husserl*, The Hague: Martinus Nijhoff, 1976, pp. 38 - 39.
② Edmund Husserl, *The Phenomenology of Internal Time-Consciousness*, trans. by James S. Churchill, The Hague: Martinus Nijhoff, 1964, p. 47.

联系。但在危机中,时间意识的源点不是"现在"而是具有过去经验的想象中的"未来"。危机引发我们对于或近或远的未知未来的恐惧,使我们能够立足于未来且在当前感知在我们身上发生的每件事。对我们来说总会存在某些悬而未决的未知因素,致使我们青睐变化中的不变因素并诱发我们的巨大忧虑。

危机是以不可预测的方式发生的,在其后是时间的观念。危机通过联系到作为当前的背景的过去而得以理解,且被认为是一种相较于正常状况的一种非正常情况,其通过时间的一致性而得到描述。处于危机中的人们度日如年,他们的时间被无限地延长。中国人就常说磨难如在痛苦中漫长煎熬或火急火燎。在此时间并不是客观的;它是内在时间或主观时间,其关联到的是心理体验。

危机处于"尚未"与"已经"之间。只有这两者的结合才能准确地描述它,其意味着危机正在向我们靠近,但还未降临到我们身上——它是一种笼罩在我们头脑中的忧患意识。危机是一种危险的可能性,它使我们感觉到正在降临的毁灭从而将我们置于记忆和预感的困顿当中。通过过去的经验和当前的状况才能将危机理解为一种威胁,它驱使我们临近深渊且使我们感到恐惧。威胁是危险的内容,它的威力在于其悬而未决的驱迫和施压的倾向。危险正在来临但还未击倒我们,留给我们在未来不确定的毁灭。威胁一直都预悬自身——它预指未来。这就是在危机问题上我们一直考虑到未来的原因。绝望的人认为自己没有未来,或者认为自己只有一种未来,也就是一种彻底终结的未来。当威胁不再存在时,相应的未来也就成为过去。消灭威胁就是将不幸的未来改变为光明的未来或将其填埋在过去的坟墓当中。

危机不仅引发忧虑和恐惧,也产生预期和希望,虽然二者具有与时间不同的意向关系。这些情感都唤起我们的时间意识。一方面,忧虑和恐惧是来自未来的压力。当我们忧虑和恐惧时,我们感受到隐蔽在未来的某些糟糕事件正在迫近。未来既是意识的投射,也是意识回到自身的起始点。在这种意义上,意识与它的对象具有双重的意向关系——它指向未来继而返回当前。另一方面,预期和希望却向我们开启了未来。预测和希望的意向性是空的,直到其目的实现。在预期和希望当中,思维着的"我"是意识与其对象的意向关系的出发点。预期和希望开启了一个境遇,在其中我们发现未来充满了可能性和指望。这就是为何我们要说危机中的转折点是一个很光明的时刻:因为它使我们从绝望中看到了希望。

现象学理论的移情能够应用到对危机的讨论中来。按这种理论,当我们同情处于危机中的他人的处境时,我们就成功地建立起"我"和他人的关系。在同情和对他人的移情中,我们意识到我们处于一个同命运的共同体内。移情就是将我们自身放置在他人的位置上就如同他人是另一个自我。作为不同的个体,我和他人是有交流的可能性的,因为我们都是人类,共享相同的人性。对于移情的描述,中国人通常说"同病相怜"(它的真正所指是,具有相同病状的人互相同情对方),另一个表达是"同舟共济"(即我们同处一艘船上,故我们需共同努力以克服困难和危机)。在危机中,照料他人使我们超越自身而为我们开启了更广阔的生存境遇。

我们的时代,哲学遭遇着精神上的危机,其表现形态是文化危机、意义危机以及生活方式的危机。作为文化的灵魂,哲学须对我们时代的问题作出有价值的回应。危机的概念所关注的是时间和死亡的哲学主题,且我们时代的危机主要是生命意义的危机和生活世界的危机,哲学如果不对这些危机作出富有洞见的回应,哲学自身将陷入危机。正如德里达所言:"哲学不仅仅是一项没有历史界限、国家界限和语言界限的普遍事业,而且是包含着它自身危机的一项普遍事业。哲学一直都是它自身的危机的经验。它一直都在通过它的批判性要求而探寻着它自身的起源、可能性。"① 故而,一种危机哲学应从哲学的危机当中找到其出发点。

---

① Jacques Derrida, *Du droit à la philosopie*, Paris: Verdier, 1994, p.158.

史实、档案与解释[①]

历史事实是什么？如何确定历史事实？历史事实与历史叙述是什么关系？历史叙述与历史解释是什么关系？每个有历史眼光并具备历史自觉的人也许会不同程度地思考这样的问题。虽然并非每个历史学家都会在自己的著作中专门回答这些问题，但他（她）收集、利用、分析和解释史料的方式已经在对这类问题做出一定程度的解答。如果他（她）能明确地意识到这些问题并自觉地回答这类问题，我们就说他（她）已经具备了相应的史识。的确，在史料相同的情况下，史识的不同决定了历史事实向我们呈现的不同方面和不同方式，也决定了我们对历史意义的不同领悟程度。但事实终归是事实，确认事实是否存在从来都是历史叙述和历史解释的前提。西方俗语说"历史是由活人讲述的死人的故事"，大体上表达了历史是要通过叙述才能呈现出来的观点。然而，如果仅仅把历史看作单纯的故事并且把故事看作虚构的东西而没有其客观有效性的基础和范围，就会为个人随意编造历史事件打开大门。以何种方式去叙述历史以及以何种方式去解释这些历史始终是以承认过去存在过构成那段历史的历史事实为前提的。这是我们在进行历史解释时必须正视的问题。但历史叙述本身并不能保证被叙述的东西的真实性和自身的客观有效性。于是，历史学家

[①] 本文是汪堂家先生在临终前半年内写作的，未发表。先生于2013年11月写就初稿，题为《档案、叙述与历史解释》，共约三万字；在2014年1月初拟的《现象学的展开》书稿中，先生将本文初稿压缩至一万六千字，作为该书最后一章。先生在编写全书目录时将本部分标题定为《史实、档案与解释》，而在正文中使用的标题是《史实、档案与历史解释——论历史客观性的基础与限度》。——编者注

和历史哲学家们自然要关心另一个相关的问题:历史叙述和历史解释的客观有效性是由什么来保证的?本文的观点是,它们是由通过第一手史料而确定的历史事实以及联结这些事实的合乎逻辑的方式来保证的。因篇幅所限,本文主要关注前者以及前者(即历史事实)与历史解释的关系。由于史料构成因素的多样性和复杂性,我在此仅从史料的核心因素——档案以及档案与史实及其解释的关系出发作几点理论考察。

一、史家对历史客观性的两种态度

自十九世纪德国历史学家、被尊为"近代史学之父"的兰克(Leopold von Ranke,1795—1886)推崇"据实直书"的历史观以来,强调历史研究就是弄清历史事实一直是许多历史研究者遵循的重大原则,甚至是最高原则[①]。历史学被视为关于过去的历史事实的知识。而在兰克看来,历史事实由于具备自身的客观性而不会受到评判者的主观影响,它不过是通过史料自行说话而已。历史学家所能做的工作就是在尊重历史事实的客观性的前提之下将历史事件梳理清楚并以生动的形式客观地呈现出来。由于历史既是科学又是艺术,历史学家既要博学,又要有文采。当文采与博学在撰写历史著作中发生矛盾时,文采要服从博学的要求。兰克在谈到历史学家的任务时指出:"一部历史著作的主要要求是确保其真实性;事实是怎样发生的就怎样去描述。"[②]历史学家不应只是迎合公众的意见,也不应抱着赢得掌声的目的去撰写历史著作。历史学家的天职是把"过去"实事求是地带到

---

① 关于历史事实的理论研究,参看张耕华:《历史哲学引论》,上海:复旦大学出版社,2009年;姚凯、陆健体:《历史事实的解释与历史学的客观性》,载《世界历史》1988年第3期;陈光前:《关于历史事实的概念》,载《东北师大学报》1988年第4期;陈启能:《论历史事实》,载《史学理论研究》1993年第4期;贾鹏涛:《历史事实的从容与窘迫》,载上海市社会科学联合会编:《中国哲学社会科学自主创新》,上海:上海人民出版社,2012年,第224—230页。
② 列奥波德·冯·兰克:《世界历史的秘密》,罗格·文斯编,易兰译,上海:复旦大学出版社,2012年,第347页。

自己的时代中来,并学会理解过去的每个时代的意义和价值。他在谈到他所处的时代的历史研究状况时还指出:"历史研究中的每一步骤紧密结合在一起,相辅相成:对权威文献的批判性研究、公正无偏见的理解以及客观的叙述——其目的就是使整个历史真实地呈现出来。"①他本人在撰写《教皇史》《十六、十七世纪法国史》《十七世纪英国史》《宗教改革时期的德国史》《塞尔维亚史》时就力图遵循这一原则。他在84岁时开始撰写皇皇巨著《世界史》,即便双目已几近失明,他仍然要求他的助手们查找各种资料并念给他听,并强调细细鉴别这些史料的真假的重要性。作为有哲学头脑的史学家,兰克一方面看到历史总是被不同时代的人重写,总是被不同时代的人重新评说,因此,每个时代的人往往有不同的历史观念;另一方面,兰克发现"除了回到原始的第一手资料上,没有什么能帮助我们理解过去的历史。但是,没有当前时代所产生、激发的研究兴趣,那些时代会被研究吗?考虑到这一点,我们必须总是尽力对事件有一个更清楚的了解。这一最珍贵而高尚的目标,既是哲学研究的目标,也是研究人类历史的目的"②。弄清历史事实,说出历史真相,以无偏见的眼光来看待历史,以无偏见的精神来撰写历史,这就是以兰克为代表的史学家崇尚的历史研究的理想和原则。我在此把它称为历史学家对待历史客观性的第一态度。

我国的乾嘉学派和当代的陈寅恪、朱维铮等学者所持的观点和遵循的原则与兰克的观点和原则类似,因此,我也把它纳入史学家对待历史客观性的第一态度。比如,乾嘉学派的许多人物都强调立义有据,孤证不信,曲解不德。史学家陈垣推重钱大昕的《十驾斋养新录》就是因为他遵循上述史学研究原则。陈寅恪也强调要精研最可靠的史料,实事求是地研究历史,并认为我们可以根据史料及旁证得出某某事件有,但绝不轻易说某某事件无,因为地下的文物说不定会证明

---

① 列奥波德·冯·兰克:《世界历史的秘密》,罗格·文斯编,易兰译,上海:复旦大学出版社,2012年,第327页。
② 同上书,第329页。

某某事件有①。朱维铮先生也强调先弄清史实是史学研究的第一原则,并强烈反对"先立论,后求证"的史学研究风格②,而且强调"信言有征见真实"以及披沙拣金式的处理史料的方法③。尽管他也不得不承认历史研究难以避免受主观因素的影响,因而怀疑对历史作纯客观叙述的可能性,但他仍然把追求真实、追求客观性作为历史研究的最高理想④。实际上,兰克所代表的追求历史客观性的史学观长期以来代表了史学界的主流看法。如果没有这种主流看法作指导,计量史学和考据学简直就没有存在的意义和合理性了。在强调历史事实的客观性方面,整个实证史学的传统在兰克这里达到发展的顶峰。

然而,自新康德主义者李凯尔特等人主张在研究历史事实时要考虑评价因素以来,这一主流看法以及追求历史研究的绝对客观性的原则遭到了一些人的质疑。近一个多世纪以来,这种质疑既来自哲学领域,也来自史学领域,并且颇有越来越强烈的趋势。质疑的核心概念是纯粹的或绝对客观的历史事实概念,是主张存在一种完全独立于历史叙述和历史解释的历史事实的观念。与兰克等人所持的第一种态度相反,这种质疑所依据的理论原则是,没有纯粹客观的历史事实,历史事实有赖于历史解释,而历史解释离不开历史学家的特定立场和个人视角。我把基于这种原则的历史观称为史家对历史客观性的第二态度。按照这种态度,历史事实在历史研究中并没有优先性和独立自在性,历史学家的任务不是记录过去和再现过去,而是带着现在的眼光去看过去和评价过去。但"历史学家所研究的过去不是死气沉沉的过去,而是在一定程度上仍然活跃于现实生活中的过去"⑤。

众所周知,意大利著名历史哲学家克罗齐在《历史学的理论和实

---

① 关于陈寅恪先生的主要学术贡献,参看蒋天枢编:《陈寅恪文集》,上海:上海古籍出版社,1979年。因篇幅所限,此处不加讨论。
② 见朱维铮:《音调未定的传统》,杭州:浙江大学出版社,2012年,第7-8页。
③ 朱维铮:《走出中世纪》(增订本),上海:复旦大学出版社,2007年,第297页。
④ 同上书,第294页。
⑤ 柯林伍德语,见卡尔(Edward Hallett Carr):《历史是什么?》,陈恒译,北京:商务印书馆,2010年,第105页。

际》中曾区分了编年史（chronicle）与历史，并宣称通常意义上的历史是活的历史，而编年史是死的历史。令人惊异的是，他颠覆性地认为，先有历史，后有编年史，这就像先有活人，后有死尸一样。用他本人的话讲，"编年史与历史之得以区别开来并非因为它们是两种互相补充的历史形式，也不是因为这一种从属于另一种，而是因为它们是两种不同的精神态度。历史是活的编年史，编年史是死的历史；历史是当前的历史，编年史是过去的历史；历史主要是一种思想活动，编年史主要是一种意志活动"①。更令人吃惊的是，他断言，"文献与批判，即，生活与思想，才是真正的史料"②。克罗齐的这一看法代表了二十世纪一种极端的史学观，并引起了不小的回响。按照这种史学观，历史事实只是一些因解释而存在的主客观因素的集合并且在这种集合中主观因素起主导作用，因为它把僵死的材料变为活的东西，或者说把死历史变成活历史。

柯林伍德在1945年出版的《历史的观念》（*The Idea of History*）中也表述了类似观点，他有句名言，即"一切历史都是思想史"。当他把一切历史归结为思想史时，他是以当下活着的历史学家的眼光看历史事件的并把历史学家的观念作为历史事实的源头③。对他来说，历史源于历史学家以经验根据为基础并根据自己的观念对过去的材料进行重构。那种无思想性的过去或过去本身对我们通常所说的历史研究没有什么意义。"历史就是一个对这种思想的历史进行研究的历史学家对自己的观念重新加以组织的过程。"④

美国历史学家卡尔·贝克尔（Carl Becker，1873—1945，曾任美国历史学会主席）则走得更远，他宣称"人人都是自己的历史学家"并将这一口号作为一篇文章的标题。他把历史归结为人的心理、生理过

---

① 克罗齐：《历史学的理论与实际》，傅任敢译，北京：商务印书馆，2005年，第8页。
② 同上书，第11页。
③ 柯林伍德：《历史的观念》，何兆武、张文杰译，北京：商务印书馆，2007年，第303页。
④ 转引自卡尔：《历史是什么？》，陈恒译，北京：商务印书馆，2010年，第106页。

程,并且说"历史是对过去说过和做过的事情的记忆"①。如果说这句话还不足以表达他与兰克的观点的对立,那么,下面这句话就再明显不过地凸显了这种对立:"对于任何历史学家而言,在他创造历史事实之前,历史事实是不存在的。"②他的基本理据是,过去的绝大部分事件是我们无法知道的;对已知的事件,我们要么知道得很少,要么对自己所知的不敢肯定。我们不能复活也不能检验已经发生过,而现在已经消失的事件。我们仅仅凭一点过去事件留下的痕迹来推断过去发生过某种事件。而过去留下的痕迹通常不过是一些文献而已。因此,他把历史分为两种,一种是已经发生过的实实在在的事件的系列,对此,我们只有有关它们存在的信念。为阐述问题的简便,我这里把它叫做"自在的历史"。另一种是我们能肯定的、保持在我们记忆中的事件的系列(记忆是否准确是另一回事)。我这里替贝克尔给这种事件取个名字,即"为我的历史"。如果说自在的历史是无知的领域,那么,"为我的历史"则是已知的领域。但后者之所以是为我的,是因为我的主观因素参与其中。更准确地说,"为我的历史"经过了我对一些历史因素的重构。贝克尔在《什么是历史事实?》一文中也不遗余力地强调历史事实如何与历史学家对史料的个人选择有关。他以恺撒渡过卢比孔河为例,说明历史事实取决于它所代表的事件对我们的重要性。历史学家关心的永远是已经消失的人的活动、事件、思想和感情,而史学家的个人兴趣决定了他如何去选择已有的史实。他说:"历史事实僵死地躺在记载中,不会给世界带来好的或坏的影响,而只有当人们,你或我,依靠真实事变的描写、印象或观念,使它们生动地再现于我们的头脑中时,它才变成历史事实,才产生影响。正是这样,我才说历史事实存在于人们的头脑中,不然就不存在于任何地方。"③

---

① 见卡尔·贝克尔:《人人都是自己的历史学家》,载何兆武主编:《历史理论与史学理论》,刘鑫等译,北京:商务印书馆,1999年,第564—584页。
② Carl Becker, *Atlantic Monthly*, October 1910, p. 528. 转引自卡尔:《历史是什么?》,陈恒译,北京:商务印书馆,2010年,第105页。
③ 卡尔·贝克尔:《什么事历史事实?》,载张文杰编:《历史的话语——现代西方历史哲学译文集》,桂林:广西师范大学出版社,2002年,第282—299页。

贝克尔提出的有关历史客观性的观点代表了二十世纪相当一部分人的观点。这种观点与兰克的观点形成了两个极端。我这里之所以把这两种观点列出来加以特别讨论,恰恰是因为它们具有典型意义并且深刻影响了历史叙述的方式和历史解释的方式。其他史学家对历史客观性的态度多半受这两种观点的影响。比如,十九世纪的德国史学几乎是兰克史学观的一统天下。而贝克等人对历史客观性的态度则成了二十世纪从事历史研究的相当一部分人在处理史料时的基本立场并形成了相似的历史叙述和解释方式,因为这种立场为作者发挥想象空间打开了大门。历史事实甚至在一些人眼里成了历史学者任意剪裁的东西。这种看法在古代西方传记体史书的首倡者普鲁塔克(Plutarch)那里就能找到它的源头。他在撰写梭伦传时明明知道"以一言来救一个国王"是假的,但他居然因为这符合梭伦的智慧和品格,因而觉得不必遵守编年史的事实而予以采纳[①]。不幸的是,在当代,不少强调研究历史必须以人物为中心而非以事件为中心的历史学家正是沿着普罗塔克的思路把历史研究混同于历史小说的撰写。

我以为,兰克的史学观在看待历史事实时固然忽视了历史研究者的叙述和解释因素对历史事实的呈现方式的可能影响并被一些人视为历史研究的幻想,但他对历史事实的客观性的追求仍然对维持历史研究中的求真意志和求真理想具有重要意义。假如没有这种求真的意志和求真的理想,历史研究中就有可能存在对历史事件随意戏说的危险,歪曲乃至伪造历史事实就会被人认为是正当的事情,历史研究就有可能成为像写科幻小说一样的主观虚构。无论是克罗齐还是柯林伍德,抑或是贝克尔,都有可能陷入过分夸大历史研究者的主观因素在历史事实的确认和解释中的作用的危险。正因为意识到这种危险,史学家卡尔才说:"历史学家与历史事实之间彼此互为依存。没有事实的历史学家是无本之源,没有历史学家的事实是死水一潭,毫无意义。因此,我对于'历史是什么'这一问题的第一个答案是,历史是历史学家与历史事实之间连续不断的、互相作用的过程,就是现在与

[①] 普鲁塔克:《传记集》,北京:商务印书馆,1962年,第13—14页。

过去之间永无休止的对话。"①

在此,我想明确的观点是,历史事实是否存在与如何对待、呈现和解释历史事实是两个不同层次的问题。历史事实本身与历史事实的呈现方式、呈现内容不能混淆,就像一棵树的存在并不能混同于画家或生物学家对这颗树的不同呈现方式一样。我们只有首先确认历史事实是否存在,才能谈得上进一步解释历史事实,否则,历史研究就被归结为对神话的解释(尽管历史研究并不必然排斥对神话的研究)。历史解释并不决定历史事实,而只是决定历史事实的呈现方式和呈现内容。历史事实不是主观想象或解释的产物,它是可以通过史料,如档案、文物、遗迹、史书等来确认的。因此,从最终意义上讲,不是历史解释决定历史事实,而是历史事实决定历史解释的限度与范围。如果不能确认一个历史事件是否真正发生,我们就只能说那还是有待验证的历史假设。当我们不能确认一个事件是事实时,我们就不应当将它用来作为我们的论据使用。

"史料始终是历史研究的客观有效性的基础,对于历史研究来说,由于过去的不可复制性,史料永远是不完全的。因此,史料的真伪、重要程度以及相对量的多少就成了保证历史研究者的结论的可靠性的条件。但是,即便对于某个历史事件的实际记载非常细致和客观,它们相对于更大的时空跨度而言仍然只是一些碎片。"②有时,历史研究者需要凭借合理的想象(不是随意的想象)和合乎逻辑的推断将那些碎片联系起来,才能形成对某个历史事件的相对完整的认识。这样一来,就会出现对历史的宏观研究、中观研究和微观研究的矛盾。对微观研究来说看上去完整的史实对于中观研究来说则仅仅是一些碎片,而对中观研究来说相对完整的史实对于宏观研究来说不过是一些碎片而已。但我们不能根据历史事件的不可重复性和历史记载的不完全性来否认历史事实的客观性。

---

① 卡尔:《历史是什么?》,陈恒译,北京:商务印书馆,2010年,第115页。
② 汪堂家:《历史哲学中的史实与史识》,见汪堂家:《思路心语》,上海:上海人民出版社,2011年,第198页。

二、档案、痕迹与历史证据

对历史客观性的上述两种态度都有值得我们注意和重视的方面。它们都触及了历史研究的困境,也都提出了如何运用史料的问题以及历史事实的确认问题。按通常的说法,历史事实存在于作为证据的史料中。而在历史研究需要的各种史料中,档案无疑是用得最多的原始史料。我把它称为核心史料。其他史料,如遗址、碑铭、遗物等,都只是一些孤证和佐证,我把它称为边缘史料,因为它们最终需要通过对档案的利用才能发挥比较充分的证据作用(我这里仅谈有文字记载的历史。对于研究有文字记载之前的人类历史,我们只能靠考古工作以及对其成果的分析和解释)。档案的连续性和相对的完整性更加体现了档案作为核心史料的优点。

此外,正如保罗·利科在《时间与叙事》第三卷中指出的那样,档案还有制度化的特点。我认为,这个特点实际上确立了档案在历史研究中作为核心史料的长久价值。"档案的制度化的特点得到三次证实:档案构成了一个机构的文献基础;正是这个机构的特殊活动产生、接收、保存那些档案;如此构成的保管物乃是根据规定而得到授权的保管物,而这种规定是确立那种以档案为基础的实体的附加规定。"①档案的出现意味着作为历史研究证据的口头证据与文字证据的分离,也意味着在对历史事实的确认和解释中文字证据渐渐胜过了口头证据。但文字证据也可能因为新的考古发现而被推翻,从而失去了作为证据的作用。比如,根据历史文献,过去许多人断言没有《孙膑兵法》这样的书,也有人说,即便有这样的书也是《孙子兵法》的另一种存在形式。但二十世纪七十年代山东临沂银雀山出土的汉简推翻了这一判断,因为《孙子兵法》和《孙膑兵法》被同时发掘出来。正因为考虑到类似情况,我国的王国维早在二十世纪初就提倡用"二重证据法"(即用文献与出土文物相互参照)来研究历史。这既表明他看到了地

---

① Paul Ricoeur, *Temps et récit*, tome III, Paris: Éditions du Seuil, 1985, p. 213.

上文献的去伪存真的困难，也表明他看到了出土文物提供的信息可能推翻文献记载的真实性。另外，我们还要考虑到，出土文物上的信息也可能存在不全、不真、虚假乃至伪造的可能性（比如，竹简上的记载也有可能是假的）。不过，在没有文献和考古发掘的文物可以推翻某种历史事实时，我们只能相信那一历史事实是真实的。在此，我们需要进一步追问的问题是，假如两种证据发生矛盾，我们该如何判断其真假？我们是相信文献记载，还是相信出土文物？我国历史研究领域的信古派和疑古派都很难回避这个问题（比如，老子的《道德经》在马王堆出土的文物中被记为《德道经》）。

鉴于具体历史研究在鉴别、选择和利用史料方面的复杂性，我们自然要根据不同情况来考察和确定档案和出土文物对某种研究的价值。从几千年的人类文明史看，历史与档案的确有着本源性的关系。档案是原始的历史痕迹。保存过去的档案意味着维持一种集体记忆，保持着过去与现在的连续性。档案对于历史研究的重要性就好比实验室对于技术开发的重要性。通过档案和其他历史痕迹（比如，遗址、遗物等各类文物和影像、文字资料，乃至没有文字的民族的口头传说以及在现实生活中仍然存在的某些器物、仪式和风俗等。再如，我国苗族的服饰、侗族的歌舞等）呈现出来的信息是历史研究的主要对象，而揭示历史事件的来龙去脉、内在关联和前因后果，对其意义和价值作出有效解释，是历史研究的重要目标。

无论是从"史"字的词源看，还是从"档案"一词的词源看，我们都不难发现历史与档案的深刻联系，以致我们可以说，没有档案或不借助档案的历史研究是没有可靠根据的研究，没有历史意识的档案工作则是盲目的和无长远意义的工作。从根本意义上讲，档案里有历史，档案里也有未来。如果说"历史是未来的倒影"，那么，档案就可以通过成为历史而向未来敞开。档案是确定历史事实的重要源泉，也通过将个人的记忆上升集体记忆而成为一个时代的记忆。档案是过去的人留给后来人的痕迹。但它不仅仅是痕迹，它也是过去留下的财富。那里既有过去的信息，也有前人的历史经验、教训以及启迪后人智慧的东西。但是，这些东西不会自动出现，而要通过历史学家和其他学者的阐发才能显示出来。正是它将基于历史事实的阐发与基于主观虚构的阐发区分开来。

《说文解字》在解释"史"字时指出："史，纪事者也。从又，持中。中，正也。"这里既表明了纪事的客观性，也表明了对记载历史事件的公正性要求。据王国维在《释"史"》一文中的考证，"史"字在词源上就与档案有关。王国维在进一步解释《说文解字》中提到的"中"字时说："江氏永《周礼疑义举要》云：凡官府簿书谓之中。故诸官言治中、受中，《小司寇》断庶民狱讼之中，皆谓簿书，犹今之案卷也。此中字之本义，故拿文书者谓之中，其字从又、从中；又者，右手，以手持簿书也。吏字、事字，皆有中字，天有司中星，后世有治中之官，皆取此义。江氏以中字为簿书，较吴氏以中为简者得之（简为一简，簿书则需众简）。"① 然而，王国维强调，"史之本义，为持书之人，引申而为大官及庶官之称，又引申为职事之称"，"史为掌书之官，自古为要职"②。但在秦汉之前，史与吏、事并无特殊区分。无论如何，史官的记事职能在许多朝代是极为重要的。而盛世修史被视为一种传统。

在我国，尽管实质上的档案史非常古老，比如，我国的甲骨文档案与两河流域的泥板档案一直被公认为世界上最早的档案，但将"档"与"案"二字合为一词使用首次出现于清朝康熙年间，确切些说，出现于杨宾在1707年左右撰写的《柳边纪略》中。杨宾说："外边文字，多书于木，往来传递者曰牌子，以削木片若牌故也。然今文字之书于纸者，亦呼为牌子、档子矣。"我国出版的《辞海》将"档案"定义为"保存起来以备查考的文件"③。而据《中华人民共和国档案法》对档案的定义，档案"指过去和现在的国家机构、社会组织以及个人从事政治、经济、科学、技术、文化、宗教等活动直接形成的对国家和社会有保存价值的各

---

① 王国维：《释"史"》，徐洪兴选编：《王国维文选》，上海：上海远东出版社，2011年，第294—230页。
② 同上。
③ 见《辞海》，上海：上海辞书出版社，2006年，第296页。

种文字、图表、声像等不同形式的历史记录"①。这个定义显然比前一个定义更加宽泛和全面,也更有具体内容。它点出了档案的记录功能,而不是解释功能。

在西方,"档案"(archive,拉丁文为 archivum 或者 archium)概念也是一个非常古老的概念,它源于古希腊人用到的 arkhe。研究"档案"概念的历史本身就是一件非常有意思的工作,也是一件能显示历史与档案的内在关联的工作。法国几位对档案与历史的关系素有研究的学者也指出了这种关联②。法国 1979 年颁布的法律对档案的定义为:"不管其日期、形式和质材如何,档案乃是由一切有身体或精神的人以及所有机构或公共组织或个人在从事其活动时产生或接收的文献总体。"③《通用百科全书》(*Encyclopaedia Universalis*)对档案是这样定义的:"档案是由文献的总体构成的,这些文献源于一个机构的活动或者有形体或精神的个人的活动。"《大英百科全书》则有一个复杂得多的定义:"'档案'这个词指所有经过整理的记录,这些记录是因公共的、半公共的机构的事务产生或接收,或由私人实体在处理事务时产生或接收,并且由它、它的继承者或作为这些材料的储藏机构的权威机构通过扩展其原始意义而加以保存。"④

据德里达的考证,"档案"(arkhe)一词在古希腊时既在物理意义上使用,又在历史意义上使用,也在存在论(ontologie)意义上使用,意指"原始""本源""开端""命令"。但在最初时,它指最高行政官员的住处,指发命令的地方,指代表政治权力的地方,因为古时官员的住处代表了得到公开认可的权威,人们也将官方文书放在那里。那些行政官员则是这些文书的守护者,他们要确保这些文书储存的安全可靠。

---

① 见《辞海》,上海:上海辞书出版社,2006 年,第 296 页。
② F. Hildersheimer 在《法国档案,历史记忆》(*Les archives de France. mémoires de l'histoire*, Paris: Honore Champion, 1997), J. Favier, D. Neirinck 以及 F. Bodarida 在《历史与法国史家的职责》(*L'Histoire et le Metier d'historien en France*, 1945 - 1995, Paris: Éditons de la Maison des sciences de l'homme, 1995)中都对此做过出色的分析。
③ Paul Ricoeur, *La mémoire, l'histoire, l'oubli*, Paris: Éditions du Seuil, 2000, p. 212.
④ 参见 Paul Ricoeur, *Temps et récit*, tome III, Paris: Éditions du Seuil, 1985, p. 212.

"人们也赋予他们解释的权力与能力。他们有权力解释那些档案。"[①]。由于古代放在行政官员住处的文书既有行政文书也有法律文书,archivum 也在法律意义上使用,尤其在自然法学(nomologie)的意义上使用。古希腊各城邦的执政官就被称为 archonte。这个词与"档案"属于同源词。在古希腊城邦执政官那里,档案是服务于行政和法律权威的。拥有这种权威的人承担着收集、鉴别、分类和保管档案的职能,也有记录发生的事情的权力。于是,拥有档案就成了政治权力的象征。直到今天,各国政府都未完全放弃控制档案的权力,不仅有其现实的考量,也有历史的根源在。德里达甚至说:"没有对档案的控制,没有对记忆的控制,就没有政治权力。"[②]

由于政治权力的介入,或者说,正是由于档案包含着象征权力的力量,档案在公开之前始终处于晦暗状态,因而也处于神秘状态。在那种状态下,档案所包含的材料具有独特性和私人性,这意味着,它尚处于不能分享、不能复制、不能显示的状态。档案之关乎政治恰恰在于它的这种秘密性、神秘性。对秘密的忧虑使保密成为必要。但对秘密的忧虑乃是对垄断权的忧虑。民主的本质也包含在对档案的垄断的放弃。如果说在专制时代执政官也是档案的守护神,那么,在民主的时代,档案迟早都得将秘密奉献出来供人共享,或者说,公开档案不得不成为一种常态。设定档案的公开时限既表明了权力对档案的控制,也说明了档案如何与活人发生千丝万缕的联系。放弃这种控制意味着斩断这种联系。只有当这种联系被放弃之时,真正的历史研究才会开始,档案中涉及的历史事件才会有机会显示为历史事实(当然也有可能不是事实),真相才有机会大白于天下。正因如此,德里达才说:"在这种意义上,一种受到保护的秘密始终是一种丧失了的秘密。"[③]秘密常常意味着事实,意味着真相。历史学家之所以要破解通过档案而保留的秘密,就是为了将它变成历史事实,让真相公开出来。

[①] Jacques Derrida, *Mal d'archive*, Paris: Galilée, 2008, p. 13.

[②] Jacques Derrida, *Mal d'archive*, Paris: Galilée, 2008, p. 15.

[③] Jacques Derrida, *Genèses, généalogies, genres et le genie*, Paris: Galilée, 2003, p. 30.

借用德里达在解读 Helene Cixous 写的《曼哈顿》这部作品时的话说："一方面,这种秘密肯定像天性一样,保留着一种力量、一种权力、一种自身的动力……它也保留着一个朝代。秘密甚至应其要求施加坚定的暴力。这种法律的力量,这种秘密,始终是某个人的权力。没有在他人面前的约定,就没有秘密。"[1]档案的本质就是将自身的秘密通过子孙后代而保留给子孙后代,保留给人类共同体。档案延续着类的类性。但我们也不能不问,个人有权利不让自己的秘密成为档案吗?当一个社会不能为个人保留秘密的空间时,历史可以为个人保留这种空间吗?

无论是古代中国还是古希腊罗马,对档案的控制不仅是通过记录来实现的,而且是通过分类和保管来实现的。此处所说的记录是系统化的工作,它要把各种因素变为一个整体,变为一个理想化的系统。因此,作为档案的记录往往不是零星的记录,而是连续的、相对完整的记录,虽然一些自然因素和人为因素会影响这种记录,对纪录的完整性和连续性的追求一直是有强烈历史意识和未来意识的民族的基本理念。根据这样的理念,记录是否完整和是否合乎逻辑就是衡量档案的可信度的重要依据。相反,篡改乃至销毁档案的行为在一种健全的道德体系里始终是遭到鄙视和谴责的。在这里,对真实性的追求固然在一定程度上发挥作用,但更重要的是,一种道德体系赋予了档案化的行为以一种重大的责任意义。这里的责任是双重的,一方面它是对历史的责任,即保存的责任,对前人的责任,另一方面是对未来的责任和对后代的责任。但从长远看,对历史的责任被转变为对未来的责任。没有一种活动比档案化活动更能体现人的类性,体现一个民族的历史意识,体现代际的伦理(即一代人对后代的责任伦理)。那种认为档案化活动与人的伦理无关的说法要么是无视这一客观事实,要么是试图逃避历史责任。从某种意义上讲,档案化活动有强烈的伦理动机。对历史研究而言,民间的一些记录也可作为佐证。在我国,地方志的存在也在不同程度上作为局部档案而存在,它是国家记录的补充

---

[1] Jacques Derrida, *Genèses, généalogies, genres et le genie*, Paris: Galilée, 2003, p. 30.

并体现了局部之于全体的价值。由于记录是书面的证据,从事记录的人就有可能故意去掉对自己不利的证据,专门记录对自己有利的证据,而保管者也可能毁掉对自己不利的证据。看看档案记录得是否周全,记录得是否有漏洞,自然是我们后人判断档案是否有伪造的嫌疑的重要方式。古人也考虑到这一点,为了保证记录的忠实可靠,记录与保管档案渐渐发生分离,专设史官也是古人在保证史料的客观性方面的努力之一。这在客观上对执政官员或多或少有一种监督作用。一个政治人物试图寻求自己的历史定位,表明这个人还在乎后人对自己的历史评价。

从历史上看,档案的存在形式多种多样,作为档案的物质载体的材料也多种多样,从甲骨档案、木质档案、竹简档案、兽皮档案、布帛档案、纸质档案到今天的电子档案,档案的材质尽管发生了极大的变化,但它作为历史信息记录的本质并未改变,它为将来而存在的事实并未改变,档案的公共性并没有改变。也许,我们可以说,个人的日记就是个人生活的档案,但由于个人生命的有限性,他(她)的日记对其自身并无档案的意义,其日记只有进入公共生活才有档案价值。曾国藩的家书和蒋介石的日记是在进入公众的视线时才有了记载历史事件的史料价值。因此,有关个人的档案只有进入公共领域才会成为真正意义上的档案。一部档案史既是历史记录的历史,也是历史意义向我们敞开的历史。而如何使历史材料显示其意义和价值恰恰是历史研究的任务之一。作为确定历史事实的原始材料,档案将散乱的材料变成了有一定次序和条理的东西,从而为历史叙述和解释提供了最原始的根据。

档案记录的可靠性和忠实性靠什么来保证?后来的历史学家如何确定档案的信息的真实性?通常说来,档案提供的信息的真实性一旦确定下来,它作为可靠史料的价值也就毋庸置疑了,基于这种档案而做出的合理推论也就有了更加可靠的依据。而对这些档案的研究和解释则留给一切可能利用它的人。它只告诉你它是记录,它并不决定你将来和现在如何运用它和解释它。它起到历史解释的最终来源和最终证据的作用。但档案也有可能因为造假和非故意的失误而提供了不忠实或不确切的记录，假如这种不确切不忠实，甚至虚假的记录材料成为档案，那么，后人依据这种档案而做出的研究必然是成问题的，至少是不可靠的。所以，如何确保档案材料的可靠性乃是代际伦理问题，即对自己记录的可靠性负责，同时也对未来人负责的问题。比如，气象记录、病历（特别是地方病患者的病历）、污染记录和水文资料的可靠与否甚至会影响子孙后代的生存和发展。因此，现代社会需要在法律和伦理方面来确保档案中用到的材料的客观性、可靠性和尽可能的完整性。正是出于这种考虑，法国的一个组织甚至为了方便将来的人考古，每年将当年的重大新发现和新发明以实物和影像的形式保存起来并放在一个密封的金属盒子里沉到海底。

尽管档案不是历史研究的唯一依据，但它为人对自身的历史理解提供了最直接、最简便的形式。即便是私人档案，它也主要是为将来的人而存在的，是为所有能阅读档案的人而存在的。在时间指向上的未来性从一开始就被档案规定下来。并且正是由于对未来的开放性，档案归根到底是为公众而存在的。比如，前些年在意大利的一个私人档案馆里发现了美国哲学家杜威的原始手稿，美国一些学者如获至宝，我们自然也很振奋。但这部手稿在半个多世纪的时间里一直作为私人的物品存在于库房里。没有寻觅和发现的眼睛，那部杜威的手稿会继续静静躺在那里。它的价值等待我们这些研究者去发掘。但我们不能因为它需要解释而否认其事实的客观性。作为史料，它的事实性是无法否认的。近些年来，我国两种重要文书，即贵州清水江文书和徽州文书引起了学界的很大兴趣。但在漫长的时间里，这些文书只是作为私人收藏散落于民间，未被学界认真对待，当然更谈不上开展广泛而深入的研究，其意义和价值直到近年来才真正向人们显示出来。它们对研究中国社会史和文化史的意义是随着历史学家们的兴趣和解释才呈现出来的。但它们提供的信息构成了零散的集体记忆。只有当这些零散的记忆被综合起来，我们才能对这些史料透露的史实具有相对完整的把握。所以，零散的材料只有收集起来并使之成为真正意义上的档案才能为我们认识历史事实提供证据。

虽然许多档案在一定时间内存在解密问题,但设定解密的时间期限既反映了档案涉及政治权力、个人权利或国家利益问题,也反映了历史事件的未来效应。它不仅实现过去与将来的连接,而且考虑到将来的人对了解档案相关者的需要。它在试图满足未来的人的这种需要时,客观上满足了保存档案的人通过利他而实现利己的愿望。

三、历史叙述与历史解释

历史叙述要解决历史研究中"是什么"和"怎样"的问题,历史解释则要解决"为什么"的问题以及一个历史事件与其他历史事件的关系、该事件的意义和效应、影响该事件的各种因素,并区分影响该事件的根本因素和次要因素。当然,研究历史自然也会触及历史给我们的启迪以及对当下的精神价值和某些物质价值,而在各种价值中,历史的精神价值无疑是最主要的。一把古代的长剑对今天的主要价值不在于或者主要不在于它还能作为兵器为我们所使用。它的实用性退居十分次要的地位。它是人的历史性存在的见证,也是激发人的历史想象的引子。

也有一些学者认为,历史学家要通过研究历史向后人发出警示和预言,用通俗的话讲,要总结历史的经验与教训。其实,"是什么"的问题与"怎样"的问题是相互关联的。正如我们要了解一个人是什么样的人就必须了解他的言行(黑格尔甚至说人就是一连串的行为)、了解他的"怎样"一样,我们要了解一种历史事实就必须了解作为事实的历史事件是如何展开的。兰克等史家对客观性的第一种态度的着眼点就是这两个问题。因为历史叙述本质上要回答这两个问题,我们可以在很大程度上将历史叙述问题转化为这两个问题。

然而,我们不难发现,历史叙述始终有一个客观性的背景在,西方学者眼中的编年史(chronicle)和我们中国人眼中的大事记就是历史叙述的客观边界,也是历史叙述的基本线索。尽管叙述的形式可以变化,比如,你可以采取倒叙的方式,也可以采取插叙的方式,来讨论某个历史事件,但你毕竟不能把时间本身发生的时间顺序颠倒。不能颠倒时间顺序和发生的地点,也不能人为修改一个事件的经过,更不能编造一些本没有的东西,这一点无疑是历史叙述的基本前提。但叙述的外在形式可能有多种,比如,写二战史就有不同的写法。从不同人的眼光看,同一个事件在不同人那里显示的侧重点不一样。在戴高乐看来,"二战"和"一战"要联系起来看,它们甚至只是休战了二十年的同一场大战。而大多数人则主张分别对待。但不管怎样建立事件的联系,我们都无法忽视或颠倒或改变已经发生的那些人物,那些战争机构,那些战役,那些战争的政治、经济、社会与文化后果。同样是写工业革命史,哈德蒙在《近代工业的兴起》中主张把英国工业革命放在大西洋的特殊地理位置以及英国在欧洲的势力均衡中的地位中加以考察。而汤因比在其名著《历史研究》中采取倒推的方法,或者倒叙的方法,即从英国在 1775 年后的二十五年内的工业体系的建立开始回溯到六世纪末英格兰人的宗教改宗,从中发现孤立地研究英国工业革命史的不合理性[①]。他的这种叙述方法为比较文明研究提供了一个范例。

历史叙述只有通过历史解释才能彰显它的意义和价值。在一定的意义上,历史叙述已经在为作出某种解释提供了视角和可能性,因为叙述方式决定了解释的方向和限度。比如,你不能以单纯讲故事的方式去戏说历史,你也不能胡编乱造地颠倒时间、地点、环境和事件的经过,虽然你对事件的前因后果具有不同于其他学者的看法。历史学家卡尔在回答如何定义历史学家对事实所应承担的职责时清楚地指出:"我相信我近几年来花费了大量时间来收集、研读档案,把事实以注释方式适当地插入我的历史叙述之中,以免背上轻率处理事实与档案的恶名。历史学家尊重事实的义务不会因为他也应当知道事实精确程度这一义务而山穷水尽。他必须尽其所能地以各种手法把那些与他所研究的主题,与他所提出的解释的全部已知事实或可知事实生

---

① 汤因比:《历史研究》上卷,曹未风等译,上海:上海人民出版社,第2—3页。

动地描述出来。"① 正因为考虑到历史事实既受到掌握的材料的有限性的影响,又受到叙述方式和解释方式的影响,卡尔才说:"历史事实不可能是完全客观的,因为事实之所以变为历史事实,是要靠历史学家根据事实的重要性而决定。历史中的客观性——假如我们仍然可以使用这一传统术语的话——不可能是事实的客观性,而只能是事实与解释之间,只能是过去、现在和未来之间关系的客观性。"②

由于历史事实不向我们自行显现,我们就有必要让档案成为历史事实的证据并通过我们的叙述呈现出来。片面的证据并不足以证明历史学家所叙述的一个完整事件的真实性质。这就需要一种呈现完整事实的叙述方式。历史叙述的重要对象是历史事件,心灵对不同事件的联系形成了历史研究的整体意识。当我们不把历史事实作为孤零零的事实时,历史事件的前因后果才能清楚地呈现给我们。利科曾说:"如果历史是一种真正的叙述,那么,文献构成了它的检验的最终手段。后者提出了历史要以事实为基础的要求。"③在这里,利科无疑注意到文献是历史叙述的基础,但除了文献之外,考古发掘也为印证历史叙述的真实性提供了某些证据。就档案而言,由于它所涉及的往往是单个的、时空上分立的事件,历史学家需要把这些分立的事件联系起来才能理解完整的历史。他或她在撰写历史著作时必须具备整体的意识。但选择哪些事件作为论述的起点和对象以及从什么角度看待那些事件,对确定历史叙述的性质是非常重要的。对事件的历史叙述的必不可少的因素包括事件发生的时间、地点、过程、环境,但最为关键的因素是行动着的人。历史是人的活动的结果。无人的历史不是真正意义上的历史,而是我们通常说到的自然史。那种见物不见人的现象尽管在历史研究中不乏其例,但把历史归结为物的历史的一个致命缺陷难以消除,这个缺陷就是,在历史中呈现出来的物毕竟是人的活动的结果,至少有人的意志参与其中,历史中的物的形式打上

---

① 卡尔:《历史是什么?》,陈恒译,北京:商务印书馆,2010 年,第 113 页。
② 卡尔:《历史是什么?》,陈恒译,北京:商务印书馆,2010 年,第 224 页。
③ Paul Ricoeur, *Temps et récit*, tome III, Paris: Éditions du Seuil, 1985, p. 214.

了人的烙印,与人的意识相关联。人通过行动改变了原有的物,至少改变了其存在的方式,显示了人的意义。因此,历史的物的后面隐含了人的行动的历史。要把行动着的人的历史叙述出来,我们会面临一个障碍,人的动机、决断、意志以及其他偶然因素常常使事件显得扑朔迷离。这就离不开分析和推断。不过,正如阿隆指出的那样,在历史解释理论中区分事件与作品非常重要。历史学家的工作不只是整理档案,虽然他(她)最初不得不依靠档案确定历史事件发生的特定时间、地点、过程和环境,但在所有事件的要素中,人始终是事件的核心因素。

历史学家需要考虑人们经历的事件与档案上记载的事件的差异,也要考虑到自己叙述的事件如何尽可能与档案上记载的事件保持一致。由于在同一时间里会发生无数的事件,有些事件会影响历史的进程,有些则属于微不足道的小事件。这就意味着历史学家首先需要对过去发生的事件进行分类并区分主要事件和次要事件。但我们该怎样对这一事件进行叙述呢?什么样的叙述才能恰当地再现一种历史事件的进程呢?哪些东西是历史叙述的主要因素呢?历史叙述的语言与其他学科使用的语言有什么不同呢?为了描述同一种历史事实,历史叙述的方式是唯一的还是多样的?要回答这类问题,我们的研究就要涉及历史研究的方法论问题。

虽然历史研究是离不开叙述的,但叙述并非历史研究者的唯一任务。历史事实通过我们的兴趣而不再成为冷冰冰的东西。尽管现实的确是我们研究历史的出发点,但这丝毫不意味着历史事实是由我们的兴趣决定的。这也不意味着我们的主观构想决定了历史事实。英国 *Manchester Guardian* 主编 C. P. Scott 曾说过一句很有名的话,即"事实是神圣的,解释是自由的"。我们可以把这句话改为"事实是唯一的,解释是多样的"。

编 后 记

汪堂家先生去世前,曾在龙华医院谈起自己未完成的工作。那时他已十分虚弱,可谈起自己的研究计划来还是双目有神。我正是那时才知道先生有一个全面探讨现象学的渊源、理论和运用的想法的,《现象学的展开》这个书名也是第一次听先生提起。

先生以法国哲学专家名世,而他的现象学研究是与他的法国哲学研究密切结合在一起的,是先生一生学术工作的重要组成部分。他在二十世纪八十年代后期开始关注现象学问题,特别是在1988年师从王玖兴先生攻读博士学位之后,现象学和笛卡尔哲学更成为他那一时期的学术兴趣的中心。出版于1990年的《时代与思潮(4)——文化传统寻绎》刊载了先生的《从先验现象学到知觉现象学》一文,这是他最早面世的现象学研究成果。而先生的博士论文《心灵的反观自照》(在出版时书名改为《自我的觉悟——论笛卡尔与胡塞尔的自我学说》)的主题则是笛卡尔和胡塞尔的自我学说的比较研究。先生的这篇博士论文受到了学界的高度认可,其中的现象学研究和笛卡尔研究,即便在二十多年后的今天来看,也是学术水准很高的上乘之作。在此后的学术生涯中,先生的研究逐渐拓展到后结构主义、建构主义、诠释学和实用主义等领域,而先生对现象学始终保持着理论关注,不仅如此,他还借助对于德里达和利科等哲学家的研究,以新的方式、从新的角度返回现象学研究。这一新角度就是应用现象学。在先生去世之前的数年间,他在应用现象学领域进行了卓有成效的工作,先后撰写了《意志现象学的转折——作为现象的"意向对象"》《"问"之阐释——从现象学与诠释学的观点看》《"危机"概念的现象学分析》《城市建筑如何唤回亲和性——基于审美经验的现象学》《媒体、秘密与现代性——从德里达的视角思考媒体、秘密与政治》《史实、档案与历史解释——论历史客观性的基础与限度》等文章。现象学研究不仅构成了先生学术生涯的首尾,更可被视为他一生的研究主线。窃以为,先生一生的研究工作,尽管涉猎广博,但基本可被视为在对"生命之意义"的追问下围绕"理性""生命"和"世界"三者的关系展开的思考,而他之从理论现象学转向应用现象学(以及一般地说,他之不断拓展自己的研究领域),所体现出的,并非仅仅是"研究兴趣"的变化,更是问题意识的不断深化。先生去世前打算写的这本书,显然可看作对他一生的现象学研究的总结。

作为先生的学生,我们自然希望,能够按照先生晚年的构想,全面呈现先生一生的现象学研究工作。然而,先生去世之后,我们在他的电脑中找到的,并不是该书的完整书稿,而只是一个初步的轮廓,其内容主要包括他的博士论文中关于现象学研究的内容,以及他后期的七篇应用现象学论文。显然,先生生前仅设计好了该书的基本框架和主体内容,未及进行整理和系统化,就因患病而遽然搁笔。先生后期最希望完成的一本书,最终未能完成,这对于视学术为生命的先生而言,痛苦之甚,可想而知。

因此,呈现在读者面前的这本书,实际上并非先生生前撰写的完整著作,而是根据先生所拟定的提纲编纂的一本文集。其基本内容包括两部分:先生的博士论文和晚年的应用现象学论文。如此安排肯定不是先生本来的意思,因为在博士论文中胡塞尔现象学的内容只是一部分,而另一部分则是关于笛卡尔的研究以及笛卡尔和胡塞尔的比较研究;不仅如此,按照先生的设想,考虑到这本书的主题和整体性,即便是博士论文中已经讨论过的现象学问题,其具体讨论方式也会有所调整;何况,先生原本还计划专门为本书撰写一部分关于现象学的缘起和流变的内容。但先生已逝,我们无从设想,先生会以何等生花妙笔来撰写那些他计划改写、重写和补充的内容,而博士论文的完整性也不能破坏,因此只好用现在这种令人遗憾的方式呈现先生希望呈现的内容。

先生生前为本书拟定的题目是"现象学的展开——它的渊源、方法及其应用的可能性",而既然本书的内容实际上与先生的设想已十分不同,这个题目也就无法原样保留了。我们现将"现象学的展开"作为本书的正标题,而将本书的两部分内容,即《自我的觉悟》和其他论文,合称为"《自我的觉悟》及其他",作为副标题,旨在一方面呈现先生关于本书的最初设想,另一方面体现本书的实际内容。

本书的后半部分,即先生后期的应用现象学论文,在标题上与这些文章原来的题目并不完全一致(详见书中相关注释),这是由于,对于这些内容,先生原本是打算将其统合为一个整体的,因而在标题上作了统一化处理,我们保留了先生的这一设想。

本书的出版,有赖于复旦大学出版社的支持,特别是陈军老师的热情帮助和细致工作,在此致以诚挚的感谢!王卓娅、叶子两位师妹在文字整理方面付出了许多辛劳,同时师母廖英女士和袁新老师、丁耘老师以及张奇峰、石永泽、郝春鹏、曾誉铭、孙宁等师兄弟也就编纂方式提出了很好的建议,在此一并致谢。

吴　猛
2018年1月12日

图书在版编目(CIP)数据

现象学的展开:《自我的觉悟》及其他/汪堂家著. —上海:复旦大学出版社, 2019.6
(汪堂家文集. 著述卷)
ISBN 978-7-309-13943-3

Ⅰ. ①现… Ⅱ. ①汪… Ⅲ. ①现象学-文集 Ⅳ. ①B81-06

中国版本图书馆 CIP 数据核字(2018)第 215975 号

现象学的展开:《自我的觉悟》及其他
汪堂家　著
责任编辑/陈　军

复旦大学出版社有限公司出版发行
上海市国权路 579 号　邮编:200433
网址:fupnet@fudanpress.com　http://www.fudanpress.com
门市零售:86-21-65642857　　团体订购:86-21-65118853
外埠邮购:86-21-65109143
上海盛通时代印刷有限公司

开本 640×960　1/16　印张 19.4　字数 249 千
2019 年 6 月第 1 版第 1 次印刷
印数 1—2 100

ISBN 978-7-309-13943-3/B·678
定价:60.00 元

如有印装质量问题,请向复旦大学出版社有限公司出版部调换。
版权所有　侵权必究